小历史·大世界

法国小史

吕一民 著

A LITTLE
HISTORY
OF FRANCE

北京大学出版社
PEKING UNIVERSITY PRESS

图书在版编目（CIP）数据

法国小史 / 吕一民著. -- 北京：北京大学出版社，2024.8. --（小历史·大世界）. -- ISBN 978-7-301-35232-8

Ⅰ. K565.09

中国国家版本馆 CIP 数据核字第 20246FY086 号

书　　　名	法国小史 FAGUO XIAOSHI	
著作责任者	吕一民　著	
责 任 编 辑	徐　迈	
标 准 书 号	ISBN 978-7-301-35232-8	
出 版 发 行	北京大学出版社	
地　　　址	北京市海淀区成府路 205 号　100871	
网　　　址	http://www.pup.cn　　新浪微博 @ 北京大学出版社	
电 子 邮 箱	编辑部 wsz@pup.cn　　总编室 zpup@pup.cn	
电　　　话	邮购部 010-62752015　　发行部 010-62750672 编辑部 010-62752022	
印　刷　者	北京九天鸿程印刷有限责任公司	
经　销　者	新华书店	
	730 毫米 ×1020 毫米　32 开本　12.125 印张　252 千字 2024 年 8 月第 1 版　2024 年 8 月第 1 次印刷	
定　　　价	96.00 元	

未经许可，不得以任何方式复制或抄袭本书之部分或全部内容。
版权所有，侵权必究
举报电话：010-62752024　电子邮箱：fd@pup.cn
图书如有印装质量问题，请与出版部联系，电话：010-62756370

目录 CONTENTS

导论与缘起

第一章　自认是"世界的肚脐眼"的法国人　002
第二章　法兰西独立国家"史前史"　012

民族国家建构与绝对君主制时期

第三章　"小国王"开始谋求大王权　026
第四章　百年战争与"圣女贞德"的救国壮举　042
第五章　教皇为何会成为"阿维尼翁之囚"　059
第六章　路易十四如何把自己打造成"太阳王"　072

旧制度与大革命时期

第七章　沙龙、咖啡馆与启蒙运动的兴起　088
第八章　伏尔泰与重农学派的"中国情结"　099
第九章　"不自由，毋宁死"：大革命的新回答　117
第十章　"无宪法，毋宁死"：大革命的新口号　130

帝国霸业兴废时期

第十一章　"科西嘉怪物"的崛起与帝国的霸业　146

第十二章　谁促成了拿破仑东山再起的"奇迹"　158

第十三章　称霸之路上"三十多年的退缩"　167

第十四章　再造共和：拿破仑的侄子坐上总统宝座　178

第十五章　帝制下的繁荣何以会出现　188

"伟大的法兰西"再造时期

第十六章　普法战争与法国的浴火重生　202

第十七章　一战：法国的地狱之行　216

第十八章　巴黎和会与"老虎总理"发威　228

第十九章　带薪休假：何以在法国成为可能　239

第二十章　对德外交转向与悲剧前奏　250

奇异的溃败与战后辉煌时期

第二十一章　"奇异的溃败"令法兰西再次蒙羞　260

第二十二章　戴高乐终成"法国抵抗运动的唯一领袖"　269

第二十三章　法国二战结束时的首要诉求　279

第二十四章　战后法国的"辉煌的三十年"　288
第二十五章　在中国风靡一时的萨特及其存在主义　297
第二十六章　戴高乐让法国敢对美国说"不"　307

面临危机与寻求出路时期

第二十七章　五月风暴：战后法国史的重要分水岭　320
第二十八章　小马拉大车：争当"仅次于超级大国的大国"　331
第二十九章　摆脱危机与衰落的出路何在　343
第三十章　史上最年轻的总统能给法国带来什么　356

法国大事年表 370

后　记 378

导论与缘起

第一章
自认是"世界的肚脐眼"的法国人

在人称"中国最美校园"的武汉大学校园里,摆放着一尊法国人的半身塑像,此人就是法国当代著名政治家与学者阿兰·佩雷菲特。佩雷菲特在1976年出过一本畅销书,书名叫作《法兰西病》,他在书中以大量鲜活的事例,淋漓尽致地揭示了法国社会的种种畸形现象,尤其对法国由来已久的中央集权制和庞大官僚行政机构的弊端予以剖析和清算。值得一提的是,在这本被人誉为"战后关于法国最重要的一本书"中有这样一句话:"任何一个国家的人民,都有那么一种倾向,把自己当作世界的肚脐眼。"

作为中国人,我在看到这句话时,首先自然会想到我们国名当中的"中"字——其世界中心的意味实为呼之欲出。而作为研习法国史多年的学人,我不仅会想到曾在索邦大学执掌教鞭的19世纪法国著名政治家、史学家弗朗索瓦·基佐开讲《欧洲文明史》时诸如"法国是欧洲文明最高的国家""法国是欧洲文明的中心与

武汉大学校内的阿兰·佩雷菲特雕像

索邦大学以基佐命名的著名阶梯教室

焦点"之类的断言,还马上联想到另一位19世纪法国著名史学家、至今仍多有法国城市以其名字作为街名的儒勒·米什莱在其重要著作《人民》中写下的这句话:"假设法兰西灭亡了,全人类的友好联系便会瓦解,造就地球生命的爱情将失去活力,地球将和其他星球一样进入冰川时期。"由此,在佩雷菲特那句话后面似乎还可以补上一句:在那些把自己当作"世界的肚脐眼"的民族当中,法兰西民族即便难说最突出,也是需要用"最"字来形容的民族之一。

为何要这样讲呢?因为就总体而言,在相当长历史时期里,不少法国人的自尊自大简直到了无以复加的地步,以至于有外国人如此揶揄道:"法国人似乎形成了这样一种教条,以为人类中唯有法国人十全十美,外国人永远达不到他们的水平,能与这一水平接近就很不错了。"事实上,就连当代法国著名史学家、巴黎政治学院荣休教授米歇尔·维诺克也曾经如是写道:"除犹太民族外,没有其他民族像法国人那样如此坚信自己是上帝的选民。"

那么,法国人又何以会有如此"自大情结"呢?对于这个问题,不同的人肯定会作出不同的解释,给出不同的答案。但我觉得至少有一点是确定无疑的,那就是法国人的这种妄自尊大与法国长期跻身于大国或更确切地说强国之列大有关系。事实上,法国人确实有值得骄傲的"光荣"历史:早在16世纪,法国就已经和西班牙、奥地利等国并列为欧洲强国。在这之后,法国几乎始终是欧洲最强大的国家之一。而这一时期,恰恰是欧洲推动和引领世界迈入现代化进程的关键时期，欧洲各国在许多方面在世界上占有明显的优势，作为欧洲强国之一乃至多次在欧陆称霸的法国，也就顺理成章成为世界上最强大国家中的一员。直到法国在第二次世界大战中的溃败，这种"光荣的"历史才暂告一段落。

第二次世界大战结束以来，由于众多原因，特别是随着美、苏两个超级大国强势崛起，法国已无法挤入头等强国的行列。尽管如此，法国不仅长期将自己定位为"仅次于超级大国的大国"，还一再在国际事务中力求以二流强国的实力扮演一流强国的角色。即便在冷战结束，两极格局解体之后的当下，无论是在政治上还是经济上，法国都依旧是一个值得高度关注的重要国家。它是联合国安理会常任理事国之一，在欧盟中和德国携手起着"领头羊"的作用，并且还是世界上排序很靠前的经济体。与此同时，无论是在历史上还是在当下，法国一直都是一流的文化强国。法兰西民族不仅在近代以来创造出独具魅力、光彩照人的文化，在引领欧洲乃至世界的思想文化与社会政治变革方面曾有过令人赞叹的突出表现，时至今日仍然具有不容低估的文化影响力或者说软实力。极具象征意义的是，巴黎至今依然堪称世界文化之都。它非但是联合国教科文组织总部所在地，而且至今仍以各种具有超凡影响力的文化活动强烈吸引着世界各国文化人和文化爱好者。

与此同时，法国还是欧美诸国当中在历史上与中国有着最多相似之处的国家，以至于有人会略带夸张地将法国称为"欧洲的中国"。法兰西的兴衰，对于我们中国这样一个既有过辉煌的历

联合国教科文组织举行全体会议时的会场

史,又有过不堪回首的过去,同时更有国力大增的当下与令人期待的将来的国家,或许有着更多可资借鉴之处。

回顾历史,分处东亚、西欧的中、法两国虽然远隔千山万水,但彼此之间的交往由来已久,相互影响不容小觑。例如,早在17世纪初,就有法国传教士由耶稣会派遣来华。17世纪末,清康熙皇帝和法王路易十四互赠礼品书籍,则在更高的层面、更大的范围揭开了中法文化交流的序幕。在路易十四、路易十五统治时期,法国曾流行过一阵"中国风",或者说兴起过"中国风物热"。至于启蒙时代一些法国思想家曾对中国予以极大关注,更是广为人知的事实。例如,在启蒙运动时期,著名思想家或"哲人"伏尔泰就曾以在中国广为流传的元杂剧四大悲剧之一《赵氏孤儿》为原本，改编创作出了剧本《中国孤儿》。《中国孤儿》当时不仅在巴黎各家剧院成功上演，还经常成为法国一些著名沙龙聚会时的关注焦点。法国近代美术史上经常会提及的一幅名画《在若弗兰夫人沙龙里诵读伏尔泰的悲剧〈中国孤儿〉》就充分地反映了这一点。

不过，如果说在双方早期交往中，中国给予法国的要比从法国获得的更多，那么，始自19世纪，特别是鸦片战争以来，由于各种错综复杂原因，法国对中国的影响则明显要更多一点。而且，这种影响非但是多方面的，还近乎是全方位的。众所周知，我国老一辈革命家中有不少人，如周恩来、邓小平、陈毅等，早年都有过他们的"法兰西岁月"；至于曾经留法的著名作家、艺术家和科学家，更是不胜枚举。而林纾，也就是中国近现代翻译史上绕不过去的林琴南，根据小仲马的《茶花女》翻译而成的《巴黎茶花女遗事》，不仅是近代中国第一部深具影响力的翻译小说，在神州大地印行后还一时洛阳纸贵，深深打动了当时中国的许多痴男怨女，以至于林纾同为福建人的好友严复先生当年挥笔写下这样的诗句："可怜一卷茶花女，断尽支那荡子肠。"此外，在当今中国上至白发苍苍的老人，下至刚会走路不久的小孩，几乎个个都会哼唱的歌曲——《两只老虎》，实际上也是从法国儿歌《雅克兄弟》演变过来的。

但尤其需要强调的是，晚清以降，特别是20世纪以来对中国社会进程影响最大的还是法国的政治文化，特别是大革命政治

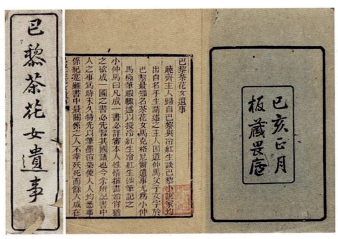

林纾翻译的《巴黎茶花女遗事》

文化。年纪稍大的中国人早年时常会听到或看到的"左派""右派""红色恐怖""白色恐怖"之类术语,若要追根溯源,实际上均来自1789年爆发的那场法国大革命。事实上,在国势日危,改革呼声一浪高过一浪的背景下,法国大革命史在晚清就被卷入了中国政治斗争的旋涡之中。其间,改良派的代表康有为和梁启超在戊戌变法的过程当中和失败以后,都曾借用法国大革命经验教训来论证他们的政治主张。例如,1898年,康有为为推动维新变法向光绪皇帝进呈《法兰西革命记》,警告光绪皇帝若不及早变法将会激起革命。梁启超则在其论述法国大革命的早期著作《近世第一女杰罗兰夫人传》中,不仅将法国大革命视为"欧洲19世纪之母",同时还将罗兰夫人誉为"法国大革命之母"。与此同时,革命派中的冯自由、章太炎、邹容、陈天华、汪东(寄生)、孙中

《新青年》杂志封面

山等,则利用法国大革命史为自己的政治主张辩护。在新文化运动时期影响力最大的刊物《新青年》,它的外文刊名用的是法文的"La Jeunesse(青年)"一词;此外,19世纪法国政治家和史学家托克维尔写的《旧制度与大革命》一书前些年在中国大陆出人意料地突然走红,各种译本接二连三问世,相关话题更是在街头巷尾引来议论纷纷。上述各种现象,不仅能显示中、法两国之间关系的密切,同时也提醒我们,在审视近现代中国社会发展进程的时候,颇有必要对这方面的问题充分关注、认真思考。

综上所述,法国不仅是一个从古到今都极为重要的国家,还和我们中国的关系密切之极,我们不妨说它是一个"虽远犹近"的国度。因而,研习法国史既饶有趣味,又大有必要。

像法国这样国家的历史，其内容之丰富自不待言。如果我们把源远流长、内涵丰富的法国史比作一座巍峨的名山，对它的观察自然会有不同的视角，而从不同角度观察得到的感受或印象势必也会不太一样。说到这里，大家此时脑海里或许会立马跳出苏东坡描述雄奇挺秀的庐山时写下的名句："横看成岭侧成峰，远近高低各不同。"我以为，这一诗句揭示的实情固然会让我们研究法国史的人感到几分无奈，但更多的是令我们多一些清醒，使自己真正认识到着力寻找最佳角度并从不同角度对法国历史进行考察的必要性。

那么何为观察法国史这座"大山"的最佳角度呢？对于这一问题，难免仁者见仁，智者见智。我个人的想法是，法兰西民族在很大程度上是个"政治民族"，法国人不仅热衷于谈论和参与政治，而且相关政治思想及其实践精彩纷呈，在世界历史上留下了浓墨重彩的篇章。尤其是1789年法国大革命，它在现代民主政治的创生方面起了巨大作用，由此被视为一场具有世界意义的政治大革命。英国历史学家霍布斯鲍姆在他那本颇有影响的著作《革命的年代》中，不仅曾将法国大革命与同一时期发生的"工业革命"视为"双元革命"，甚至还断言道，所有近代国家几乎都是18世纪"双元革命"的产物。

有鉴于此，本人首先打算以法国从古至今的治乱兴衰作为主要线索，以政治史作为讲授内容的"骨架"。其次，由于法国长期以来是世界上第一流的文化强国，为此而迷上法国的中国人不在少数,所以我在思想文化史方面也会尽量多讲。当然,我也会在有限篇幅内尽量兼顾社会经济、军事外交等方面的内容。此外,法国一直来都是世界上最受欢迎的旅游目的地,近年来中国人到法国去旅游者也日益增多,因而,我也会在可能的情况下,顺便介绍法国的名胜古迹,展示法国的风土人情。

  在2018年夏天举办的俄罗斯世界杯足球赛上,法国队一路过关斩将,在时隔20年后再次夺冠。当法国队员们捧起大力神杯时,其队服左胸口上的那只雄鸡被再次深深地印在亿万球迷的脑海里。众所周知,那只雄鸡往往被称为"高卢雄鸡",而高卢人亦被不少法国人奉为自己的祖先,在下一章,就让我们从"高卢雄鸡"的缘起开始法国历史之旅。

第二章
法兰西独立国家"史前史"

喜欢看世界杯足球赛者都知道,法国队在2018年俄罗斯世界杯足球赛得偿所愿,捧起了大力神杯,队员服胸口上的高卢雄鸡由此再次吸引了亿万球迷的目光。如果各位年龄足够大,看球时间足够长,那就大有可能还记得,1998年法国主办的世界杯足球赛吉祥物——福蒂克斯就是一只拟人化的三色公鸡。

法国人为什么会把雄鸡作为本国或本民族的象征呢?对此通

1998年巴黎世界杯足球赛吉祥物福蒂克斯

行的解释是,在拉丁语中,"雄鸡"和"高卢人"这两个词的拼写和发音正好差不多(gallus,指高卢人时第一字母大写),于是,把高卢人奉为祖先的法国人自然就逐渐地将雄鸡特别是"高卢雄鸡"当作自家的象征。

在法国出版的一些法国通史著作或教材里,人们时常可以见到"我们的祖先高卢人"之类的句子。这一说法的流行,与曾有"整个法兰西民族的历史教师"之誉的欧内斯特·拉维斯密切相关。拉维斯在第三共和国史坛声名显赫,在亲自为小学生编写法国史教材时率先采用此说。其实,高卢人就是希腊人所称的凯尔特人,而凯尔特人则是起源于中欧的多瑙河流域,在语言、物质文化和宗教方面具有共同特点的一些部落群体的总称。如果我们把位于欧洲西北部,被大西洋、莱茵河、阿尔卑斯山和比利牛斯山所限定的这一大片区域,按照当今流行的说法称为"法兰西空间",那么首先得明确一点,凯尔特人并非"法兰西空间"最早的居民。

公元前600年左右,希腊人开始到今日法国南部的地中海沿岸开疆拓土,还在罗讷河河口建立了一座城市——马赛利亚城,而马赛利亚城就是当今拥有法国最大港口和人口排名第二的大城市——马赛的前身。就在希腊人在马赛利亚城一带殖民后不久,凯尔特人开始大举入侵"法兰西空间"。

在凯尔特人于公元前5世纪末抵达法国南部和比利牛斯山后,今天的法国所大致占据的空间就成了凯尔特人活动的主要场所。

凯尔特人在征服了原已居住在这里的人之后，迅速将其同化，让他们也成为新的凯尔特人。及至公元前500—前450年左右，凯尔特人已遍布法国各地。古罗马人把居住在今天法国、比利时、瑞士、荷兰、德国南部和意大利北部境内的凯尔特人统称为高卢人（Gallus），把高卢人居住的地区称为高卢。也正因为如此，"高卢"在很大程度上成了法国的第一个名称。

在长达几个世纪时间里，凯尔特人进行了迅猛、急剧的扩张，甚至还曾在公元前390年攻占过罗马。此时的凯尔特人或许无论如何也想不到，若干个世纪之后，当年的手下败将——罗马人不仅倒过来侵袭自己所占据的高卢，还以血腥、神速的征服摧毁了高卢的独立。

高卢之所以会被罗马人较快征服，首先得归因于当时高卢自身的四分五裂和政治混乱。而说到高卢被罗马人征服，则势必要提及那位大名鼎鼎的恺撒。作为具有雄才大略，且又野心勃勃的政治家和军事家，恺撒力图通过征服高卢来获得声誉。而高卢当时那种分裂状态，让高卢成了恺撒几乎唾手可得的猎物。恺撒通过煽动不和制造矛盾，轻松地达到各个击破的目的。常言道，历史是由胜利者书写的。作为文武双全的旷世奇才，恺撒在征战结束后还得意扬扬地写过一本书，这就是著名的《高卢战记》。诚然，《高卢战记》中不乏恺撒自我表功的内容，但它仍具有相当高的史料价值。而且，它还被认为是一部杰出的文学作品，早年经常在学校里被人作为拉丁文范文来诵读。

恺撒征服高卢，无疑是法国历史上的大事。不过。对于此事所具有的意义，法国史学界却存在不同看法，甚至出现过激烈争论。其中最具代表性的观点为这样两种：一些史学家为恺撒的胜利感到庆幸，认为正是这一胜利为法兰西进入拉丁世界奠定了基础，从而使拉丁文明得以成为当今法兰西文明的重要组成部分之一；另一些史学家则正好相反，他们把恺撒的征服视为"法兰西民族"历史的灾难，宣称这一征服导致了"法兰西民族"独特演变的终结。

不过无论怎么讲，这一征服给法国留下了弥足珍贵的旅游资源却绝对是个不争的事实。人们现在到法国的普罗旺斯地区旅游时，仍然可以看到不少古罗马的遗迹，例如保存得相当完好的尼姆竞技场、加尔桥。加尔桥也叫嘉德水道桥，是古罗马时期建造的最高并保护得最好的引水桥，在1985年就被联合国教科文组织列入《世界遗产名录》。著名的启蒙思想家卢梭当年曾参观过嘉德水道桥，并就此这样说道："我看到的是一座用双手建造的丰碑，它的伟大超乎了我的想象，这是我生命中唯一一次。只有罗马人才能建造出这么完美的杰作。"此外，当各位看过这座桥之后，在使用面值为5欧元的纸币时一定会倍感亲切，因为它背面的图案就是这座水道桥的图案。至于爱好音乐的朋友，更不妨到法国南方的沃吕克兹省的奥朗日古罗马剧场看看。这一建于罗马帝国皇帝奥古斯都统治时期的剧场，早在1981年就和其旁边的凯旋门一起，被联合国教科文组织列入《世界遗产名录》。奥朗日古罗马剧场是所有古罗马剧场中保存得最为完好的,现在人们还经常在这里演出歌剧或举办音乐会。

如果说法国境内靠近普罗旺斯的中部城市如里昂等地多有古罗马留下的痕迹,那么,即便是位于法国北部的巴黎,其在距离

嘉德水道桥

奥朗日古罗马剧场

上明显要比普罗旺斯远离罗马,至今也有不少类似遗迹。例如在巴黎左岸的拉丁区,人们可看到罗马帝国黄金时期建造、可容纳一万多人的吕戴斯古斗兽场遗址。还有历史爱好者到巴黎都喜欢去参观法国国立中世纪博物馆,也即人们常说的克吕尼博物馆,实际上是两座历史建筑的合体:其一是克吕尼修道院建造的旅舍,其二是公元1世纪建造的古罗马市民浴场。

高卢的历史可以恺撒的征服为分界线前后两分。被恺撒征服之前的高卢一般称为独立的高卢,恺撒征服之后的高卢则被称为罗马高卢。随着高卢罗马化进程步步推进,高卢的命运与罗马帝国本身的兴衰日益息息相关。公元2世纪晚期,罗马帝国的统治开始不稳,进入3世纪后,更是深深地陷入"3世纪的危机"。这

吕戴斯古斗兽场遗址

克吕尼博物馆内景

一切必然会在高卢产生连锁反应。

导致罗马帝国和高卢解体的最后动因是"蛮族"的入侵。"蛮族"在这里有其特定含义,它是当年的希腊-罗马人对一切不讲也不懂希腊语和拉丁语者的称谓。公元4世纪下半叶,"蛮族"开始徙居高卢。在法兰西民族发展史上,"蛮族"徙居高卢是一个极为重要的环节或阶段,它对法兰西民族的人种构成、文化和政治传统的多样性等等都产生了深远影响。进而言之,人们在探讨法兰西的"缘起"时,除了应当高度重视其高卢渊源和罗马因素,还必须充分关注其中的日耳曼因素,尤其是法兰克王国的建立与分裂所产生的影响。

最早在高卢建立蛮族王国的是日耳曼部落中的西哥特人。他们建立了以图卢兹为首都的西哥特王国。继西哥特人在高卢建立另一个蛮族王国的是勃艮第人。他们建立了以里昂为首都的勃艮第王国。在这之后,又有一些"蛮族"在高卢安身立国。其中,存在时间最长、影响最大的是克洛维创立的法兰克王国。

克洛维创立的法兰克王国,因创立者自诩其源自神话的王族——墨洛温家族,所以它的第一个王朝人称墨洛温王朝。确实,该家族的势力很大程度上得自其家族传说中的神圣起源和他们好战的特性,就连克洛维的名字(Clovis,相当于法语中的路易),原本即有"善战"之义。克洛维建立的王国显然与近代的国家相去甚远,在那个一切价值都是和占有土地相关联的时代里,王国只是一份靠征服得来的家业,家长死去后,他的子孙就当仁不让地将其分掉。克洛维以巴黎作为自己主要居住地甚至埋葬地,时至今日,各位在先贤祠附近游览时仍可在巴黎五区看到克洛维当年留下的踪迹。克洛维的这一选择具有非同寻常的意义,表明了

巴黎五区先贤祠附近仍可看到提示克洛维曾在这一带居住的路牌

法兰克王国国王对法兰克人和罗马人关系的未来充满自信。511年11月，克洛维在巴黎逝世。在他去世后，他的4个儿子马上就按法兰克人的继承制度平分了国土。这一来，王国统一立即又成了问题。也正因为如此，墨洛温王朝在克洛维去世后存在的200多年历史中，四分五裂的时间远远长于表面统一的时间。

墨洛温王朝在7世纪中叶开始衰落。此后，一些被称为"宫相"的人权倾朝野。宫相最初不过是王宫的管家，因地位特殊渐渐执掌机要，并成为贵族们的代表与头领。到了后来，几个大的宫相为了争夺王国统治大权展开了无休无止的战争，最终，赫斯塔尔的丕平战胜了对手，成为法兰克王国唯一的宫相，亦即成了王国实际的统治者。再后来，他的孙子，大名鼎鼎的"矮子丕平"在教皇支持下登基称王，于是，法兰克王国开始了一个新的王朝——加洛林王朝。

"矮子丕平"不仅是加洛林王朝的开国君主，而且他还有一个很了不起的继承人，这就是他的长子查理。有意思的是，加洛林王朝实际上还是由这位继承人而得名，因为在拉丁文中，"查理"的音译即为"加洛林"。无论是文才还是武略，查理都是法兰克王国历代君主中首屈一指的人物。他在位期间，法兰克王国达到了极盛。公元800年圣诞节，当查理在罗马圣彼得大教堂祈祷时，教皇利奥三世为报答查理帮自己恢复了在罗马的高位，突然把一顶古罗马皇帝的金冠戴在查理头上。经过这戏剧性的"加冕"，古代罗马皇帝有了一位法兰克的继承人，法兰克王国亦变成了新的"罗马帝国"，当然，这里"罗马帝国"四个字得加上双引号，人们更多的是将该庞大之极的帝国称为"查理曼帝国"。2008年德国人拍摄的电影《查理大帝密码》，即围绕查理大帝宝藏的传说展开惊心动魄的探险故事，令不少偏爱寻宝探险题材的人大呼过瘾。

由于这一帝国的强盛兴隆主要靠的是查理大帝本人的文韬武略与威名慑人，因而，一旦他撒手人寰，帝国的衰败分裂也就为时不远。查理大帝去世后，继承皇位的是他的儿子"虔诚者路易"。由于该继位者性情软弱，不仅一些早怀异心的大贵族会频频

查理大帝

制造骚乱,就连他的几个儿子也不把他放在眼里,不仅各自觊觎父皇的宝座,还为此几度展开内战。

路易在登位后仅过了3年就早早把国土分封给三个儿子。促使他这样做的原因是其因太过虔诚而到了迷信的地步。817年,路易惯常地自王宫前往大教堂做弥撒时,年久失修的游廊突然坍塌,将他砸伤。这位非常迷信的"虔诚者"当即认定,此乃上天示警,是自己不久于人世的征兆,因而必须刻不容缓地安排后事。于是他把意大利等地分给了长子洛泰尔,把阿基坦等地授予次子丕平,把巴伐利亚以东诸地区封给幼子"日耳曼人路易"。为防日后发生帝位之争,他还规定洛泰尔现下便与自己并称皇帝。当然,凶险征兆并未应验,"虔诚者路易"又平安活了23年,但这次国土大分封却招来了贵族叛乱和父子、兄弟之间的内战。

840年,"虔诚者路易"去世。由于长子洛泰尔继位后无意理会父皇关于由他和弟弟"秃头查理"(即丕平)共分帝国的嘱托,导致"秃头查理"大为不满,遂伙同洛泰尔的另一个弟弟"日耳曼人路易"共同向兄长发难。842年,"秃头查理"和"日耳曼人路易"在斯特拉斯堡立誓结盟,由此出现的"斯特拉斯堡誓言"可谓欧洲极为出名的历史典故。需要注意的是,依照前几年在法国极为畅销的《法兰西世界史》的说法,关于"斯特拉斯堡誓言"的记载首先得归功于这一事件发生时在场的叙述者、学富五车的王室成员尼塔尔。在这位尼塔尔的笔下,"斯特拉斯堡誓言"是用两种语言表达的。"日耳曼人路易"和"秃头查理"都使用双语演讲,并精心地将两种语言交织在一起。具体方式是,在向自己领地的诸侯宣誓时,"日耳曼人路易"说的是条顿语(古高地德语),而"秃头查理"说的是罗曼语。随后,两位君主互换语言,向对方阵营的诸侯宣誓:"日耳曼人路易"以罗曼语起誓,而"秃头查理"则以条顿语起誓。及至最后,双方所有人都以自己的语言起誓。学术界一般认为,"斯特拉斯堡誓言"说明这两位君主分别代表的两个国家的本族语言已经开始形成,这一点在欧洲历史当中极为重要。

面对两位弟弟联手进攻,洛泰尔节节败退,被迫在843年8月与他们妥协,三人在凡尔登会晤后订立了《凡尔登条约》。《凡尔登条约》对于欧洲历史,特别是法国历史来说至关重要。根据这一条约，查理曼帝国一分为三：莱茵河以东，归"日耳曼人路易"，称东法兰克王国；莱茵河以西，归"秃头查理"，称西法兰克王国；洛泰尔虽继承帝位，但实际上对两个弟弟的王国并无统辖权，真正归他统治的地区，仅为北意大利，以及东、西法兰克王国之间一块狭长土地，即后来的洛林。如果说近代西欧德国、法国、意大利就是在此次帝国三分的基础上形成的话，那么，鉴于"秃头查理"根据《凡尔登条约》建立的西法兰克王国基本上构成了法兰西国家的疆域，加之它的国名不久亦被改称为法兰西王国，人们往往把《凡尔登条约》的出笼视为法兰西独立国家出现的标志。

以上是对法兰西独立国家"史前史"的扼要梳理。下一章将着重探究法兰西王国早期的国王们究竟是如何增强王权、谋求统一的。

民族国家建构与绝对君主制时期

第三章
"小国王"开始谋求大王权

  鉴于在研习历史过程中须有充分的"语境意识",我们首先简要介绍作为法国人象征符号的"高卢雄鸡"形象的流变。关于法国人为何会把雄鸡作为法兰西国族象征,最通行的解释是在拉丁语中,"雄鸡"和"高卢人"这两个词的拼写和发音正好差不多,于是,奉高卢人为祖先的法国人自然就逐渐地将雄鸡,特别是"高卢雄鸡"当作本国本民族的象征。应当指出的是,这种把法国或法兰西民族象征的起源归结于文字的巧合,甚至是"文字游戏"的解释,也有学者不以为然。不过,至少到目前为止还没有人能够提出更令人信服的新的解释。
  大凡中国人都知道,龙是我们中华民族的象征,同时也应该知道,作为这种国族象征符号的龙的形象与文化含义绝非一成不变,而是伴随着时间推移、时代变迁在发展演变的。充当法国或法兰西民族主要象征符号的"高卢雄鸡"又何尝不是如此呢?为

法国国家图书馆手稿部收藏的《列那狐传奇》手稿

此,甚有必要大致了解"高卢雄鸡"形象在历史长河中的流变。

令人有点意外甚至感到吊诡的是,最早将法国比喻为雄鸡的不是法国人自己,而是中世纪法国在境外的对手。之所以如此,又和中世纪时雄鸡的形象往往不怎么样,乃至负面的居多密不可分。具体说来这类形象代表自负、愚蠢、易怒、好斗、淫荡、喜听恭维话、图慕虚荣。即便在许多法国人自己的作品中,例如12—13世纪极为流行的《列那狐传奇》一书中,鸡也和兔子、乌鸦、蜗牛等常常遭到列那狐欺压的弱小动物一起,象征着弱势的社会群体。因而,从14世纪起,一直到17世纪"三十年战争"期间,法国的外敌每当要和法国开战,需要在宣传攻势中把法国人丑化一番时,就会巧妙地利用自身似乎更加强悍的象征符号及其图像材料,把法国人丑化为被"更强者"追逐和征服的雄鸡。于是,当时人们经常会看到这样的画面:在威尼斯、西班牙和荷兰狮子,以及德意志鹰、英格兰豹的分别追逐下,法国雄鸡在狼狈不堪地四处逃窜。

不过,出人意料但现在看来绝对属于难能可贵的是,正如已有学者在相关文章中指出的那样,当时的一些法国国王非但坦然接受雄鸡的比喻或象征,而且还反其道而行之,大力宣扬雄鸡的优点,赋予雄鸡新的含义:勇敢(保护臣民就如雄鸡保护小鸡)、胜利(雄鸡一唱天下白,赶走黑暗的恶魔)、神圣(太阳神、战神和信使墨丘利的伙伴)、警惕性高等等。其中,法国历史上最著名的国王,即"太阳王"路易十四,显得特别痴迷于雄鸡形象,不仅在1665年让人铸造了一枚表现高卢雄鸡追杀西班牙雄狮的硬币,还令人在许多图像中让雄鸡对着光芒万丈的太阳啼鸣,甚至还特意叫建筑师设计了以百合花和雄鸡形象为柱头的装饰柱。此外,路易十四还差人在装点凡尔赛宫时采用多种雄鸡的装饰图案。与此同时,当时的教会为了迎合国王,也极力宣扬雄鸡的美德。我们现在到法国旅游时,仍不时可在一些教堂钟楼的顶端看到雄鸡形象。而且在依旧保留中世纪风貌的村镇里,也时不时会有公鸡形象映入眼帘,令人印象极为深刻。例如,在距里昂不远的佩鲁日小镇,这个以较好保留中世纪风貌著称的地方,就有一家"雄鸡客栈",客栈里面摆满了各色各样雄鸡摆件。2019年4月因突发火灾不得不重新修建的巴黎圣母院的尖顶上,依然还引人瞩目地保留着公鸡形状的风向标。

大革命爆发后,巴黎人民再次赋予雄鸡新的意义,把它与象征王权的百合花截然对立起来,令雄鸡成了人民的象征,并赋予其革命和自由的含义。在拿破仑帝国时期，由于拿破仑一世觉得"公鸡缺乏力量"，遂改为以"雄鹰"作为法兰西帝国的象征。在拿破仑帝国垮台之后相继出现的波旁复辟王朝、七月王朝时期，雄鸡重新成为法国的象征。在1848年革命中应运而生的第二共和国时期，雄鸡虽然仍旧被作为法国的象征，但其形象却已略有变化，成为自由女神身旁爪抓球体的雄鸡。在拿破仑一世的侄子、亲王、总统路易-拿破仑·波拿巴以拿破仑三世名义创建第二帝国后，雄鸡重新被雄鹰所取代。随着第三共和国在第二帝国因普法战争垮台后迅速建立，雄鸡又一次成为法兰西民族的象征。当时，不仅新发行的法郎硬币铸有雄鸡造型，而且共和国总统的府邸——爱丽舍宫的铁栏杆上也被人饰上"高卢雄鸡"。

佩鲁日小镇雄鸡客栈内景

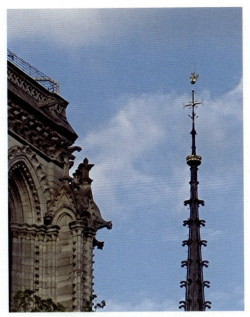

重新安装的巴黎圣母院塔尖仍保留雄鸡风向标

由上可见,法国大革命后,在法国历经政治动荡与变革并最终确立共和制度的过程中,雄鸡经常以国民或者说共和国的形象出现在公众面前,并最终成为在法国广为接受的国家与民族的象征符号。而"高卢雄鸡"形象的上述流变表明,法国人有自己的国家民族的象征符号,并为自己是法国人感到自豪。然而,国家的建构殊非易事,往往需要漫长的时间,法国也同样如此。

事实上,独立建国之初,不仅法国人的国家观念很淡,国王们的日子实际上也并非那么风光。诚然,我们当今在法国参观皇家宫殿,特别是凡尔赛宫时往往会对它们的高大气派、富丽堂皇

爱丽舍宫门口上端的高卢雄鸡

留下深刻印象,同时会不由得想象法国国王们的财大气粗。不过,我在这里要说的是,较之后来的路易十四等绝对君主制时期的国王,法国独立建国之初的国王们非但与"高大上"相去甚远,有

第三章 "小国王"开始谋求大王权

秃头查理

时还实在憋屈、寒碜得很。

前文已述,《凡尔登条约》堪称法兰西独立建国的标志。作为法兰西开国之君,"秃头查理"在撕破脸与哥哥争江山时,曾给人留下智勇双全的印象。但面对当时日益增多的诺曼人的入侵时,他似乎变了一个人,显得应变乏力,怯懦无能。更令人大跌眼镜的是,当诺曼人兵临巴黎城下之际,就是这位和自家兄长争夺江山时显得强悍之极的"秃头查理",不惜奴颜婢膝,捧出大把真金白银买其退兵。与此同时,他对国内封建贵族的驾驭力也在日益减弱。于是,各地的豪门显贵纷纷在自家领地称王称霸。

987年,法国进入了卡佩王朝统治时期(987—1328)。卡佩王朝初期的国王往往被称为"法兰西岛的小国王",因为他们的实际统治区域仅限于被称为"法兰西岛"的王室领地而已。当时，法兰西的领土共有45万平方公里，而"法兰西岛"的面积却不到3万平方公里，国王实际统治地盘之小，由此可见一斑。

不过，即便是在这块面积不大的王室领地内，国王仍然没有能力全面做到令行禁止。一些桀骜不驯的封建主，凭借自身实力，建筑城堡，在交通要道上拦路抢劫。王室领地内这些不大的贵族尚且敢如此行事，遑论王室领地外那些拥有公国、伯国的公爵、伯爵们了。这些公爵和伯爵虽然在形式上也承认国王为自己的宗主，但实际上在各自领地内保持着完全独立的统治。说白了，他们的实际权力之大和国王相比毫不逊色。更何况有些诸侯，例如佛兰德尔伯国的伯爵所拥有的财富远在国王之上。既然如此，这些公爵和伯爵又怎么可能把国王真正放在眼里？

进而言之，虽然卡佩王朝初期的国王在国外已被公认为"法兰西人的君主"，但这些"法兰西岛的小国王"当时委实也寒碜得很。他们一没有固定的首都，其住处经常在巴黎、奥尔良两地换来换去，二没有系统的行政管理机构。至于王室的经济收入更是极为有限。由于国王无权在王室领地之外课税敛财，他的财政来源仅为王室领地和所辖教会的收益。迫于无奈，为了扩大财源，堂堂的国王有时竟然也会去干些拦路抢劫的勾当。例如11世纪时，菲利普二世就曾派人对来自意大利的过路客商进行抢劫。

不过，国王毕竟还是国王，何况"法兰西岛的小国王"们手中还掌握着一张王牌，那就是举行加冕仪式，国王因此是唯一拥

反映克洛维接受洗礼时场景的画作

有精神权威的人。在此,颇有必要回顾一下墨洛温王朝的开国君主——克洛维为何得以建立赫赫战功乃至霸业。除了因为其麾下有一大批骁勇善战的法兰克战士,还得归因于克洛维在兰斯带领全体部众"受洗",皈依基督教。因为当时的"蛮族"信仰的不是基督教,而是基督教历史中一个被斥为异端的派别——阿里乌教派,克洛维先于其他蛮族这样做,就使得他可以立即获得罗马基督教教会和罗马贵族的大力支持,因为他们急于在新建立的蛮族王国中寻找政治支柱;同时也使克洛维得到高卢原来信仰基督教的广大居民对他的拥护。

后来法国历史上长期盛行的"王位与祭坛"的联盟,也就是指皇家势力与教会势力的联手,实际上就可溯源至克洛维"受洗"。也正因为如此,人们不仅在法国的博物馆或相关书籍中时常可以看到以"克洛维受洗"为题材的美术作品,而且当来到以出产香槟酒著称的香槟-阿登大区的兰斯,来到哥特式建筑的代表作之一、在法国历史上的重要性丝毫不亚于巴黎圣母院的兰斯大教堂时,大家的目光一定会被反映雷米主教为法兰克人国王克洛维加冕的雕塑、浮雕或者是图案所吸引。

事实上,卡佩王朝建立后,大凡国王都得在兰斯"行涂油礼",也就是用香膏掺一种上等的香油涂身。据说这种"圣油"来自上帝,是当年克洛维受洗时由一只鸽子带给主持洗礼的雷米主教的。在加冕仪式中使用这一"圣油",不仅能"证明"卡佩王朝国王是克洛维等法兰克君主的继承人,而且更表明他们与所罗门和《旧约圣经》中的诸王一脉相承。

然而,尽管"法兰西岛的小国王"们手中掌握着"君权神授"的王牌,但毋庸讳言,卡佩王朝的头四位国王皆属平庸之辈,既没有能力制服在王室领地周围雄踞一方的各路诸侯,也缺乏本领去摆平王室领地内桀骜不驯的封建主,更谈不上能在"国际事务"方面发挥任何重大作用——例如这四位国王无人参加过第一次十字军东征。也许,"法兰西岛的小国王"的角色已让他们心满意足。

不过,随着1108年路易六世的登基,这种状况开始改变。卡佩王朝的王权在逐渐增强,法国的统一进程亦开始起步。路易六世绰号"胖子",这位身材肥硕的国王登基伊始,就致力于王室领

兰斯大教堂

地的治理。为此，他进行了无数次的出征，平毁了大量封建主的城堡。迫使王室领地内那些原先桀骜不驯的城堡主从此俯首听命。而后，他为了便于在全国范围内平抑大封建贵族的势力，断然改组了御前会议。过去，御前会议由显贵、国王的封臣和宫廷官吏等大封建主组成，而改组后的御前会议则吸收了若干忠于国王的市民、教士和中小封建主参加，后者在参议国事时往往听从国王命令，很少受大封建势力的支配。为与大封建主抗衡，路易六世对当时方兴未艾的城市自治运动，尤其是城市公社甚为看重和支持，以致被人誉为"公社之父"。此外，他还力图通过联姻来扩大王室领地。当1137年阿基坦公爵去世时，路易六世使自己的儿子娶公爵的女继承人埃莉诺为妻，意在将阿基坦的领土置于自己的控制之下。

王权逐渐增强、法国统一进程开始起步局面的出现，其根本原因固然得归结于生产力的发展、城市的兴起，以及各地区经济联系的加强。但我以为，杰出君主的个人作用同样不容忽视。说到这里，各位自然会很想了解这一时期最值得关注的杰出的卡佩王朝国王是哪几位。对此，我想特别提及的是以下三位，即菲利普二世、路易九世和菲利普四世。其中，又以路易九世最值得高度关注。

路易九世在1226年继位时年仅12岁，由于年幼，故开始时需由母后临朝摄政，直至1252年母后驾崩才得以成为真正统治法国的君主。路易九世在亲政后，为了提高国王的权威，大刀阔斧地进行了两大改革。第一项重大改革是司法改革,为将司法权牢牢地控制在国王手里,他多次颁布敕令,在王室领地内禁止司法决斗,并将叛逆、铸伪币、伪造王室法令、非法携带武器等案件均收归王室法庭审理。路易九世在王室领地内严禁私战的同时,还在王室领地之外实行"国王四十日"制度,即法国任何诸侯受到侵害后,在40天内不得实施报复,可以向王室法庭上诉,请求仲裁。血亲复仇也在被禁止之列。第二项重大改革是币制改革。王室开铸新的标准化金、银货币,流通全国。当然,在王室领地之外,贵族(须是有铸币权者)的铸币仍可与王室铸货通用。路易九世的这两大改革标志着法国在统一的道路上又迈出了

路易九世

一大步。

路易九世一生笃信天主教，他长期斋戒，经常一连几个小时孜孜不倦地研究经文。为了推行基督教信仰，他不仅亲自参加十字军东征，而且还在国内推行强硬的宗教政策，甚至鼓励设立宗教法庭。不过，在宗教和执法问题上强硬之极的路易却仍然享有仁慈的美名。据说，他曾在济贫院给穷人们洗脚，甚至前去探望麻风病患者。他在死后不仅被称作"圣徒"，还被"封圣"，所以也叫"圣路易"。法国年鉴－新史学派的领军人物、大名鼎鼎的雅克·勒高夫曾为这位唯一被封圣的法国国王写过书名为《圣路易》的大部头传记，商务印书馆出过中译本，很值得一看。各位在游览巴黎圣母院时不妨顺便参观距此不远的巴黎圣礼拜教堂。这座教堂不仅是西岱岛，也是整个巴黎市区中心最具代表性的哥特式教堂，它由路易九世下旨修建，他希望用这座教堂来保存与耶稣受难相关的珍贵圣物，如荆冠和十字架碎片等。不过，对当今大多数人来说，这座教堂更让人称叹的或许还是它那巧夺天工的彩绘玻璃花窗，其色彩绚丽，被人誉为全球最美的彩绘玻璃花窗教堂。总之，无论各位是历史爱好者还是艺术迷，这座以其精致而非规模取胜的皇家礼拜堂都会让你不虚此行。

上述几位杰出的法国国王，或以在对内对外战争中所取得的胜利，或以大刀阔斧的改革，大大促进了王权的发展，从而也有力地促进了法国的统一。说到法国统一进程的进一步发展，特别是民族国家的建构，就还得把目光聚焦于一位具有传奇色彩的

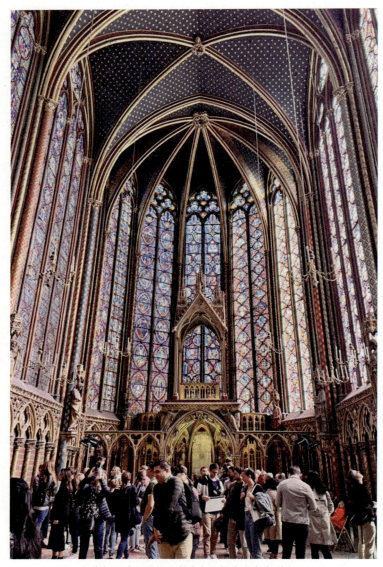

空间不大的圣礼拜教堂每天都有众多参观者

圣心大教堂前的两尊塑像

"奥尔良少女"——举世闻名的"圣女贞德"。大家有机会到巴黎著名的地标之一、蒙马特尔高地上的圣心大教堂参观,会在教堂前看到两尊骑马塑像,一尊是我们刚提到过的国王圣路易,另一尊就是贞德。贞德的地位之高,由此可见一斑。

第四章
百年战争与"圣女贞德"的救国壮举

贞德或圣女贞德,在中国听说过她的人并不少。一些中国朋友还喜欢把她和中国的花木兰相提并论,并将贞德称为"法兰西的花木兰"。当大家有机会到法国的巴黎、兰斯、鲁昂等城市旅游观光时,都大有可能会看到贞德的塑像,因为这些塑像均被置放在游客喜欢前往同时非常显眼的地方。例如,在巴黎的贞德塑像,就分别被安放在卢浮宫旁的金字塔广场和蒙马特尔高地的圣心教堂正门前。那么,这位贞德究竟何德何能,得以在法国享受如此之高的礼遇,甚至被法国人奉为"圣女"呢?对于这个问题,我想可用这样一句话来简要回答:她是一位在法兰西民族国家的建构中劳苦功高、作用显赫的民族女英雄。

纵观世界历史,不少国家或民族的兴衰存亡都和它们在不得不应对的重大战争中取得的结果息息相关。法国也同样如此。在西欧诸国中,法兰西之所以能够较早就开始称雄欧洲大陆,除了

矗立在巴黎金字塔广场上的贞德塑像

它相对于其他西欧国家具有地大物博、人口众多等优势外，还有一个因素至关重要，这就是它比较早就迈出了建构民族国家的步伐。而说到法兰西民族国家的初造，无疑又与法英百年战争密切相关。

百年战争的爆发缘起于查理四世去世后卡佩王朝后继无人，王位继承成了问题。当时，在王位空缺之后盯上它的人主要有两个：一个是查理四世的旁系堂兄、瓦洛亚家族的菲利普，另一个是前国王菲利普四世的外孙、英国国王爱德华三世。不想让英国国王来继承法国王位的人们，特意从古老的《萨利克法典》的条文中引申出一条原则，即"女性及母系后裔没有王位继承权"，以它为依据拒绝了英国国王对法国王位的要求。同时，推举那位查理四世的旁系堂兄继承王位，是为菲利普六世。由此，法国进入了瓦洛亚王朝时期（1328—1589）。

瓦洛亚王朝几乎与"百年战争"相始终。1337—1453年，法英两国时断时续地进行了116年的战争，史称"百年战争"。如果说这场战争的导火索是在菲利普六世继位后，英王仍不断提出对法国王位的要求，那么它的深层原因则要复杂得多。

首先，法英两国统治王朝之间为争夺领地而展开的斗争由来已久。由于先后统治英国的诺曼底王朝和金雀花王朝的开国君主都是来自法国的封建主，因而在法国拥有大片领地。虽然随着法王王权不断增强，英王在法国的领地日渐缩小，但英王一直在法国还拥有领地。而且，只要这些领地没有完全被剥夺，英国王室就仍抱有在法国进而在欧洲大陆更大范围扩张势力的野心。反之，对法国王室来说，只要英王在法国境内还占有土地，就会对法国的统一大业构成最大障碍。也正因为如此，法国国王自然力图全盘收复英国王室在法国的领地。

其次，佛兰德尔伯国问题也导致两国之间的关系更加恶化。佛兰德尔当时属于佛兰德尔伯爵。如前所述，佛兰德尔伯爵实际上比法国国王还要财大气粗。之所以如此，乃是因为佛兰德尔是当时欧洲屈指可数的富得流油的地区。该地区以毛织业著称，而毛织业的主要原料——羊毛则大多来自英国，因此它与英国的经济联系确实可谓水乳交融。但是，佛兰德尔伯爵又是法国国王的附庸，而且法国国王对这块富得流油的地区早就垂涎欲滴。早在菲利普四世在位时，他就曾大举入侵佛兰德尔，当时若非佛兰德尔市民奋起反抗，此地早已丧失独立地位。1328年，菲利普六世在佛兰德尔伯爵请求下，出兵镇压了该地区各城市的起义，并借机建立起对佛兰德尔的直接控制。1336年，在法王授意下，佛兰德尔伯爵下令囚禁该地所有英国人。作为报复，英王也下令拘捕英国境内所有佛兰德尔人。更有甚者，也是在这一年，英王为对该地区施加经济压力，还下令禁止向佛兰德尔出口羊毛，造成该地区大批工场停工，大量工人失业。事发后，对法王的横征暴敛早就不满的当地市民在政治上进一步倾向英王，并把失去英国原料供应归咎于法王。凡此种种，让人不难想象法英双方为争夺佛兰德尔展开的斗争会何等激烈。

1337年5月，菲利普六世借口英王允许法王的仇敌阿图瓦的罗贝尔避居英国，下令没收英王在法国的最后一块封地。而爱德华三世也不甘示弱，决心予以反击。同年11月1日，爱德华三世遵照骑士精神的传统，向法王菲利普六世下了一道正式战书，声明英国在3天后开始与法国为敌。由此，早已势不两立的两国终于开战。

尽管从表面上看，法国的兵力要超过英国，但在战争的第一阶段，英方却让法国连遭重创。隔海相望的两国交战，海战至关重要。1340年6月，英国海军在埃克吕兹港一举击溃并烧毁了准备入侵英国的法国和卡斯蒂利亚联合舰队，由此把英吉利海峡控制在了英方手里。由于教皇克莱芒六世的斡旋，双方曾息兵数年，但到了1346年，战端又起。是年春天，英军侵入诺曼底。同年8月，主要由英国自由农民组成的弓箭手，在著名的克雷西战役中，竟然打败了素称"法兰西之骄傲和花朵"的法国骑士团。向来在战场上大显威风的骑士在弓箭手射杀下纷纷落马，骑士制度悠长的全盛期至此画上了句号。英军在取得克雷西大捷后，旋即围攻法国海滨重镇加来。经过7个多月的攻打，加来终被攻克。由此，英国在海峡对岸获得了一个良好的贸易港口和重要的军事基地。

就在英军围攻加来期间，意大利的一艘商船从黑海港口驶入热那亚，将近世称为鼠疫的黑死病带入意大利。不久，黑死病又经由法国地中海港口传入法国。较之英军的武器，黑死病具有更大的杀伤力。一时间，成千上万的法国人丧生于鼠疫，就连贵为一国之主的菲利普六世也未能幸免。这场瘟疫也同样落在了满获法国战利品的英方头上。由于黑死病跟随侵法英军传至英伦三岛，数以万计的英国人，尤其是曾赴法参战的官兵也纷纷命归西天。鉴于两国均因黑死病的打击而元气大伤，无力再战，故教皇的出面调停立即奏效。从加来之围结束到1355年，英法两国息兵罢战了8年左右。既然多次提到了百年战争时期的加来，各位如果有机会到这座离英国最近的法国城市时，不妨到加来市政厅前好好看看由罗丹创作的经典作品《加来义民》。

1355年，战事又起。翌年，双方在普瓦蒂埃决战。结果，由英王的长子，也就是神勇的"黑太子"统率的7000英军，把法王约翰二世亲自率领的1.5万法军打得落花流水，法国被迫与英方缔

反映 1348 年佛罗伦萨黑死病肆虐的版画

加来市政厅（建筑前有罗丹创作的《加来义民》雕塑）

普瓦蒂埃决战

结《布雷蒂尼和约》。这一切,标志着百年战争第一阶段以法国的失败而告终。

1364年,在英国做人质的约翰二世病死于伦敦。随着约翰二世的驾崩,太子查理得以由监国践位,称查理五世。法王查理五世在其统治期间,利用《布雷蒂尼和约》带来的喘息机会励精图治,让法国的国力得到较快恢复。在国力恢复、军事力量明显增强之后,力图报仇雪耻的查理五世不仅与英国重新开战,而且还接连取胜。到1380年时,法军收复了《布雷蒂尼和约》签订时被割去的绝大多数失地。随后,战事一度暂告平息。这个结果也可以视为法国在百年战争的第二阶段勉强扳回了一局。

但事情并没有尘埃落定。50多年之后，英王亨利五世趁当时的法王查理六世不时精神病发作，以及法国两大封建派别内讧严重之际，再次重燃战火。在法方连遭重创背景下，双方在1420年缔结了《特鲁瓦条约》。根据这一条约的规定，法王的女儿嫁给英王亨利五世。等当时的英王、法王去世之后，英方宣布将两王后代，当时还不满周岁的婴儿立为英国和法国的国王，是为亨利六世。这一举动清楚地表明，西欧两大王国大有跨越英吉利海峡合二而一之势。

然而，逃亡到法国南方的原法王之子，亦即法王亨利六世的舅舅根本不愿认这个婴儿为王，遂自封为查理七世。于是，就在法国出现了"一国两王"的局面。一个是统治着法国北方大部分地区的亨利六世，另一个是以南方的布尔日为据点，试图与英军对抗的查理七世。不过，查理七世因一直缺钱少兵，似乎自己就对胜利不抱多大信心。

1428年秋天，英军开始围攻奥尔良。作为通往南方的门户，奥尔良一旦失守，法国南方就有沦陷的危险。因此，保卫奥尔良之战便成为决定法国生死存亡的关键。就在奥尔良即将被英军攻破的紧急关头，一位名叫贞德的民族女英雄奇迹般地登上了历史舞台。她以自己的壮举激起了同胞的爱国热情和斗志，不仅使奥尔良转危为安，还使整个战局出现了逆转。

实际上按照法语发音翻译成冉·达克更为贴切的贞德，是位出生于法国东部香槟与洛林交界处一个叫栋雷米的村庄的牧羊女。由于自小目睹英军的烧杀抢掠，贞德早就萌发了强烈的救国之志。与此同时，这位父母都是天主教徒的农家姑娘，在当地笃信上帝的村民中素以虔诚闻名。贞德自称在其13岁时"听到"圣徒的呼唤，要她拯救国家。当听说奥尔良被围后，时年17岁的她再也无法按捺救国豪情，遂从家乡赶到沃库列尔小城，对该城守军头目声称，她是奉上帝之名来拯救法兰西并引导王太子去兰斯加冕的。这座小城的居民为她的爱国豪情所感动，集资替她购买了盔甲和战马。随后，她在小城守军头目亲自护送下，日夜兼程11天前去晋见自封为查理七世的王太子。当她抵达王太子所在的地方时，王太子身边的廷臣为考验贞德，故意要王太子混在大臣们中间让她辨认，结果贞德一眼就认出了哪位是王太子。此时，奥尔良已危在旦夕。在贞德主动请缨之后，已经近乎绝望的王太子立刻命贞德率领一支人马去解救奥尔良之围。于是，贞德手持王太子赐给她的宝剑，骑着一匹白色的战马，率领数千法军直奔奥尔良城。贞德一行的到来使城中的军民士气大振。经过几天奋战，被英军包围了200多天的奥尔良城终于被解围。奥尔良城解围之后，法军乘胜追击，连续攻下多座城市，还在7月拿下被法国人视为圣地的兰斯。在收复兰斯之后，查理七世在兰斯大教堂正式加冕称王。在加冕典礼上，贞德手持旗帜站在查理七世旁边，好不英姿飒爽。

但让人痛心的是，贞德后来不幸落入英国人的手里，在遭到严刑拷打之后，被当作"穿戴男装""妖术惑众"的女巫，在鲁昂

圣女贞德

广场上被绑在火刑柱上活活烧死。也正因为贞德是在鲁昂遇难的,所以鲁昂也和巴黎、兰斯、奥尔良等城市一样留有很多相关纪念物,甚至还建有一座圣女贞德博物馆。

虽然贞德后来在被对手俘获后惨死于火刑,但她的壮举所唤起的民族意识在国人中继续高涨。在为贞德复仇的口号激励下,法国民众的抗英斗争愈来愈强烈,在光复国土的战争中节节取胜,查理七世得以重返已沦陷17年之久的首都巴黎。1453年,法军在卡斯蒂荣战役大败英军。由此,除加来港外,所有失地都已收复,法国终于取得了百年战争的最后胜利。

取得百年战争的最后胜利,意味着一举排除了法国领土统一的最大障碍。不过,在国内,仍有一些法国贵族保持着相对独立,统一大业远未完成。法国领土基本统一的任务是由查理七世之子路易十一来完成的。可以说,当路易十一去世时,今日法国版图的轮廓已被他基本勾勒出来。

随着国土基本实现统一,法国人的民族意识进一步加强,共同的法兰西民族文化也开始出现,如在巴黎方言的基础上,法兰西共同语言——法语正在逐渐形成。至此,法国在很大程度上开始成为政治统一的民族国家。

还需要再补充一点,虽然贞德的传奇经历中有不少"超自然"和过于神秘的成分,难以全盘相信,但不管怎么说,在贞德遇害后,她的名字几个世纪来一直回响在人们耳畔,不少人会对这位牧羊女一跃而为名垂青史的圣女津津乐道。毋庸讳言,在这一过程中,和许多中外历史名人一样,已成为象征或符号的贞德,免不了也成为各个时期各种人进行政治开发、文化利用,乃至商业消费的对象或工具。例如,19世纪时贞德的名字就被用于一种矿泉水的商标。而安放着贞德镀金青铜骑马雕像的金字塔广场,则成为20世纪法国极端民族主义分子在巴黎举行示威活动时的首选场所之一。

总之,正如诺贝尔文学奖得主、法国大文豪阿纳托尔·法朗士所言:"追踪各个时代对圣女贞德的记忆是很有意思的事情。但这会是一大本书。"毫无疑问,一般的法国人,更甭说中国读者都不会有足够的时间、精力去对付这本"大书",好在法国20世纪末出过一套由皮埃尔·诺拉主编的里程碑式的史学巨著——《记忆之场》,其中关于贞德的篇章出自著名史学家、巴黎政治学院教授米歇尔·维诺克之手,非但信息量很大,而且阐释精准,充满洞见,很有参考价值。

若要贯通性地把握整个法国文化的发展脉络,必然还得对法国早期包括中世纪时的文化及其演进有所了解和认知。如果说5—11世纪的法国文化给人留下的印象可谓"停滞"和"衰落",那么自11世纪下半期开始到15世纪,法国文化的发展趋向大致可概括为从逐渐复苏走向迅速发展。

11—15世纪的法国文化,属于一种典型的封建—宗教文化。而这一特征的凸现,是由此期法国(实际上绝大多数西欧国家也相同)以国王为代表的俗权统治和以教皇为首的神权统治两大政权体系的并立所决定的。不过,又由于中世纪中期以来城市的兴起和发展,以及市民阶层在政治、经济领域的独立性日渐增强,一种与此期的封建—宗教文化主流相悖的文化现象亦应运而生,这就是敢于讽刺封建贵族和天主教僧侣的市民文学。

在法国,宗教文学的产生要早于其他文学形式。由于当时基督教是居于统治地位的思想体系,而文化教育的控制权亦由僧侣们所垄断,因而在此期的文学领域中,宗教文学所占的比重极高。宗教文学的作者基本上是基督教教会的教士,也有少量民间诗人。起初,宗教文学的体裁主要有《圣经》故事、圣徒列传、圣者言行录、祈祷文和赞美诗等。及至中世纪后期，宗教抒情诗和瞻礼式戏剧等大量涌现。宗教文学首先竭力宣扬上帝是真实存在的，上帝创造万物，无所不能；其次，着力塑造种种基督教英雄人物——圣徒；再次，大肆渲染宗教奇迹，如编写出许多世人因虔诚而遇奇迹的活灵活现的故事。当然，在宗教文学中，也有部分反映现实生活和民众情绪的作品。但它们多出自下层教士或普通民众，并不构成这一文学的主流。

英雄史诗（又称武功歌）在此期法国文学中占有重要一席。虽然它在数量上无法与宗教文学比肩，但就文学价值本身而言，远在宗教文学之上。英雄史诗的源头可以追溯到墨洛温王朝和卡洛林王朝时代的古代传说、民谣和赞歌。但是，它的真正的雏形的出现是在卡佩王朝建立之后。英雄史诗都是长篇叙事诗，既摄取了《荷马史诗》的宏大气魄，又吸收了圣徒传中的煽情手段，同时运用了民间说唱形式。在众多法国英雄史诗中，产生最早、流传最广、影响最大的当推《罗兰之歌》。继英雄史诗之后，一种反映封建贵族思想感情的文学——骑士文学在法国文坛崛起。骑士文学包括骑士抒情诗、骑士传奇（或称骑士故事诗）以及根据后者改写的散文骑士传奇。这种划分既指体裁上的区别，也指地域上的差异。及至14世纪，散文骑士传奇几乎完全取代了骑士故事诗，法国小说的最初源头亦由此产生。

12世纪以来，作为城市兴起和发展的产物，一种能够反映市民阶级反封建精神和非教会文化要求的新型文学——市民文学日趋勃兴。此期市民文学最出色的成就之一就是产生于12—14世纪的大量的以列那狐为主角的故事诗,俗称列那狐故事诗。流传至今的列那狐故事诗主要有四部:《列那狐传奇》《列那狐加冕》《新列那狐》和《冒牌的列那狐》,其中尤以《列那狐传奇》最为著名。其中,狮子象征国王,笨拙凶狠的熊象征大封建主,掠夺成性的狼象征骑士,笨驴象征教士,鸡、兔、乌鸦、蜗牛等弱小动物象征社会下层民众,而能干、灵巧、狡猾的列那狐则象征市民。此外,在法国中世纪市民文学中,《玫瑰传奇》是一部规模较大并具有独特风格的作品。

巴黎大学的诞生和巴黎成为西欧学术中心,注定是此期值得大书特书的文化现象。巴黎大学的前身,一般认为是作为唯名论者的中世纪著名经院哲学家阿伯拉尔在巴黎兴办的私人学校。该校虽设在巴黎圣母院教堂附近,但其教学内容已同以往教会或修道院办的学校大不相同。及至12世纪下半叶,此类学校已在巴黎越办越多,西岱岛和塞纳河左岸更是集聚了大批教师和学生。这时,这些以收取学费为生的学校的教师开始按照行会形式结成同业行会。起初,巴黎教会的人士强烈反对这一组织的成立,但罗马教皇和法国国王却对此予以认可和支持。1174年,教皇宣布承认该组织,并授予它一些保护性特权。1200年,国王菲利普二世颁发特许状,批准了该组织制定的规章。一般认为,该特许状的颁发标志着巴黎大学的诞生,但正式改称"大学"当在1208年以后。巴黎大学下设文艺、医学、神学和法学4个学院,学生来自西欧各国，他们按照乡土和籍贯分属诺曼底馆、英格兰馆、皮卡尔迪馆和高卢馆四个同乡会，其中高卢馆不仅包括法兰西人，也包括西班牙人和意大利人等。随着西欧各地的优秀学者在12—13世纪纷纷来此执教，巴黎大学一时人才辈出，群星灿烂，巴黎也随之成了西欧无可争议的学术中心。

建筑作为综合艺术，当属一个时代艺术风格和艺术水平的标志。在11—15世纪，法国先后流行罗马式建筑与哥特式建筑。罗马式建筑是以古代罗马式建筑为基础，综合日耳曼和东方建筑艺术的某些特征而形成的一种新的建筑艺术，主要用于教堂的建筑和装饰。典型的罗马式建筑往往包括：上半部为半圆形拱顶的门窗、坚厚的石墙、圆屋顶、粗矮的柱子。室内广阔的墙壁上一般饰以大量宗教题材的壁画，并广泛使用雕塑装饰。由于窗户狭小，室内光线通常甚为暗淡。克吕尼修道院堪称典型的罗马式建筑，它的建筑风格在当时影响了法国乃至西欧不少国家的修道院与教堂建筑。从12世纪中叶开始，哥特式建筑在法国北部兴起，并逐渐流行于西欧各地。法国最早的哥特式建筑是兴建于1137—1144年的圣德尼大教堂。本人在20世纪80年代末首次赴法访学期间，就在圣德尼大教堂附近居住，几乎天天都能看到它。在圣德尼大教堂建成后的几十年中，一大批哥特式建筑在巴黎等地拔地而起。它们主要是教堂建筑，且基本集中于城市内，其特点是尖形拱门、薄墙壁、细圆柱、大门窗、绘有《圣经》故事人物的大块彩色玻璃。由于哥特式教堂均以垂直线条和图形取代平行线图，故无论是其外观还是内部都呈现出轻盈、垂直、耸入天空的特点，有助于置身教堂的人产生对彼岸世界——天堂的向往。同时，由于此期的城市教堂已不仅是纯粹的宗教建筑物，它还是市民参加重要公众活动的场所。因而，哥特式教堂的大门往往又高又大。毋庸讳言，这些哥特式教堂同时也是文艺复兴前法国建筑艺术的最高成就。留存至今的巴黎圣母院、夏特尔教堂、兰斯大教堂和亚眠大教堂等堪称典范之作。

圣德尼大教堂

亚眠大教堂

第五章
教皇为何会成为"阿维尼翁之囚"

就贞德在法英百年战争中的功绩来看,虽然有中国人喜欢把贞德和中国的花木兰相提并论,但就各自在国内的相对地位而言,贞德是花木兰比不上的。而从贞德在百年战争中所扮演的角色乃至创造的奇迹中,人们还不难看到,战争在锻造法兰西"民族国家"过程中的驱动作用何其重要。不过,在这里格外需要强调的是,战争在构建法兰西民族国家过程中所起的作用,无疑是通过不断强化王权来实现和体现的。

对欧洲史有所了解者都知道,早在大革命爆发前,法国就已在欧洲大陆长期居于强国之列。而法国之所以能做到这一点,是因为和其他欧洲国家相比,它除了国土更广阔,人口更多,资源更丰富之外,还明显拥有更为强大的王权,尤其是以这种王权为核心建立起了中央集权制的国家机器。正是凭借这种围绕持续强化的王权形成的中央集权制国家机器,法国得以把当时自身拥有的种种有利因素,尤其是人口众多的因素,卓有成效地调动起来,进而在争霸战争中屡屡胜出。而在当年,在争霸战争中的表现究竟如何,绝对是衡量一个国家强弱的试金石。那么,法国的王权又是如何发展的呢?

法国王权的发展大致可依次分为这样三个阶段:割据君主制、等级君主制和绝对君主制。

关于"割据君主制",只要各位还记得此前揭示的"法兰西岛的小国王"们的境况,应该对其不难理解,不妨此处从略。但如果各位有机会到法国南部的朗格多克-鲁西永地区,强烈建议大家抽出足够时间去参观这里的卡尔卡松城堡。这座始建于高卢罗马时期后来又有幸得到极好保护的中世纪城堡,在1997年就被列

在卡尔卡松城堡远眺

入《世界遗产名录》，相信各位只要好好看过这座城堡，一定会大大增进对古代中世纪法国历史文化的感性认识。

等级君主制，一言以蔽之就是王权借助等级代表会议实施统治的一种政权形式。如果说英国历史一般用1265年召开的英国议会作为等级君主制初步形成的标志，那么，法国历史则是以1302年在巴黎圣母院举行的三级会议作为法国等级君主制初步形成的标志。而所谓三级会议，简单地说就是法国在中世纪开始出现的等级代表会议，参加者有第一等级的教士、第二等级的贵族，以及第三等级的市民的代表。

由此，一个颇有意思的划分呈现在了人们面前，那就是贵族和市民分属第二、第三等级，而教士不仅独占一个等级，而且竟然还属于第一等级。教士在包括法国在内的欧洲国家历史上的这种独特地位又是如何产生的呢？对此就得说到一些天主教的宗教观念对当时社会等级区分的重要影响。例如，天主是万物的主宰、天主拯救世人于苦难等等。在这种观念主导下，为便于教徒获得

法国1968年发行的纪念首次三级会议召开的邮票

拯救而致力于祈祷的教士，自然就被列为最尊贵的等级。不过，在当时的欧洲历史上，王权与教权之间，往往既有相互合作利用的一面，又有冲突较量的一面。甚至还可以这样断言：世俗王权与罗马教廷的冲突是中世纪中期欧洲政治力量博弈的主线之一。

就法国来说，当时的国王菲利普四世，也就是那位大名鼎鼎的"美男子菲利普"，之所以在1302年首次将三个等级的代表召集起来开会，说穿了就是一个目的，即商讨如何对付教皇卜尼法斯八世。因为国王和教皇就税收问题产生的矛盾已经导致他俩完全闹翻了。面对菲利普四世的举动，教皇卜尼法斯八世自然不甘示弱，很快就颁布了标题为《至尊至圣》的教谕，宣称世俗的权

法国国王菲利普四世

力应服从精神的权力。为此,菲利普四世在第二年再次举行三级会议予以反击。菲利普四世公然谴责这位教皇是异端,宣称后者通过出卖圣职捞取钱财。菲利普四世在给教皇扣上这些罪名后,甚至派人到这位教皇的住所去抓他。卜尼法斯八世教皇因而遭到拘捕并饱受凌辱。虽然这位教皇后来被放了回来,但还是因受惊吓而不久于人世。卜尼法斯八世的继任者任职不久也一命呜呼。而下一个继任者,即克莱芒五世上任后竟然把教皇所在地迁往阿维尼翁。尤其需要指出的是,在此后的近70年里,不仅所有教皇都出自法国人,而且都不得不屈从于法国国王的权威。而在此之前,教皇非但可以由来自别国的主教担任,同时还拥有和国王一

教皇卜尼法斯八世

较高下的权力。

研习中外历史文化不仅要"读万卷书",也要尽可能地去"行万里路"。现在人们如果到南法的普罗旺斯旅游,一般少不了会去阿维尼翁,而阿维尼翁城内的教皇宫早已被列入《世界遗产名录》,绝对值得买票进去看看。当然,若能在举世闻名的"阿维尼翁戏剧节"期间进这座教皇宫里看上一场在那里上演的戏剧节开幕大戏,那更是再好不过。

若上升到更高层面来看,法国国王和教皇当时围绕征税问题发生的冲突和展开的较量,实际上关乎一个国家君主的权力、一个国家政治制度的独立性是否受到尊重的问题。同时,它也表明,当时法国国王唯有依靠国内各个等级的支持才可望顶住外部势力的干涉,维护好法兰西的利益。应当说,这一时期法国国王对教皇的胜利不仅进一步加强了法国国王的权力,同时也推动了法兰西民族意识的觉醒。

总之,由1302年法国三级会议开启的王权与等级代表会议之间时断时续的共存关系,构成法兰西国家君主制不可忽略的传统之一。在这一过程中,三级会议的主要职能说到底就是批准国王征收新税。不过,在这种等级君主制的基础上,法国很快就开始向绝对君主制演变。

如前所述,法国领土的基本统一是在路易十一手里完成的。因而,路易十一也被誉为"国土的聚合者"。不过,我觉得,路易十一的历史功绩不仅是聚合法国的国土,而且,他还建立了一支

阿维尼翁教皇宫

兵强马壮的常备军,确立了固定税,以及对法国行政、司法机构进行了卓有成效的改革,法国王权由此得到了明显巩固与加强。更值得一提的是,鉴于王权进一步巩固与加强,路易十一已敢于不召开三级会议即行征税。学界一般认为,这位国王敢于停开三级会议,昭示着法国已经开始由等级君主制向绝对君主制演变。

诚然,类似的转变其他欧洲国家也先后经历过,但法国在这方面迈步之大,在践行"王权至上"上取得的成效之显著,在欧洲国家当中可以说是最为突出者。为何法国能做到这一点?关于这个问题,我想究其根本原因,还是法国政治统一后社会经济的变革。

16世纪早期开始,随着新航路的开辟,大量贵重金属涌入西

法国国王路易十一

欧，引发了"价格革命"，金银贬值，货价上涨。而且，贵重金属的涌入同时又刺激着社会上层阶级追求生活的奢华。由于王公贵族挥霍无度，政府债台高筑，政府不得不把一些官位拿出来卖。由此，一个官吏阶层逐渐在殷实的资产者中间产生。因为这些贵族化的资产者在任职时须穿一种袍服，所以称"穿袍贵族"。与"穿袍贵族"相对的是"佩剑贵族"，他们是在封建地主制下就有的旧的世袭贵族，最初被称为"佩剑的人"。与"穿袍贵族"的崛起形成鲜明对照的是"佩剑贵族"的没落。

面对新兴资产阶级的挑战，日趋没落的封建贵族希望有强大的王权来保护他们手中尚存的特权，并把宫廷作为追逐名利、获

佩剑贵族

穿袍贵族

取高官厚禄最主要的场所。无独有偶,新兴资产阶级也对强化君主的权力举双手赞成。因为他们觉得君主可以替他们抑制封建贵族,压制城乡人民对资本原始积累残酷掠夺的反抗,保持国内的统一市场。总之,由于利益相悖的双方势均力敌,国王正好左右逢源,并顺理成章地凌驾于两者之上。

那么,这一时期欧洲其他国家的相关情况又如何呢?简单地说,当时这些国家有的还没统一,国小民寡,实力不济;有的貌似庞大,但松散之极,犹如散沙。后者最突出的例子就是所谓神圣罗马帝国,它看上去体量庞大,疆域辽阔,但境内的诸侯国、自由市等拥有高度的自治权,堂堂帝国皇帝,既无法对帝国实行全面有效的管理,更谈不上能充分调动各地的人、财、物。

不过,这一时期法国的绝对君主制充其量只是绝对君主制的早期形态,与其绝对君主制的极盛时期——路易十四时代完全不可同日而语。那么,法国的等级君主制在路易十一去世后是如何向绝对君主制转变的呢?为了解答这一问题,就得重新聚焦本讲开头所提及的不可忽视的因素——战争。就此而言,有一场战争特别值得我们关注,这就是意大利战争。

意大利战争可以视为法国在建立绝对君主制的道路上的首次对外争霸。说到意大利,不少人脑子里立即浮现出来的或许会是那个不仅是欧洲四大经济体之一,而且在艺术和时尚领域走在世界前列的发达国家。但在当年,意大利远非一个国家,它还不过是个地理概念而已。当时经济富庶但政治上四分五裂的意大利是西欧列强角逐的场所。在这一背景下,这一时期的四代法国君主相继把意大利作为对外扩张的首选目标。而战争的需要,又极为有利于法国君主加强对御前会议和巴黎高等法院的控制。值得一提的是,从弗朗索瓦一世开始,法国国王的诏书一般以"此乃朕意"结尾。这一举动颇富象征意义,在很大程度上表明了国王已凌驾于咨询、司法机构之上,国王的旨意已成为必须遵守的法律。

在意大利战争期间,法国还形成了欧洲各国中最庞大和有效的行政机构,地方贵族的势力一再地被钳制、削弱,君主制度下的中央集权得到强化。此外,尽管意大利战争对法国王权的影响并非全是正面的,而且法国当时在意大利境内的收获也颇为有限,

弗朗索瓦一世

但是，法国在战争中表现出来的实力充分证明，它已成为欧洲大陆名副其实的强国。

　　关于这场意大利战争，颇有必要补充一点，这就是法国发动的对意大利的远征还在客观上极大地推动了法国文艺复兴的发展。跟随"骑士式的国王"远征意大利的法国人在阿尔卑斯山的另一侧惊奇地发现了一个崭新的世界：用各色大理石修筑的壮丽的城市、雄伟的广场、堪与东方比美的宫殿和圆顶的金色教堂……与此同时，意大利城市新的生活方式和数不清的财富则更让这些法国人艳羡不已。虽然在攻取城池方面，法国人在持续几十年的战争中最终在意大利境内一无所获，但他们在征战期间在亚平宁目睹和感受到的全新艺术气息，以及借助五花八门方式从那里带回法国的意大利文艺复兴时期的艺术品和书籍，特别是还有许多跟着作为新雇主的法国君主前来的意大利画师、金银器匠、雕刻匠，乃至乐师、细木工匠等等展示的非凡技艺，却使法国人耳目一新，热情迸发，从而极大地促进了法国文艺复兴的进程。为此，19世纪法国著名历史学家米什莱曾在他撰写的《法国史》中，把远征意大利视为具有十分重大且决定性意义的事件，认为它有助于开启法国的文艺复兴。与之相关的一切大大改变了法国人对艺术和世界的看法，有鉴于此，米什莱颇为大胆地挥笔写道："意大利的发现比美洲的发现对16世纪的影响更大。"而大名鼎鼎的达·芬奇，这位意大利文艺复兴时期的惊世奇才，晚年则成了刚即位不久的法国国王弗朗索瓦一世的座上宾，应邀居住于法国卢瓦尔河谷的克洛吕斯城堡，度过了其人生的最后 3 年。人们津津乐道地传说，达·芬奇甚至还是在这位不遗余力推动法国文艺复兴的君主怀抱里离开人世的。2019 年 5 月 2 日，也即达·芬奇逝世 500 周年纪念日，时任法意两国的总统来到昂布瓦斯城堡的圣于贝尔礼拜堂，共同向长眠于此的达·芬奇敬献了鲜花。各位如果有机会造访枫丹白露宫时，切记留足时间去好好看看著名的弗朗索瓦一世长廊，因为大可借此充分体味文艺复兴风格的建筑艺术气息。

最后要强调的是，虽然法国当时已经在由等级君主制向绝对君主制演变，但法国在建立绝对君主制的道路上毕竟还有很长的路要走。尽管如同前文提及那样，绝对君主制已在法国几位前朝君主的努力下开始起步，但它的进一步发展乃至达到极盛则还需波旁王朝头三位君主的再接再厉。让我们接下来把目光聚焦于这几位君主，并借此探究绝对君主制何以在法国达到极盛。

第六章
路易十四如何把自己打造成"太阳王"

大凡有较多机会和法国人攀谈的人会发现,法国人在缅怀法兰西昔日的强盛与荣耀时,往往会首先充满自豪地提及"太阳王"路易十四。路易十四同时还被尊称为"路易大王"。在巴黎的拉丁区,具体地说在先贤祠附近有两所巴黎最好的中学,一所叫"亨利四世中学",另一所就是以这位"路易大王"来命名的"路易大王中学"。和中国人一样,法国人也很重视孩子的教育,同样很希望能为孩子找个最理想的学区。这两所中学所在的区域,绝对是巴黎最为吸引人的学区。

路易十四向以"太阳王"著称,这与他崇尚太阳神阿波罗并自诩为"太阳王"密不可分。彼时,他不仅在凡尔赛宫举办的舞会中喜欢把自己打扮成阿波罗神,身着光芒四射的金黄色服装出场,还将凡尔赛宫内主要大厅均以环绕太阳的行星命名。至于其中最为奢华气派的大厅,也即他用于日常接见的御座厅,自然而然地被命名为阿波罗厅（或称太阳神厅）。就连凡尔赛宫中最为引人瞩目的喷泉，他也非以"阿波罗喷泉"命名不可，大凡去过凡尔赛宫的人都知道，占据该喷泉中心位置的是英姿勃发驾驭太阳马车的阿波罗雕塑。那么，这位"太阳王"或"路易大王"究竟是凭什么让法国人一提起来就觉得无比自豪呢？我想对于一般法国人来讲，当然是因为在这位在位时间最长同时也最为强势的君主统治下，法国曾以独家之力打败众多实力不凡的对手，使法国在欧洲的威望空前显赫。

不过，在史学家们看来，路易十四之所以能在法国历史上占据如此令人瞩目地位，当归因于正是在他统治时期，法国的绝对君主制达到了极盛。当时的法国，不仅是欧洲的头号强国，还成了普鲁士、奥地利和俄罗斯等欧洲国家君主争相仿效的榜样。行文至此，想必各位会很想知道法国的绝对君主制何以在路易十四时期达到极盛。

西谚有云，罗马不是一天建成的。同样，法国绝对君主制的极盛也绝非一蹴而就的。因此，法国人在夸耀"太阳王"的神勇和功绩时，似乎绝不可忽略此前的一些君主所做的努力、打下的基础。

关于法国绝对君主制起步阶段几位前朝君主的相关作为，前已述及，此处不再赘言。不过，由于路易十四属于波旁王朝，对和他同属一个王朝的两位先王，也就是亨利四世、路易十三在发展绝对君主制方面打下的基础，还是颇有必要予以简单梳理。

亨利四世国王

亨利四世能够开创波旁王朝，显然得归因于他是胡格诺战争的胜出者。胡格诺战争是一场在新教、旧教之间展开，打打停停持续了30多年的宗教战争，其惨烈程度简直令人发指。著名的圣巴托罗缪大屠杀就是例证。至于这场战争的后果严重到何等程度，或许只要给各位强调这一点就够了：人们在讲圣女贞德时必然提到的百年战争对法国造成的破坏，都远远比不上这场胡格诺战争，因为百年战争只局限于法国的几个省份，而这场宗教战争却蔓延到全国。难怪亨利四世登基后叹息说："交到我手中的法兰西已近乎毁灭，对法国人而言，法兰西可以说已不复存在。"

更有甚者，在这场宗教战争期间，不仅国家的统一遭受威胁，王权的威望也严重受损。因而，亨利四世上位后势必得致力于恢复、强化中央集权的君主专制。在这一过程中，亨利四世充分显示了开朝君主的胆魄和气势。例如，他在得知波尔多即将发生叛乱时，当即斩钉截铁地以强硬语气正告波尔多人道："我是你们的合法国王，你们的首脑。我的王国是身躯，你们的荣誉就是充当四肢，服从身躯……"然而，要想王权切实得到重建和发展，亨利四世就势必要让因战火哀鸿遍野、满目疮痍的法兰西尽快得到复兴。于是，他对恢复与发展经济尤为重视，特别是在此过程中尊奉国以农为本的信条，以复兴农业为要务，相继采取了诸多行之有效的举措。让人印象至深的是亨利四世曾扬言："如果上帝假我以天年，我将使王国里每一个农夫的锅里都能有炖鸡。"他的这番话无疑令其在农村大得人心。同时，亨利四世也极为重视扶掖工商、保护关税以及海外殖民活动。凡此种种，无不有助于法国迅速恢复元气，重新成为欧洲一流强国。

为了把各地上层贵族吸引到首都居住以便掌控他们，亨利四世在推进巴黎城市建设、提升首都的威望和吸引力上也下了很多功夫。例如，他在入主巴黎后就开始对卢浮宫重新整修，还建造了一个长廊将其与杜伊勒里宫连接在一起。同时，他还格外重视皇家广场的建设，当今仍然颇具吸引力的马莱区的孚日广场，就是由亨利四世下令建造的，且最初就叫皇家广场。不过，亨利四世给人留下最深印象的还是在他手里完成了塞纳河上最著名桥梁之一新桥的建设。这座于 1606 年竣工的石头桥，虽名为"新桥"，却是巴黎塞纳河上 30 多条桥梁中最古老的一座。它由亨利三世在 1578 年开始建造,但因宗教战争白热化被迫停工,在亨利四世于 1594 年 3 月入主巴黎后恢复建设。作为巴黎桥梁史上第一座没有在桥上建房子的石头桥,它的出现如同 1889 年横空出世的埃菲尔铁塔那样让人眼前焕然一新。立有亨利四世青铜雕像的这座"新桥",遂成了巴黎人活动的中心,甚至在相当长时间里堪称"巴黎城市的心脏"。对此,英国史学家科林·琼斯在其《巴黎传》中相当深刻地写道:"新桥凭借几代人的想象力,作为权力和政府、争论和享乐的地方,巩固了自己的地位。它在卢浮宫附近给国王提供了一个正面观看水上仪式、焰火、节目的看台,而亨利四世及

新桥上的亨利四世骑马雕像

让人在经过时情不自禁放慢脚步的新桥

其骑马雕像则成为世俗王权主义的集中体现。"统治者用这种方式把自己的雕像安放在首都,亨利四世堪称法国历代君主当中的第一人。

亨利四世虽然在宗教战争后率先把绝对王权向前推进了一大步,但他不久就遇刺身亡。于是,王位传到了波旁王朝第二代国王路易十三手里。在路易十三统治时期,法国的绝对王权在一度面临不进反退局面后又有所发展。不过,对此期法国历史有所了解者都知道,这一成就很大程度上得记在路易十三亲政后长期重用的首席大臣黎塞留的功劳簿上。

可能国内有不少人是在读法国 19 世纪作家大仲马的小说《三个火枪手》时才知道黎塞留的。在大仲马写的这部脍炙人口的小说

黎塞留

里，作为机智勇敢的火枪手及其好友要与之斗智斗勇的对头，黎塞留的形象非但一点都不"高大上"，反而还显得甚为负面。那么，作为真实历史人物的黎塞留果真该作如是观吗？非也。这位红衣主教出身的国务活动家执掌权柄的时间很久，长达 18 年。他在这 18 年始终把在法国巩固与发展绝对君主制奉为头等大事。黎塞留本人后来写过一部书名叫《政治遗嘱》的回忆录，他在回忆录中总结一生政治活动时明确宣称："我的第一个目的是使国王崇高"，第二个目标则是"使王国荣耀"。为了"使国王崇高"，黎塞留不得不与那些骄横跋扈、肆意叛乱的王公显贵们进行长期不懈的斗争。不肯服膺王权的既有胡格诺派贵族，又有群集在太后周围的天主教贵族。可以毫不夸张地说，黎塞留执掌权柄期间一直处在封建贵族的阴谋和叛乱之中。1626年，朝廷中众多显贵为架空路易十三，密谋用暗杀的方式剪除黎塞留。正当他们准备采取行动时，阴谋败露。为了给图谋不轨的王公显贵一点厉害瞧瞧，黎塞留毅然把多名公爵打入牢狱，甚至把一位作为替罪羊的公爵斩于斧钺之下。

黎塞留在打击图谋不轨的王公显贵的同时，还不得不和日益蔓延的新教徒叛乱作斗争。当时，胡格诺派显贵利用《南特敕令》实行封建割据，并在王室未及时满足自己的要求时频频发动武装叛乱。为此，他在1627年率军亲征。1628年，黎塞留率领的军队经过长时间包围，最终占领了在英国人支持下进行叛乱的胡格诺派的军事据点。在取得对胡格诺派战争的胜利的基础上，路易十三根据黎塞留的建议，不再以平等身份和胡格诺派的首领谈判，而是钦赐了《阿莱斯恩典敕令》。该敕令虽在名义上承认《南特敕令》，但规定拆除胡格诺教徒的一切要塞，解散其军队和组织。从此，胡格诺派在法国建立的"国中之国"被根除，法国国王的权威受到了充分尊重，法国的统一进程得到了进一步发展。

黎塞留无论是在"使国王崇高"还是"使王国荣耀"方面均绝对称得上可圈可点。唯其如此，法国著名启蒙思想家伏尔泰曾把黎塞留称之为"整个欧洲引人瞩目的人物"。在黎塞留死后不到半年，路易十三驾崩，王位随即传到了路易十四的手里。路易十四继位时还是个不满5岁的孩子，故需要由太后"奥地利的安

"太阳王"路易十四

娜"摄政。不过,掌握实权的实为黎塞留的忠实接班人马扎然。此时的马扎然不仅是幼王路易十四的首相、教父,同时还是摄政太后的情人。其位尊权重,可想而知。马扎然接手朝政之时,恰值法军在"三十年战争"中已临近决胜关头。为了筹措确保战争胜利的款项,马扎然明知民间早已怨声载道,仍硬着头皮横征暴敛,结果不仅使自己很快成为众矢之的,同时还引发了一场动摇法国绝对君主制的严重政治危机——福隆德运动。福隆德是法文 fronde 的音译,原指一种儿童游戏的投石器,曾为当局明令禁用。在此,它带有破坏秩序、反对当局之义。这一运动也称"投石党运动"。路易十四一直要到 23 岁时才开始亲政。史学界普遍认为,正是在路易十四亲政之后,绝对君主制在法国达到极盛。

那么,绝对君主制又为何能在路易十四亲政之后达到极盛?关于这一问题,人们自然会有天时、地利、人和之类的各种说辞,但我个人觉得至少有一点是肯定的,这就是对于"国王的职业",路易十四有着世所罕见的敬业精神。这种敬业精神不仅表现在他对此有过深入思考,写过一篇《关于国王职业的思考》,而且还表现在他"超级工作狂"似的日理万机,操劳政务。不过,虽然路易十四精力过人,但他在治理国家时仍少不了得力助手的辅佐。在几位能臣中,最为路易十四信任和重用的是法国重商主义的重要代表柯尔柏。被赋予事实上的首相权力的柯尔柏,在其任内积极进行财政改革,大力兴办皇家手工工场,大力发展外贸。正是在重商主义的推动下,法国经济一度再次呈现繁荣景象。

前文已述,法国国王的诏书从弗朗索瓦一世开始多以"此乃朕意"这几个字结尾。这一表述无疑已经够盛气凌人了,不过,它在路易十四那一传播最广的名句面前显然还得甘拜下风。这一名句就是"朕即国家"。不过,还请各位注意的是,虽然这句极为

波旁宫前的柯尔柏雕像

霸气的名言一直到现在依旧在世人中广为流传,但对于路易十四究竟有没有亲口说过"朕即国家",法国史学界是存在争议的。尽管如此,我想人们在考量包括君主在内的政治家时,最重要的还是"观其行"。而路易十四亲政后法国王权的至高无上,无论怎么看都可谓是不争的事实。

路易十四为了更好地体现"太阳王"的威严,使宫廷真正成为国家的政治中心,不惜斥巨资在巴黎西南郊兴建了富丽堂皇、至今仍让世人惊叹不已的凡尔赛宫。凡尔赛宫于1661年破土兴建,历时28年建成主体,此后又经多次扩建,1710年才大功告成,其宏伟瑰丽,令人惊叹。在王室由市中心的卢浮宫迁入凡尔赛宫后,路易十四还在宫内设立了五花八门的头衔,借此把大批贵族吸引到宫廷中来充当侍臣。在宫中，路易十四建立了花样繁多的礼仪制度，如国王起床礼、就寝小礼、就寝大礼、用膳礼等等，并因此而设立了包括御衣官在内的一系列荣誉职位，让自己宠幸的大贵族充任。由于荣膺这些职位就能够接近国王，并可由此得到丰厚的俸禄和赏赐，所以谒见国王、争取受到国王的宠幸成了贵族们朝思暮想的政治目标和生活追求。这些贵族在仰承国王鼻息、过上奢侈腐朽的生活之后，很快就完全丧失了对抗王权的能力。作为后话还需补充的是，路易十四时代建造的凡尔赛宫，不仅让法国日后多了一处"世界文化遗产"，还为当今法国人留下了取之不尽的聚宝盆式的旅游资源。此外绝非偶然的是，奥地利维也纳那座举世闻名的美泉宫，经常会被人称为"小凡尔赛宫"。

　　如果路易十四国内政策的要旨大可概括为极度强化王权，那么

维也纳著名的美泉宫被不少人称之为"小凡尔赛宫"

他的对外政策的目标则不妨概括为使"太阳王"本人和"他的"法国在国际上受人尊敬。在这一目标驱使下,为了扩大法兰西疆域,确立法国在欧洲的霸权,路易十四利用其统治前期日益雄厚的财力物力,在法国建立起一支自罗马帝国以来欧洲人数最多、最强大的常备军,并在他亲政的半个多世纪中,让法国在30余年的时间里处于战争状态。其间,法国经常以独家之力打败众多对手。由此,"太阳王"声名远扬,法国在欧洲的威望显赫不已,路易十四似乎成了欧洲最有话语权的仲裁人。1683年前后,法国在欧洲的霸权达到了最高点,有一位法国外交官甚至傲慢地吹嘘道:"没有我们国王的同意,就连狗都不能在欧洲吠叫。"这里还需要补充的是,在路易十四看来,打仗和征服乃是君主天职的一部分。为此,他曾为自己频频发动战争如此辩解:"国王永远不必以追求名声为耻,因为名声必须不懈地、热烈地渴望,这本身就能比其他任何事物都更能确保我们的目标实现,名誉往往比最强大的军队更有效。所有胜利者从名誉上得到的东西都多于从刀刃上得到的。"

纵观路易十四的统治,在其前期,法国经济曾出现较为繁荣的局面,国库也一度大为充实。但到了后来,国库竟然又日渐空虚了。这一状况的出现自然和这位"太阳王"好大喜功,尤其是为争夺欧洲霸主地位不惜穷兵黩武是分不开的。尤其要指出的是,废除《南特敕令》更是路易十四在外交、内政方面的一大败笔。为什么这么说呢?因为亨利四世在位时颁布的《南特敕令》,堪称欧洲国家实行宗教宽容政策的第一个范例,它宣布:"天主教为法国国教,同时又规定在法国全境有信仰新教的自由……"然而,路易十四竟然强行把《南特敕令》给废了。此举自然令新教国家惊恐万状,并导致众多国家结成联盟向法国开战。至于废除《南特敕令》对法国经济、政治、宗教以及民族心态产生的消极影响,则更是深刻而持久的。相反,当时或后来与法国较量、争霸的一些欧洲国家,却因大量接纳从法国逃出来的既有技术又有资金的信仰新教的工商业者而获益良多。例如,定居英伦三岛的法国新教徒巨富,为英国的资本原始积累添加了可观的资金;而大批法国胡格诺派工匠和商人涌向勃兰登堡开设纺织工场以及生产铁、丝和纸的作坊,则大大促进了资本主义工商业在半农奴制大庄园经济占统治地位的德意志北部的诞生。有鉴于此,有法国学者曾经指出,废除《南特敕令》不仅"导致法国在世界的统治被削弱",同时也导致了盎格鲁-撒克逊势力和其他将和法国较量的势力的崛起。

关于路易十四这位法国历史上最声名赫赫的"太阳王",我觉得有一本很有意思的书值得向各位好好推荐。和多位曾成就伟业的历史人物一样,路易十四的实际身高并不是很高,也就一米六左右,但因为戴上假发、穿上了高跟鞋,他给公众留下的印象显然要高大得多。换句话说,官方制造的国王形象与他身边的人熟知的实情是存在差异的。这自然就引出了这样一个问题,即路易十四的公众形象是如何制造和传播的。实际上,包括法国在内的许多国家,无论是过去还是现在的大人物们,类似的现象还少吗?因而,也就难怪法国人会常说"仆人眼里无伟人"。对于这一既饶有趣味又不乏现实意义的问题，英国历史学家彼得·伯克的《制造路易十四》一书做了别开生面、充满洞见、发人深思的研究。这部著作的中译本已在2015年由商务印书馆推出，颇值得一读。

  关于太阳王路易十四及其"制造"，在向各位推荐这本外国学者撰写的著作同时，我觉得很有必要再推荐一篇出自中国学者之手的专题论文，这就是上海师范大学洪庆明教授撰写的《路易十四时代的文化控制策略》(《史林》2011年第6期)。在该文作者看来，路易十四时代存在着一种特有的法兰西文化策略，它可以分为两大部分，第一部分主要是在宫廷体制之内来做文章，具体而言就是围绕着君主建立起一整套的象征符号、日常礼仪和修辞方式，无所不用其极地向臣民表明，唯有王权是整个国家的代表，同时对臣民进行"洗脑"，引导他们认同和服从等级政治秩序；第二部分则是在政治国家与市民社会之间采取"收放结合、软硬兼施"的策略，对有助于君主政治的文化活动大力扶持，反之则百般打压。在这篇论文中，作者还着力剖析了这种文化控制策略对法国政治和文化所产生的深远影响，丝丝入扣，入木三分，令包括本人在内的不少人读后，不仅茅塞顿开，而且还会不由得浮想联翩。

旧制度与大革命时期

第七章
沙龙、咖啡馆与启蒙运动的兴起

前些年，19世纪法国史学家和政治家托克维尔所写的《旧制度与大革命》在中国突然走红，一时引来议论纷纷。书名中"大革命"指的是什么想必大家都很清楚，指的就是1789年在法国爆发的那场蕴含丰富同时也充满戏剧性变化的革命。至于何谓"旧制度"，或许会有较多人尚不太明白，因而，颇有必要首先就此略作解释。"旧制度"（Ancien Régime）是法国史中的一个专有名词，指称的是法国在大革命爆发前社会和政治方面的组织制度，实际上就是绝对君主制的制度。

著名法国史专家、北京大学历史系郭华榕教授在其由人民出版社出版的《法国政治制度史》中认为："旧制度"始于15世纪封建制度在法国的消失，存在至1789年法国大革命爆发。在此需要注意一点，正如在法国政治思想史中，"左派"与"右派"、"激进"和"保守"往往是相对而言的一样，法国政治制度中的"新"

与"旧"很大程度上也是相对而言的。事实上,"旧制度"指称的制度,较之于"封建制度"算得上是一种新的制度,它之所以被称为"旧"的制度,纯粹是从大革命的角度来说的。概言之,所谓"旧制度",乃是与法国大革命"合为一体"的概念。它要表达的是大革命的反面,即糟糕的方面和否定的方面。事实上,也正是因为有这一对立面的存在,大革命才得以把自身定义为抛弃、决裂和新的开端。对此,法国著名史学家弗朗索瓦·孚雷甚至还指出:"旧制度"与法国人的革命观念一起缔造了一对不可分割的组合概念,并使得"革命"一词的含义与盎格鲁-撒克逊语境中的含义区分开来。

明确了"旧制度"与绝对君主制的关系之后,我们不妨再审视一下绝对君主制如何在法国盛极而衰,甚至日益陷入困境。

由于路易十四作为具有雄才大略的君主,躬亲政事毫不松懈,加之他用人有方,得到了柯尔柏之类的能臣大力辅佐,使得法国国势在他统治前期蒸蒸日上,绝对君主制亦达到极盛。然而,这位君主同时又是位好大喜功之人。正是这种好大喜功的个性,使他总是穷兵黩武,挥霍无度。多种因素所致,在他统治晚期,法国国势实际上已经出现拐点。换句话讲,绝对君主制已开始盛极而衰。到了其继任者手里,法国的绝对君主制更是日益陷入困境。

"太阳王"在位的时间实在太长,别说他的儿子,就连其孙子也没能盼来继位的那一天,因而,在路易十四驾崩时,得以接替王位者竟然是他的曾孙。新国王称路易十五,时年仅为5岁,33

岁时开始真正亲政。而在路易十五继位后,绝对君主制在法国的没落征兆更是充分显现。路易十五对于"国王的职业"远没有他曾祖父敬业,亲政之前就已养成两大习惯,一是围场狩猎,二是追逐女色。亲政之后,路易十五不仅未在这两方面有所收敛,反而变本加厉,为买得最受他宠幸的两位佳丽——蓬巴杜夫人和杜芭丽夫人的欢心,动辄一掷千金。由于财政危机日益严重,也有大臣提出过一些改革建议和措施,但路易十五似乎只要能和情妇们逍遥快乐,哪怕财政崩溃也毫不在乎。他竟然还宣称:"我死后哪怕洪水滔天。"恰恰就是在这一时期,在法国乃至整个人类历史上

路易十五的画像

蓬巴杜夫人

都占有光辉一页的启蒙运动开始在六边形国土上勃兴。

诚如英国学者劳伦斯·斯通曾经指出的那样,"一场真正的革命必须要有思想来充实它,没有思想,那只是一场叛乱或一场政变"。斯通的这番话实际上亦揭示出1789年爆发的革命之所以能成为一场需要以"大"来形容的真正的革命,是与此前在法国出现的启蒙运动,以及启蒙思想家们的思想贡献密不可分的。也正因为如此,包括曾从社会文化角度探究大革命起源的法国史学家罗杰·夏蒂埃在内的不少有识之士主张,应当"将革命时代与启蒙时代整体置于一个长时段的进程当中"予以考察。

所谓启蒙运动，通常指17—18世纪欧洲以及北美的国际性思想文化运动。这场运动对当时的社会、政治、宗教、道德等提出广泛的批判，力图通过传播知识来改善人类的状况。就整个世界近代史而言，学术界一般认为，启蒙运动始于17世纪末期的英国，大体上以1688年英国光荣革命为标志。在此前后，牛顿的《自然哲学的数学原理》(1687年)、洛克的《政府论》(1689年)和《人类理解论》(1690年)相继问世，标志着新的科学观念和政治观念诞生。进入18世纪，以法国为中心的启蒙思想家继承了科学革命和英国哲学的成果，展开了富有创造力的公共思想文化活动。启蒙运动延续了一个世纪，结束于法国大革命。较之其他国家，法国的启蒙运动声势最大，影响最为深远，乃至其"堪称西欧各国启蒙运动的典范"。

启蒙运动从兴起到发展，几乎与整个18世纪相始终，因而不少人把18世纪称为"启蒙时代"。需要指出的是，在不同国家的语言或语境里，与这场运动紧密相连的"启蒙"一词的拼写非但并不相同，而且存在明显差别。在法文里，"启蒙"一词写作 la lumière。这是一个内涵非常丰富的多义词。它的单数，既可翻译成"光明"，也可译成"阐明""认识"等等，而给它加了字母s，也就是成了复数之后，则含有"智慧""知识"的含义。"启蒙运动"在法国的这种冠名昭示着这样的事实：该运动的领袖们认为他们生活在一个启蒙时代。换言之，他们将过去基本上看作一个迷信和无知的时代，认为只是到了他们的时代，人类才终于从黑暗进入光明。

18世纪法国积极领导和参与了启蒙运动的杰出思想家们作为知识阶层的精英，往往都具有一种强烈使命感，深感自己对社会、对他人负有不可推卸的责任。唯其如此，他们在当时每每以人类智慧的结晶——科学和理性为武器去揭露宗教蒙昧主义，反对宗教狂热、迷信，反对封建专制主义的特权和黑暗统治，并由此给人类带来"民主"与"科学"之光。启蒙运动最大的功绩之一在于揭去了蒙在权力上面种种神秘的面纱。在这一过程当中，就在法国社会中广为使用和流行的术语而言，"秩序""等级""团体"之类的术语，开始日益被"公民""民族""社会契约""公意"等所取代。

旧制度末期，由于启蒙思想具有潜在的颠覆性，国王的大臣和天主教会不遗余力地想把它们扑灭。为此，当局对思想和舆论所实行的管制极为严格，还封禁和收缴了不少启蒙作品。例如，1758—1764年，传统审查机关作出了阻止人们公开讨论国事的最后努力，不允许民众讨论宗教、行政或财政问题。于是，压制《百科全书》、卢梭的著作以及其他理论书籍，也是当时审查制度的一部分。1764年的王室法令还禁止公开出售任何与国家行政或财政事务相关的书籍。18世纪法国的书报检查制度不仅十分严格，同时还极为复杂。彼时，高等法院、索邦神学院、国王政府任命的皇家书报检查官乃至印刷业行会都有权审查书籍。而且，也正因为18世纪的巴黎高等法院行使着监控出版业、检查书报的职能，这些法官们在很大程度上充当了启蒙运动的敌人。许多启蒙哲人的著作都曾遭遇法官的查禁甚至公开焚毁。同时，也很少有伟大的启蒙作品能逃过高等法院的谴责。例如，伏尔泰的《哲学通信》就在当年遭受过高等法院法官的谴责，而爱尔维修的《论精神》也被高等法院宣判为禁书并公开焚毁。

在此期间法国还存在一种吊诡的现象，即"启蒙思想的焚毁者恰恰又是它们的收藏者"。与人们通常的想象不同，启蒙读物对贵族、法官和神职人员等传统精英同样颇具吸引力。美国著名史学家罗伯特·达恩顿在《启蒙运动的生意》一书中对《百科全书》订购者的分析充分表明了这一点。这些启蒙书籍的收藏者中，例如一些法官，也在潜移默化地吸收启蒙思想。启蒙思想在当时所产生的影响之大，由此可见一斑。

在18世纪的法国积极领导和参与了启蒙运动的杰出思想家，或曰"哲人"们的活动绝非仅限于书斋，而是具有空前的公共性，而当时已然出现的一些新的"平台"，或者说已经形成的新的社会文化机制，则为他们的活动具有更多更大的公共性提供了条件。

例如，一些沙龙，特别是由那些受过良好教育且有权势的女主人主持的向"才子"开放的沙龙，成了当时社会名流和知识精英的聚会中心。又如，作为科学革命的产物出现的科学院和科学学会的建立及其聚会；随着识字率提升、能看书看报者增多而越来越多地组建的各种读书会。除了这些公开出现的活动或团体，实际上还有一些秘密团体也在启蒙运动中起了不容低估的推进作用,其中就包括那个一直显得异常神秘但知名度很高的国际性秘密组织——共济会。

上述那些向"才子"们开放的沙龙,固然已取消出身的门槛,但在学识、趣味等方面还是有不低的准入标准的,因而,还难算是真正自由的"公共空间"。相形之下,咖啡馆在充当真正自由的"公共空间"方面更加可圈可点。如果说进入沙龙还需要有人引荐,那么咖啡馆却是向所有的人都开放的。当时的巴黎,与伦敦等著名城市一样,咖啡馆不仅应运而生,而且数量迅速增加。在这些咖啡馆里,人们大可随意地交流思想,浏览最新的报刊。巴尔扎克后来曾这样写道:"咖啡馆的柜台就是民众的议会厅。"各位如果光顾过巴黎的一些咖啡馆,或许就会对这位法国大文豪的断言予以认同。

号称巴黎现存最古老的咖啡馆是位于塞纳河左岸最核心区域的普罗科比咖啡馆,它在启蒙运动时代是伏尔泰等人经常光顾的场所。随着时光流逝,当年的普罗科比咖啡馆如今已被改造成左岸人气最旺地带的餐馆。不过,为了更好地打"普罗科比"的牌子,也就是沾沾很有故事的老字号的光,这家餐馆的装修风格完全走复古路线,保持着古朴典雅的传统装饰,甚至放了不少书页又黄又脆的旧书。我在巴黎时最喜欢来这家餐馆,除了能更好地感受伏尔泰等人当年高谈阔论的场景,还有另外两个原因,其一是它有中文菜单,点菜方便;其二是它的店名来自我的同行、东罗马帝国或者说拜占庭帝国最著名的历史学家普罗科比。普罗科

普罗科比餐馆

比也叫普罗科比厄斯,我在浙大历史系上"外国史学史"课时都会提到他。普罗科比曾写过两部很有名的著作,一本叫《战争史》,另一本叫《秘史》,都写到了著名的皇帝查士丁尼和名将贝利撒留,但不同之处在于《战争史》打算写好就给人看,《秘史》则本打算暂时秘不外传。结果,同一个皇帝和将领在两本书里的不同形象,竟然几乎有着天壤之别。把这两本书对照起来阅读,或许是件异常有趣的事情。

当时,法国启蒙思想的影响显然还超越了法国国界。至少就思想文化领域而言,18世纪的欧洲堪称法国之欧洲。此期的欧洲人不仅为源自法国的一种典雅活泼、纤巧轻灵的新型艺术风格——"洛可可"风格所倾倒,更为法国启蒙思想家那些顺应时代潮流的新思想、新理论所折服。一时间，一股前所未有的"法语热"风靡除了英国之外的几乎整个欧洲。当时，在其他国家的贵族沙龙中，乃至在宫廷里，人们皆以讲法语为荣。更让人印象

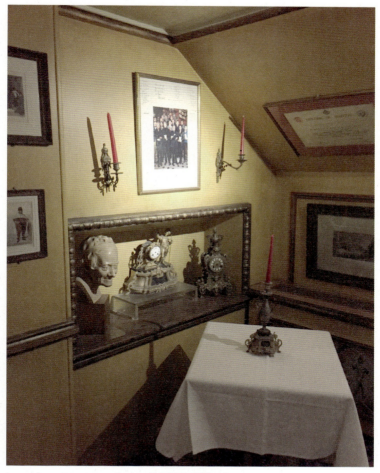

普罗科比餐馆一角

深刻的是，当时不仅不少法国启蒙思想家被欧洲各国的所谓"开明君主"相继请入宫廷，待若上宾，而且就连一些并无特长的法国人，仅仅因为会说法语，就可被各国的王公显贵、富商巨贾请入家中担任家庭教师。

如前所言，法国绝对君主制在路易十四统治后期已经盛极而衰，在他驾崩后更是每况愈下。与此同时，法国无论是在国内还是国外均遇到许多困难和挫折。这一局面既引发不少法国人的抱怨，同时也导致包括启蒙思想家在内的一些有识之士在寻求变革之策。后者在寻求让法国扭转颓势的良策过程中，在把目光投向本国原有历史的同时，也想在包括遥远的中国在内的异国寻求"他山之石"。接下来我们将聚焦"中国热"如何在法国出现，以及伏尔泰等启蒙思想家为何会有较为浓烈的"中国情结"。

第八章
伏尔泰与重农学派的"中国情结"

法国启蒙思想家或哲人无不具有超强的使命感,自忖对社会和他人负有不可推卸责任,他们的许多活动从而具有空前公共性。无疑,公共思想文化活动若想切实展开,与之相符或匹配的"公共空间"(l'espace public)不可或缺。而当时在法国,尤其是在首都巴黎,显然适时出现了不少能满足类似需求的场域或平台。其中,既有位于塞纳河左岸核心区域——圣日耳曼德普雷的普罗科比等声名远扬的咖啡馆,又有在右岸汇聚贵族府邸的繁华街区——圣奥诺雷街等地段接连出现的多家重要沙龙。就后者而言,最为引人瞩目且富有代表性的莫过于那些由受过良好教育同时又不乏权势的女主人主持的沙龙。那么,和以前盛行的贵族沙龙相比,这类沙龙有何不同之处呢?我觉最大的不同应该就是18世纪法国的沙龙不再在出身门第方面设立门槛。但受邀者须符合这样的条件:他得是富有见识、谈吐不凡的"才子"。无疑,对于这

"百科全书"派领袖狄德罗

些虽然是"才子",但出身寻常人家的文人们来说,参加这类沙龙聚会,非但可以开开眼,见识一下上流社会的场面,同时还可为显示自身才学找到合适平台。

这类沙龙很快地就成了当时社会名流和知识精英的聚会中心。需要注意的是,这类沙龙在当时若想办得成功首先得有一位既富有号召力,又具有掌控力的沙龙女主人。好在当年的巴黎并不缺少符合上述条件、优雅睿智甚至容貌出众的贵夫人,大名鼎鼎的若弗兰夫人就是她们当中的佼佼者。当时,其他欧陆国家的重要人物来到巴黎后,皆以参加若弗兰夫人沙龙为荣。就连来自英吉利海峡（法国人称拉芒什海峡）对岸的一些英国人也同样如此。近代英国著名史学家爱德华·吉本，就是在启蒙运动高涨的1763年其逗留巴黎期间，于这家沙龙结识了爱尔维修、霍尔巴赫男爵等人，进而和狄德罗以及其他"百科全书派"人士交往密切且深受影响。法国近代美术史上有一幅著名油画反映的就是这位夫人主持的沙龙的场景。这幅油画的标题叫作《在若弗兰夫人沙龙里诵读伏尔泰的悲剧〈中国孤儿〉》。

上述标题至少说明了两点，其一是伏尔泰是这次聚会最受关注的人物，其二是伏尔泰与中国存在明显的联系。不过，当人们对法国启蒙运动，特别是伏尔泰等人有进一步了解就不难发现，他们岂止是和中国有着联系，实际上还具有昭然若揭的"中国情结"。那么，伏尔泰等人又为何会对位于遥远东方的中国产生兴

在若弗兰夫人沙龙里诵读伏尔泰的悲剧《中国孤儿》

第八章　伏尔泰与重农学派的"中国情结"

趣,并且还具有显而易见的"中国情结"呢?要解答这一问题,首先有必要了解一下 18 世纪法国是在什么样的背景下出现"中国热"的。

17 世纪末 18 世纪初法国生产的以中国皇帝与来华传教士为主题的挂毯

分处东亚、西欧的中、法两国虽然远隔千山万水，但彼此之间的交往由来已久。早在 17 世纪初，就有法国传教士由耶稣会派遣来华。到了 17 世纪晚期，法国意欲称霸欧洲，力图与其他欧洲国家尤其是已先行一步拥有在东方的"保教权"的葡萄牙在印度及远东地区竞逐，同时法国与罗马教廷之间、耶稣会与传信部之间存在激烈博弈。在这样的特定背景下，有 6 名法国耶稣会传教士在路易十四资助下，以"国王的数学家"这一身份从法国港口出发，途经暹罗（也就是当今的泰国）前来中国。历经诸多艰辛之后，最终有 5 人携带着数学仪器、天文模型等物品抵达中国。中国的康熙皇帝起初并未重视他们，但不久就意识到这 5 个人有别于一般的传教士，并非等闲之辈，于是就召他们进京，甚至还将两位中文名字分别叫张诚、白晋的传教士留在宫中讲学。17 世纪末的时候，康熙派传教士白晋以特使身份出使法国。白晋回到法国时，携带了 50 本左右的中文图书送给路易十四，并在路易十四面前极力夸奖康熙皇帝。这一切让路易十四对中国更感兴趣，遂又增派了一些传教士到中国。越来越多的传教士来到中国后，往往在写回国内的书信中向法国人详细介绍中国的情况，使得法国人眼界大开，对中国的兴趣更浓。关于这方面的情况，各位若有兴趣并想多加了解，不妨读一下大象出版社出版的《耶稣会士中国书简集》，该书不乏很有意思的内容。

当时还值得关注的一个现象是，在路易十四、路易十五时代，得益于大航海时代之后输往欧洲的东方物品的剧增，以及耶稣会士对中国相关情况的介绍，法国出现过一股"中国风物热"。在法文里，"中国风物"一词写作"chinoiserie"，指的是从中国传来的或模仿中国风格的小艺术品，或以中国为主题的艺术和文学作品。这个词常用复数，用单数时有时也指对追求中国物品的嗜好。令人印象深刻的是，彼时六边形土地上，上至王公大臣，下至市井细民，无不以能拥有制作精巧的中国工艺品而沾沾自喜。这一过程中，一些财力雄厚者会争相斥重金购买各种高档的中国物品，如价格昂贵的丝绸、瓷器和漆器等产品。一些有条件的家庭还辟出"中国角"甚至"中国室"，用来专门摆放各种中国物件。如果说在17世纪的欧洲，包括中国瓷器在内的一些中国物品尚还被当作王公贵族才有条件问津和享用的新奇珍玩，那么在进入18世纪后，由于中欧之间贸易来往的增多，中国物品已逐渐进入寻常人家，乃至日益成为新兴资产阶级家庭的生活必需品。

18世纪法国的"中国风物热"兴盛过程中，深受路易十五宠幸、人称"洛可可之母"的蓬巴杜夫人，一直行事高调地起着示范和推动作用。才貌出众、富有艺术修养且机敏过人的蓬巴杜夫人，在当时非但赢得路易十五的宠爱，同时还深受她一直乐于讨好的哲人们以及得到她庇护的艺术家们的欢迎。她还因与在凡尔赛宫担任御医且同样对中国事物兴趣浓厚的魁奈过从甚密，而在相当长时间里切实充当了重农学派"保护人"的角色。与此相应，如果说18世纪的欧洲曾为源自法国的一种典雅活泼、纤巧轻灵的新型艺术风格——"洛可可风格"所倾倒，那么不容忽视的是，这种风格的出现，其实与明清时期不少中国商品输入欧洲，进而作为一种时尚刺激着包括蓬巴杜夫人在内的法国人的艺术观感与审美趣味是密不可分的。值得一提的是，在法国总统府也即爱丽舍宫中，时至今日，仍然还拥有以蓬巴杜命名的厅室。

无独有偶，在为"中国热"推波助澜方面，路易十五的重臣亨利·贝尔坦也不遑多让。此公先后在巴黎任警察总监、财务总稽核、国务大臣和代理外交大臣等职，在当时法国绝对属于位高权重者。作为此期法国"中国热"推动者之一，贝尔坦在路易十五在位期间曾先后一边力主法国应以奉中国为楷模让旧制度获得生机，一边沉迷于收集中国物品。为更好陈列从各种渠道收集的珍贵中国物品，贝尔坦在家中专设了"中国室"。有这样一群上

爱丽舍宫至今还保存着蓬巴杜厅

亨利·贝尔坦

层人士的高调示范和强劲带动,自然可以想象"中国风物"抑或"中国情趣"热潮将会以何种势头在法国土地上蔓延开来。

伏尔泰等启蒙思想家之所以对中国产生浓厚兴趣,甚至具有"中国情结",绝非如普通法国人那样纯粹是在好奇心驱使下去感受异国情调。他们的这种取向实际上是有着更深层次思想原因的,其中主要还是为了到遥远的中国寻求"他山之石",也就是寻找可让法国扭转颓势的良策。

的确,路易十四统治后期,绝对君主制在法国已盛极而衰,每况愈下,以致当时已有人称其为"悲惨年代"(les années de misère)。至于此期法国农业状况和农民处境,则更为糟糕。由此,路易十四统治末期以随笔集《品格论》声名远扬的讽刺作家让·德·拉布吕耶尔等不少人,都将路易十四时代视为根本无法得到法兰西王国四五百万农民家庭"赞美"的朝代。路易十五继位后,局面在总体上依然未见好转。1715—1723 年奥尔良公爵摄政时期,这位摄政王意欲改变路易十四那种高度专制集权的统治方式,一度转为实行"多部会议制"(polysynodie)。但这种体制实际上只运行了 3 年,且成效乏善可陈。由于在填补巨额财政亏空上一筹莫展,奥尔良公爵不得不起用主动前来进献计策的约翰·劳。约翰·劳提出的计策是,在法国兴办与英国类似的银行,该银行根据库存金银数额发行一定量的纸币,这些纸币将加快货币流通,促进消费和生产;与此同时,银行还可以利用存款投资,赚得红利。这位狡猾无比、善于投机的苏格兰人还强调,只要依照他的方法行事,法国的巨额国债不日即可偿清。上述建议很快被正因束手无策而焦虑万分的摄政王所接受。只是由于主管财政的诺阿伊公爵反对以国家财政去冒险,约翰·劳最初只获准开办一家私人银行。银行开张之初,信誉极好,其发行的纸币随时可以贴现为金银硬币。同时,他所投资的公司红利之高也令人艳羡。眼见银行获得暴利,大权在握者便决定将约翰·劳的私人银行改为皇家银行,约翰·劳本人也于 1720 年擢升为财政总督。于是,约翰·劳便借此大量发行纸币。1720 年年底,纸币发行额达到 30 亿锂,而皇家银行所掌握的金银却只有 7 亿锂而已。正是借助这种金融冒险,王室用纸币基本偿清了"太阳王"留下的巨额国债,而约翰·劳在个人腰包迅速膨胀之际，还被不少人视为拯救法国财政的有功之臣。但好景不长，在底细泄露后，财政灾难很快就降临了。由于人们纷纷手持纸币、股票到银行兑换金银硬币，而银行一下子又拿不出相应的黄白之物，遂宣布垮台。事发后，摄政王及其政府拒绝认账，约翰·劳则匆匆逃出法国，一走了之。就这样，不少认购过股票或持有大量纸币的贵族与资产阶级人士，纷纷遭受了破产的厄运。这次事件导致法国人很长时间一直不敢对银行的股票和纸币予以信任，而这种心态和现象的出现与持续，难免又对法国资本主义的发展产生不容低估的消极影响。

约翰·劳金融冒险的失败亦使得摄政王更为声名狼藉，国内民众的怨声与日俱增。1723年，路易十五开始亲政，奥尔良公爵不再摄政。路易十五把国事托付给了自己昔日的家庭教师、红衣主教弗勒里。诚然，在弗勒里实际履行首相职责前期，法国经济形势和财政状况一度有所好转。但好景不长，由于王室及掌握军政要职的宫廷贵族们的挥霍无度，加之法国不得不对付数起无法避免的战争，法国在弗勒里执政末期财政赤字又重新出现上升势头。与此同时，法国在海外战场上接连受挫。特别是在有"首次世界大战"（la première guerre mondiale）之称的"七年战争"（1756—1763）中，法国不仅在欧洲大陆连吃败仗，在美洲和印度战场上更是被英国打得落花流水。正是这场战争，导致法国非但把绝大部分海外殖民地拱手交给英国，而且在欧洲大陆也降到了二等国的地位。

约翰·劳

  法国在这一时期面临的内忧外患局面，自然会引发不少国人的抱怨。如果说在"太阳王"统治晚年，法国人虽然已有不满情绪，但慑于"太阳王"炎炎逼人的威望还不太敢公开表现出来，那么在路易十四咽气之后情况就大不一样了。其中一个重大现象或变化就是，路易十四留下的各种困境及其引发的问题在当时的法国引起了多种多样的争论。在此特别要提醒读者格外关注一下18世纪中叶爆发的财税的争论，因为它还引发了王国政府与高等法院之间的激烈对抗。而以高等法院为核心的这一方，面对具有天然优势的绝对主义王权，自然得借助社会公众的力量，也就是动员"公众舆论"来抗衡。

"公众舆论"一词在这里需要倍加关注。因为此时此刻,舆论和公众舆论的含义已经发生新的变化。在过去,舆论(意见)是指某种和"知识"或"真理"不同的东西,仅仅是人们偶尔相信的事情,而现在的舆论(意见)一词则不然,它日益指的是一种根据消息作出的评判。与此相应,公众舆论开始作为一种新的裁决力量出现。这种新的裁决力量绝对不容小觑,它不仅往往同法国社会两大传统的权威支柱教会与王权是相对的,而且常被人视如某种法庭。在孔多塞等当时极为著名人物的描述中,"公众舆论"甚至被奉为"国民之法庭"(le tribunal de la nation)。

出于对现状的不满,以及为了给法国找到扭转颓势的良策,当时的启蒙思想家们把眼光投向过去,对法国以往的政体包括法兰克时期的政体重新进行审视并为此展开争论,例如,18世纪的法国思想界曾围绕法兰克时期政体展开过大论战。不仅如此,伏尔泰等启蒙思想家们还把目光投向法国之外的地方,其中就包括中国。这里要明确一点,他们对中国的兴趣,主要还是因为面对让其感到不满的法国社会现实和政治制度,他们苦于无法在法国的过去以及法国周边的国家找到可供借鉴的改革途径和仿效榜样,亟须另辟蹊径,以新的思想材料、新的治国蓝图来丰富自己的思想,充实自己的力量。

那么他们又是通过何种途径来了解中国的呢?主要就是通过入华耶稣会士特别是法籍入华耶稣会士的书信和记载。诚如有不少学者指出的那样,从18世纪初到19世纪初,传教士们曾出版过三部巨著，其一是《海外传教耶稣会士书简集》（1702—1773年出版）34 卷，这部著作汇集当时传教士从中国寄回欧洲的书信，其中很大一部分是关于中国的，上述大象出版社一版再版的《耶稣会士中国书简集》即译自此书；其二是《中华帝国全志》（1736年出版）4 卷，该书收集传教士传自中国的回忆录，详细论述中国地理、历史、自然状况，并附有插图；其三是《北京传教士关于中国人的历史、学术、艺术、风俗习惯等论丛》（1776—1814年出版）16 卷。如果说包括上述三部大书在内的书籍是 18 世纪欧洲人了解中国的主要媒介，那么，对伏尔泰等法国启蒙思想家来说情况也同样如此。不过，这里要注意的是，耶稣会士对中国的介绍是经过他们的主观加工的，夸张、失实之处时有出现。而不同的启蒙思想家因为立场、方法的不同，对来自耶稣会士笔下的关乎中国的材料，也有不同的理解、取舍和利用。

一部分启蒙思想家对中国文化推崇备至，要奉中国文化为楷模，并用中国的事例抨击天主教的迷信和黑暗，反对专制王权，宣扬信仰自由，宣传自然神论。这些人中最著名的代表似乎非伏尔泰莫属。事实上，当年的伏尔泰确实有显而易见的"中国情结"。他曾在许多著述中提及中国，赞美中国。例如，在他写的名著《风俗论》中，中国占据了重要的地位；在他写的《哲学辞典》以及为《百科全书》撰写的一些条目中，他对中国的历史、哲学、政治制度、道德宗教观乃至教育等等，也不吝赞美之词。此外，如同我们在第一章中提到的那样，他还在对元杂剧《赵氏孤儿》进行改编的基础上，创作了题为《中国孤儿》的剧本。

值得特别注意的是，即使在挥笔揭批法国盛行的宗教蒙昧主义之荒谬时，伏尔泰也没忘捎带上远在东方的中国。《耶稣会教士自中国被逐记》这一能让人充分领教伏尔泰文笔之犀利和感受其嬉笑怒骂力量的名篇即为例证。在这篇文章中，伏尔泰杜撰了一段雍正皇帝与一位在华耶稣会教士有关圣母玛利亚的对话，并借这些所谓对话辛辣地揭露了宗教蒙昧主义的荒谬。

这里还需指出一点，在启蒙运动时期，不仅有多位像伏尔泰一样的启蒙思想家对中国推崇备至，还有一些派别也同样如此，

先贤祠中竖立的伏尔泰塑像

其中最有代表性的派别当推著名的重农学派。这一在历史上的影响力不容低估的学派,对中国的看法不仅仅停留在赞美上,还用中国的哲学政治思想来充实自己的理论,力求从中国的文化中汲取营养。这一学派的创始人叫弗朗索瓦·魁奈,此人因在推崇孔子学说方面表现突出,而被人称为"欧洲的孔夫子"。

值得关注的是,魁奈在1758年出版了后被马克思誉为具有其所处时代"最有天才的思想"之作——《经济表》。在这部著作中,魁奈力图让它贯彻中国古代的自然秩序原则,就连《经济表》采用的图式实际上也与《易经》的六十四卦图像颇有相像之处。此外,魁奈和伏尔泰一样也对中国的科举选士制度大加赞扬,充分肯定科举制度为中国中下层人士跻身更高阶层提供了可能和途径。当然,魁奈的"中国情结"更让中国人津津乐道的,莫过于他在凡尔赛宫充任御医期间,曾通过蓬巴杜夫人进谏,建议法王仿效中国皇帝亲自躬耕"籍田",以示鼓励发展农业。笔者还想顺便提及的是,亚当·斯密曾与魁奈以及重农学派另一重要成员米拉波侯爵有过直接交往,而且最初还打算把《国富论》献给魁奈,魁奈及其重农学派之国际影响力从中可见一斑。

不过,正如启蒙思想家绝非铁板一块,他们对中国的看法也不可能完全相同。其中有些人就是从消极面来看待和总结中国的政治制度与文化的。这些人亦可称为"贬华派",其代表人物首推孟德斯鸠。

孟德斯鸠原名夏尔·路易·德·塞孔达,出身于"穿袍贵族"

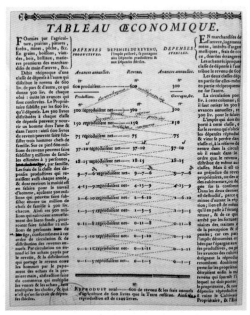

魁奈《经济表》

世家，曾任波尔多高等法院院长。孟德斯鸠博学多才，对各种科学都有浓厚的兴趣（这也可以说是18世纪的"哲人"们的一大共同特征）。在担任法院院长期间，孟德斯鸠曾写过一些物理学和医学方面的论文，并雄心勃勃地准备写一部"地球地质史"。1721年，孟德斯鸠因出版《波斯人信札》一书而一举成名。《波斯人信札》是一部内容涉及政治、经济、哲学、道德、宗教等诸多社会问题的书信体小说。这部开创了哲理小说之先河的作品由160封信组成。作者通过两位旅居巴黎的波斯贵族青年向本国亲友描述自己所见所闻的形式，广泛而深刻地触及了路易十四逝世前后法国的社会现实。书中两位波斯贵族青年对巴黎时弊的针砭,无疑集中体现了孟德斯鸠对路易十四绝对君权的态度。其中最引人瞩目的是,对"太阳王"的极端专制深恶痛绝的孟德斯鸠在揭露了路易十四统治时期的种种弊端和政策的失误后,对欧洲不少国家已在实行的君主专制下了这样的结论:"欧洲大半政府均为君主专制……要求他们支持相当长的时间而保持纯洁,至少是困难的。这是横暴的政制,它势必蜕化为专制暴政,或转变为共和国,因为政治权力不可能在君主与人民之间平均分配,非常难于保持平衡。"与此同时尤其值得关注的是,孟德斯鸠后来明确而坚决地把

鲁昂博物馆安放的孟德斯鸠雕像

中国的政治体制看作专制主义,并对此予以猛烈的抨击。在孟德斯鸠看来,君主制与专制主义是两种截然不同的政体,他给专制主义下的定义是:"既无法律又无规章,由单独一个人按照一己的意志与反复无常的性情领导一切。"因而,如果说孟德斯鸠对君主制是温情脉脉的话,那么他对于专制主义则绝对可谓是恨之入骨。关于法国启蒙思想家在关乎中国、特别是中国专制主义问题上存在的分歧与争论,中国社科院世界历史所许明龙研究员曾做过扎实研究,如果想进一步了解相关情况,不妨读一下杭州大学出版社1996年出版的《中法关系史论》论文集中收录他的专题论文《18世纪法国思想家对中国专制主义的褒贬》。

第九章
"不自由,毋宁死":大革命的新回答

  托克维尔的《旧制度与大革命》前些年曾在中国突然走红,一时洛阳纸贵。商务印书馆推出的中译本原本是放在"汉译世界学术名著丛书"中出的,封面简洁素雅,或许是因为见其畅销,商务印书馆又特意推出了一个新的版本,这一新版本的封面采用的图案就是那幅挂在卢浮宫显眼之处的名画《自由引导人民》。诚然,德拉克洛瓦是为颂扬1830年革命而创作此画的,而托克维尔笔下的大革命是1789年爆发的,若一定要吹毛求疵,也可说以它作为封面似乎"张冠李戴"。但若考虑到法国大革命中人们曾喊出"不自由,毋宁死"的口号,并以实现自由作为首要目标,以《自由引导人民》这幅画作为封面也未尝不可。

  对法国稍有了解的人都知道,在法兰西共和国最著名的箴言"自由、平等、博爱"中,自由被放在了最前面。而在法国研究大革命史的泰斗、巴黎大学大革命史讲座教授弗朗索瓦·阿尔方

卡纳瓦雷博物馆(即巴黎历史博物馆)收藏的1792年的水粉画《人民的呼喊》,画面上方文字为"不自由,毋宁死"

斯·奥拉尔看来,这句箴言的形成经过了三个时期,每个时期都与大革命进程中某个明确的阶段相对应。在这三个时期当中,首先出现的是"自由",而且在大革命最初的日子里,它是最得人心的观念。随后出场的是"平等",8月10日发生的起义为此敞开了大道。至于"博爱",则要到山岳派掌权时才有机会登场。

因为种种原因,在法国史中,只有1789年革命被人们称为"大革命"。那么,这场不少人以"大"来形容的"革命"是在何种历史条件下爆发的?无论是在法国史学界还是其他国家的史学界,这都是一个极为引人瞩目的研究热点,而且历来是仁者见仁,智者见智。其中,法国著名的大革命史专家阿尔贝·马蒂厄曾有过这样的断言:"这次革命并非爆发在一个贫穷的国家里,反而是在一个正在极度繁荣的国家里。贫困有时可以引起骚乱,但不能造成伟大的社会激变。"我个人以为,马蒂厄的这一断言不仅颇有见地,同时也是站得住脚的。为什么这么说呢?因为在"旧制度"的最后时期,也就是说在18世纪的后半期,就总体而言,法国的经济即使称不上繁荣,至少也处在了发展和转机的阶段。

然而,国家经济的发展并不意味着宫廷或政府就不会发生财政危机。由于路易十五在位期间,不仅过着极度铺张的生活,还多次把法国拖入对外战争,并在这些战争中连吃败仗,导致路易十六在1774年继位时,不得不面临种种困境。其中,最让他头痛的问题无疑是国库空虚,王室政府的财政已陷入捉襟见肘的境地。

面对这种情况该如何来应对呢?稍微明白一点的人都心知肚明,唯一的选择就是得对赋税制度进行彻底改革。也正因为如此,有"锁匠国王"之称的路易十六实际上一直尝试进行改革,并为此先后起用了两个人:一位是重农学派经济学家杜尔哥,另一位是来自日内瓦的银行家内克。杜尔哥曾主张,包括特权阶级在内的一切等级均须纳税;而内克曾取消了宫廷中的一些高俸而清闲的职位,削减了王室的开支,并且还制定出了一整套节支的制度。凡此种种,势必会触犯特权阶级的既得利益,因而遭到他们的强烈反对。于是,这两人相继被免职。

内克的继任者是卡隆。他是王后推荐的，所以在上台之初，为了取悦王后、笼络王公显贵，一度采取了与内克截然相反的方法，即提倡奢侈与挥霍。为此，他增加了宫廷人员的年金，力图以阔绰的假象来抬高王室的威望。与此同时，他也寄希望于通过挖运河、建港口、修道路等手段来刺激经济，增加财政收入。然而，到了1786年，迫于财政危机更加严重，卡隆也不得不效仿前任，开始考虑改革财政制度，其中也包括向特权阶级征税。为使自己的改革方案能够得以推出，他召开了"显贵会议"。但这些"显贵"们既然是特权阶级的成员，对这一改革的态度完全可想而知。果不其然，在1787年初召开的"显贵会议"上，卡隆的方案遭到与会者强烈反对。"显贵"们在恼怒之余，还迫使国王解除了

显贵会议

卡隆的职务。

接替卡隆的是曾任图卢兹大主教的布里埃纳。他在得到了这一职位的同时,也继承了前任留下的"烂摊子"。布里埃纳上台后,别无良策,还是只能打增加新税的主意,并要"显贵会议"同意特权等级也得纳税。结果,他的这一决定立马引发了"贵族的反叛"。

"贵族的反叛"也被一些人称为"贵族革命",它固然可以看作大革命的"先声"或"序曲",但我觉得,在探讨法国大革命爆发的原因时,更应当聚焦于阶级间的不平衡,因为,正如马蒂厄说过的那样:"社会激变往往是起于阶级间的不平衡。"虽然"旧制度"末期法国的国家经济正在发展,但社会阶级间的不平等和广大下层群众的贫困不仅依然如故,还愈演愈烈。而这一切,将使得革命不可避免。换句话讲,如果说"贵族的反叛"昭示着法国绝对君主制危机的加深,那么来自第三等级的不满与反抗,不啻对绝对君主制形成了更大的冲击。

"旧制度"的法国是个等级社会,分别由教士、贵族和第三等级组成。所谓的第三等级,包括教士和贵族之外的所有居民,其人口占法国总人口的98%以上,大致可划分为资产阶级、城市平民、农民三类。虽然他们的职业构成五花八门,经济地位相差悬殊,但却有一个共同的特点:没有特权,处于被统治地位,几乎承担国家税收的全部重负。正如法国的大革命史权威米歇尔·伏维尔所指出那样,这种等级制度远不是纯粹的表面现象,"特权者"一词很好地表达出了个中意味。税收特权几乎完全豁免了贵族和教士的税收,可谓最为明显的例证。然而,这还不是全部。被确认、被感知的各种区分、隔阂、禁忌,处处见证了这种等级制度的力量。例如,在大革命中一度颇为活跃的罗兰夫人和巴纳夫幼年时都曾受到过来自贵族的侮辱:罗兰夫人曾在一次宴会上受到贵族的轻侮,甚至被人打发到餐具室里吃饭;而巴纳夫在与其母亲到戏院观看演出时,竟然有贵族军官蛮横地要求母子俩让出早就订好的包厢,该贵族军官甚至还不惜以武力迫使巴纳夫他们离开。类似的事情实在不胜枚举。

由于启蒙思想的广泛传播与深入人心,当时,第三等级各个阶层的人士,无论是在家中的窃窃私语,还是在沙龙、咖啡馆、俱乐部等公共场合的高谈阔论中,已毫不掩饰地表达其对现实社会的不满。启蒙时代的剧作家博马舍,在他的许多名剧中对"旧制度"作了淋漓尽致的揭露与抨击,而《费加罗的婚礼》,更是成为反对封建贵族的不朽之作。当时,每当剧中的主人公在独白中挖苦专横、邪恶与愚昧的贵族,只不过是些"除去从娘胎中出来时用过一些力气,没有什么了不起"的人时,剧场中总会爆发出热烈的掌声。当时的人心向背或者说舆情,由此可见一斑。总之,一系列改革失败已经表明,"旧制度"下的法国已无法通过渐进改革摆脱困境,整个社会已出现严重动荡,人心思变。正是在这样的大背景下,法国大革命在1789年终告爆发。

这年春天,全国上下流传着数以百计的反封建的小册子。其

启蒙时代的剧作家博马舍

中流传最广、影响最大的首推西哀士神甫在 1789 年 1 月发表的《什么是第三等级？》。这位背叛了自己等级的教士思路清晰，逻辑严密，文笔犀利。他在这本立即被第三等级人士奉为"圣经"的小册子中言简意赅地道出了第三等级对自己处于被束缚和被压迫状态的愤懑，充满自信地表达了第三等级的参政要求："什么是第三等级？一切。在此之前它是什么？什么也不是。它要求什么？有所作为。"一时间，人们在街谈巷议中经常能听到这些"格言"。

1789 年 5 月 5 日，自 1614 年最后一次召开以来已中断了 175 年之久的三级会议，终于在人们的盼望中于凡尔赛游艺厅开幕。新的三级会议是按人头投票，抑或继续按等级表决？在这个至关重要的问题上，特权等级与第三等级的冲突注定不可避免。道理很简单，按人头投票，将意味着特权的终结，新时代的开始。反之，意味着第三等级代表的人数加倍失去任何意义，旧的制度将一仍其旧。因为，在许多涉及特权的问题上，第三等级都可能遭到前两个等级的联合反对。不可避免的冲突很快接踵而来。由于王室和特权等级采取顽固立场，第三等级代表决定组成国民议会。于是，后来载入史册的"网球场宣誓"随之出现。第三等级的强硬态度削弱了教士等级的反抗，使他们首先让步。6月24日，大部分教士代表加入了国民议会。次日，在素有自由主义声望的奥尔良公爵的率领下，数十名贵族代表也加入了进来。7月9日，国民议会正式改名为制宪议会，决心制定一部王国宪法。

对此，王室决定进行抵制。路易十六一边暗中下令调动军队向巴黎和凡尔赛集结，一边将已被复职的内克重新解职。由于内克在老百姓的心目中是主张改革的能臣，他被解职的消息传来后，激怒了早已充满不平情绪的巴黎人民，同时也让此前已在流传的"贵族阴谋"顿时在人们心目中更为具体化，从而马上激起强烈反应。当年轻律师卡米耶·德穆兰在刚开放为公共娱乐中心的罗亚尔宫花园发表鼓动性很强的演说时，便有在场者高声喊道："拿起武器来吧！"于是，很快地，巴黎的大街上垒起了路障，每个人都各尽其能地武装了起来。7月14日，成千上万示威者一大早就冲进了荣军院，并从地下室夺走了不少步枪和大炮。不过，这些枪炮倘若没有弹药又有何用呢？好在巴黎人此时已知晓哪里可找到

卢浮宫附近的罗亚尔宫（也可意译为王宫）

弹药——这就是巴士底狱。

正是在这一背景下，1789年7月14日，巴士底狱被起义者攻占。由于巴士底狱固有的象征意义，尽管当时被关在牢房里的犯人仅有7名，且有1人是地地道道的刑事犯，攻占巴士底狱与释放里面的囚徒就自然而然地成为反抗专制主义最伟大的行动之一。不过，当巴黎上演着这惊天动地的一幕的时候，甚至在国民议会派出的代表团向国王报告了巴黎正在发生的事情之后，身在凡尔赛的路易十六仍尚未悟出局势的严重性，并在其记事本上如是记道："14日，星期二，无事。"路易十六直到次日才明白了局势的严重性。一段众所周知的对话概括了当时的情景。在其宠幸的近臣利昂古尔公爵向他报告了巴黎发生的一切后，这位感觉异

攻占巴士底狱

常迟钝的国王吃惊地问道:"怎么,这不是造反吗?"利昂古尔公爵回答:"不,陛下,是一场革命。"

众所周知,法国近代史上发生的革命之多,在欧美国家当中堪称突出。唯其如此,往往需要在具体所指的革命前标上发生的年份,如1830年革命、1848年革命。不过,在法国史中,被人们以"大革命"相称者,却只有1789年革命。更有甚者,英国史学家霍布斯鲍姆在其《革命的年代》一书中,不仅将其与英国工业革命一起合称为"双元革命",同时还称几乎所有近代国家都是18世纪"双元革命"的产物。

在这里人们或许会问,1789年革命并非世界近代史上绝无仅有的革命,其前有多位"先行者",后有更多的"后来者",为何它能如此地脱颖而出,大放异彩呢?对于这一问题的解答,难免会众说纷纭。但我想有一点是肯定的,那就是这场大革命为全人类留下了一份共同的遗产——1789年制定和颁布的《人权与公民权宣言》(简称《人权宣言》)。

《人权宣言》不仅被人们亲切而形象地称为"新制度的出生证书",还被不少人视为1789年革命的最好象征。可以说,即便在200多年后的今天,《宣言》的起草者们还是让后人觉得很了不起,立意高远,出手不凡。如果各位仔细地读过这一文本就会发现,它宣布的是超越时空限制的全人类的人权。换句话讲,这一

堪称法国大革命最佳象征的《人权宣言》

宣言绝不仅仅是为法兰西人民制定的,而似乎是针对整个欧洲乃至全人类的。它不仅可充当法国大革命的纲领,并为法国政治生活奠定了人民主权、代议制、法制和分权制的重大原则,同时还对其他国家的人权与公民权的确立与完善起到了不容低估的启蒙和推动作用。例如,在它的影响之下,美国国会于1789年9月在宪法中增加了人权条款;至于在制定宪法和人权法案时,把《人权宣言》作为直接参照物的国家,更是数不胜数。为此,人们几乎可以毫不夸张地说,在树立法国的国际威望方面,《人权宣言》所起的作用盖过了法国军队所打的一切胜仗。绝非偶然的是,由来自世界各个地区不同法律和文化背景的代表起草的《世界人权宣言》,在1948年12月10日于巴黎夏约宫召开的联合国大会上通过。该宣言在人类文明发展史上具有重大意义。

总之,在这场大革命最初的日子里,"自由"显然是最得人心的观念。"不自由,毋宁死!"则更是当时的人们喊得最多最响的口号。一些革命者在设计新的历法时,甚至还打算设立一个以1789年7月14日为开端的自由元年。不过,随着1792年8月10日民众起义的发生,"平等"的观念更多地在人们的脑海里闪现,并成为人们在行动中追求的目标。然而,要在革命过程中将"自由"与"平等"完美地结合起来,谈何容易。由于种种原因,罗兰夫人,这位被梁启超在论述法国大革命的早期著作中誉为"法国大革命之母"的革命女杰,竟然在被推上断头台时发出了这样的哀叹:"啊,自由,多少罪恶假汝之名而行。"

篇幅所限，我不可能详细梳理大革命的相关过程，好在有许多出自中外学者之手的佳作可看。其中我特别要向各位推荐的是北大历史系高毅教授写的《法兰西风格》。这本以《大革命的政治文化》为副书名的著作最早是由浙江人民出版社于20世纪90年代初出版，但我更想向各位推荐的是由北师大出版社在2013年推出的增订版。为什么呢？因为鉴于中国人在20世纪的大部分时间是花在"革命的道路"上，且法国大革命在这一过程中具有不容忽视的影响，高毅教授后来较为关注中国革命中的暴力色彩与法国大革命之间的关系。他在2013年再版其《法兰西风格》一书时特意增加了两篇相关论文作为附录。在第一篇论文《中法文化在法国大革命问题上的历史性互动》中，作者首先论述了中国传统儒家文化对法国大革命中两个基本观念——"平等"与"自由"观念形成的影响；接着论述了20世纪初在中国革命派与改良派之间开展的关于法国大革命的论战。作者在文中指出：在整个20世纪中国盛行不衰的革命崇拜基本上就是在法国革命政治文化的培育和激励下形成和发展起来的。第二篇论文题为《法国式革命暴力与现代中国政治文化》。如果说前一篇论文着眼点在于革命观念的形成，那么此文则是对革命暴力的思考。总之，这两篇论文既充满洞见，更发人深思。

第十章
"无宪法,毋宁死":大革命的新口号

2018年5月,我在巴黎访学时,在参观孚日广场旁的雨果故居后,又去附近著名的苏利公馆转了一下,还在那里的书店买了本《巴黎人报》。这是杂志以"法国大革命时期的巴黎"为主题推出的图文并茂的专刊。翻阅之后,我的兴致顿时被激发起来,于是利用还待在巴黎的时间,尽可能地再去寻访大革命留在巴黎的踪迹。其间,我曾带着对法国大革命史极感兴趣的朋友,到紧邻卢森堡公园一幢属于参议院的建筑去察看墙体里镶嵌的、大革命时期留下的米制基准石。这一米制基准石可以说是法国大革命期间在统一度量衡方面采取举措的最好见证。

紧接着,我们去看了离这幢建筑不远的奥兰普·德·古热故居。作为大革命时期著名的《妇女与女公民权利宣言》的作者,这位特立独行的女士绝对算得上是法国女性主义运动的先驱。在此需要提醒一点,那就是法国史研究者在提到《人权宣言》时经

苏利公馆

镶嵌在建筑物墙体的米制基准石

常会在《人权宣言》前标明年份。因为在法国大革命中,值得充分重视和研究的人权宣言实际上不止一个,而是4个,它们分别是1789年《人权与公民权宣言》、1791年《妇女与女公民权利宣言》、1793年《人权与公民权宣言》和1795年《人与公民的权利和义务宣言》。

随后,我独自转悠到西岱岛,在距巴黎圣母院不远处再次好好审视那所当年关押过路易十六王后的巴黎古监狱。如果不知晓相关历史,大多数人不太会想到塞纳河边的这座很有特色的建筑非但曾是座监狱,而且还是在法国大革命期间关押过数以千计犯人的场所,其中最为著名的被关押者当属这位嫁给路易十六的奥地利公主玛丽·安托瓦内特。2023年年底,国内上映由英国人执导的电影《拿破仑》。大凡看过此片的观众都会对影片开始后不久出现的这位背负骂名的女子如何身首异处留有印象。随着时光流

巴黎古监狱之外观

古监狱建筑墙角上著名的古钟

逝和时代变迁,这座在大革命时关押过数以千计犯人的监狱,早已成为一座独特的博物馆。各位倘若有机会去巴黎,在看过巴黎圣母院后,还可以顺便参观近在咫尺的巴黎古监狱,无论是里面的展示还是整体的氛围,古监狱都能让游客对大革命期间出现过的血腥恐怖统治身临其境。古监狱墙角处高挂着的那座著名时钟,它同样是大有来历,而且钟面上刻的文字"这台把时间公平地分成十二等分的机器，是在教导人们维护正义和捍卫法律"，也令人遐想。那次参观古监狱后，我又从西岱岛直奔位于塞纳河右岸的协和广场。我在那里发思古之幽情，想象着就是在这座多次改变名称，包括曾由"路易十五广场"易名为"革命广场"的著名广场上，大革命时期如何架起了断头台，让从路易十六到罗伯斯庇尔的各式人物人头落地的血腥场景，特别还联想到那位被梁启超誉为"法国大革命之母"的罗兰夫人在被推上断头台时发出的哀叹："自由啊，多少罪恶假汝之名以行。"

诚然，"不自由，毋宁死"曾是大革命初期喊得最多的口号。但在1789年，法国人对于制定一部宪法表现出来的热情同样出人意料地高涨。当时的革命者们之所以会如此急切、热情地想要制定出一部宪法，主要可归因于他们把制定宪法作为消灭专制、实现自由重要的乃至是唯一的途径。于是，又一个与"不自由，毋宁死"句型相同的口号顺理成章地流行了起来，这句新的著名口号就是"无宪法，毋宁死！"

1789年8月26日通过的《人权宣言》，在很大程度上构成了宪法振聋发聩的前奏曲。因为在《人权宣言》通过之后，制宪议会的讨论重点立即转向了与宪法相关的问题。然而，在当时的法国要搞出一部合适宪法谈何容易。人们在各种各样的选择面前争执不断。争论得最激烈的问题有二：第一，是否实行两院制，并在立法机构设立贵族院。第二，是否给予国王对议会决议的否决权；如果给否决权的话，那么，这种否决权应是最终性的还是仅仅是暂时性的。说到底,相关争论的核心还是王权与宪法之间的关系,究竟该"王在法上",还是"王在法下"。围绕这些问题,王权的卫道士和反对者们竞相引经据典,互相斥骂。炸开了锅似的大厅里壁垒分明:坐在左侧的是王权的反对者们,而王权的卫道士们则坐在右侧。法国近现代政治文化中最根深蒂固的传统,左派和右派之分,就这样开始产生。左派、右派之类的提法,不仅在法国后来的历史中一直存在,而且还在包括中国在内的其他国家也流行过。

经过各派议员反复争论,甚至经过各种政治力量极为激烈的政治斗争之后,法国终于有了有史以来的第一部成文宪法。由于这部宪法是在1791年批准生效的,所以也叫《1791年宪法》。作为法国有史以来的第一部成文宪法,《1791年宪法》的制定和实施有哪些意义呢?简单地讲,这部宪法开创和奠定了法国资产阶级的现代国家管理制度,它在宣布国家主权属于国民的同时,在国家机构的设计方面,明显体现了孟德斯鸠的三权分立思想。更值得我们重视的是,法国大革命通过这一宪法,力图确立依法治国的原则。例如,《1791年宪法》特别规定,没有比法律更高的权力,国王只有根据法律才能治理国家和要求服从。同时,制宪议会非但在废除旧国家体制、旧等级制度、旧区域划分、旧行会制度和工业法规等方面无不立足于一系列立法,而且在建立经济自由、公民平等、宪政体制等方面,也基本上同样如此。正如已故北京师范大学教授刘宗绪在其文章《人的理性和法的精神》(收入

《法国大革命二百周年纪念论文集》）里所指出的那样：在法国大革命中，法是新政权全面改造封建制度的有力工具，法律和法令成为国家中的最高权威。

不过，随着1792年"8月10日起义"的发生，"平等"的观念越来越多地在人们的脑海里闪现，进而成为人们在行动中追求"自由"之后的另一个目标。于是，如何把"自由"与"平等"很好结合起来，遂成为必须面对和解决的问题。然而，在大革命时期，且不论"自由"与"平等"两者之间的完美结合是否可能，至少有一点确定无疑，那就是知易行难，而这又和刚刚从富有专制主义传统的"旧制度"过来的法国革命者的自身特点大有关系，这就是他们往往会自觉不自觉地诉诸专制主义的强制手段。具体来讲，这些革命者一方面执着而不切实际地追求"自由"与"平等"，另一方面却又无法摆脱专制主义的传统思想方式和行为方式。一旦有合适的机会或借口，一些人在革命进程中就会想要去采用专制主义的强制手段。这一点在以罗伯斯庇尔为代表的雅各宾专政时期人物身上尤其充分地表现出来。雅各宾专政时期那种扩大化的恐怖统治在这方面可谓登峰造极。

恐怖统治，说到底就是一种着力通过非常的暴力恐怖手段来加以维系的统治方式。而就雅各宾专政时期那种扩大化的恐怖统治来看，它大体表现在以下三个方面：首先是经济恐怖，主要是在经济上实行全面限制生活必需品价格，无偿征发军用物资，限制贸易和商人的利润率，建立全国统一供应机构和征粮，以及打击投机活动的武装力量。

其次是宗教恐怖,非基督教化运动中的一些活跃分子发明了一种"共和历",用它来取代此前通行但在他们看来错误不少同时还因节日不固定而不方便至极的格里高利历,同时,还新设立若干全国性节日,提倡新信仰,推出了"理性女神"之类的新神。由此,在1793年11月10日,一些人在巴黎圣母院内组织了一场庆祝理性节的活动。一位女演员扮演的自由女神走出供奉理性的神殿,坐在了立于教堂中央的一座假山上。此外,当时还在全国掀起过声势浩大的反教会运动,鼓动人们去摧毁和抢劫教堂等等。2019年秋天,笔者在访学法国期间曾与一位老友结伴前往罗亚蒙修道院参观。这座建于1228—1235年的前西多会修道院是当时法

修建于1228—1235年间的前西多会修道院——罗亚蒙修道院内景

罗亚蒙修道院在大革命中遭受破坏留下的断壁残垣

国最重要的修道院之一,在大革命中被作为国家财产出售后成了一个纺织业生产场所,一直到第二帝国时期才恢复成为宗教场所。尽管该修道院的建筑以及花园大都得以较好保存下来,但早年在大革命中经历的变故痕迹，时至今日依旧赫然在目。

最后，当然就是给人留下至深印象的政治恐怖，1793年9月17日颁布的《惩治嫌疑犯条例》授权救国委员会可将与政府为敌者统统加以逮捕。更有甚者，雅各宾派此后不久竟然还将与自己为敌者不加区别地一律处死。于是，在彼时的巴黎，在已改称的"革命广场"（今协和广场）上几乎每天血流成河。而在外省，国民公会的特派员们则在土伦等地，实行过大规模的集体处决。如何看待这种恐怖统治，一直是法国大革命史研究中的热点和焦点，对大革命的不同看法实际上最后均可归结为该如何来看待它，也就是对"恐怖统治"的合理性、必要性该如何阐释。

法国大革命是一场深刻的社会政治革命，不仅在法国结束了绝对君主制的专制统治，还初步确立了共和国的政治体制。无疑，它对法国后来的发展所产生的深远影响是多方面的，就社会政治、思想文化维度来看，以下几方面的积极影响值得格外关注：

首先，法国大革命是法国历史上第一次自然权利的革命，它把法国千百万人民吸引到争取人权和公民权利的斗争中去，并为法国近代公民权利的确立和发展奠定了以"自由"和"平等"为核心的理论基础。

其次，法国大革命依据启蒙思想家提出的政治原则进行政治制度的建设，确立了依法治国的原则，并初步进行了这方面的实践。例如，《1791年宪法》特别规定，"没有比法律更高的权力，国王只有根据法律，才能治理国家和要求服从。与此同时，制宪议会不仅在废除旧国家体制、旧等级制度、旧区域划分、旧行会制度和工业法规等方面,均靠制定和实施一系列立法来推进,而且在建立经济自由、公民平等、宪政体制等方面,也同样如此"。正如有学者指出:在法国大革命中,法是新政权全面改造封建制度的有力工具,法律和法令成为国家中的最高权威。毋庸讳言,在大革命中,特别是在恐怖年代里,也发生过许多背离法治、无法无天的暴虐事件,但是,从总体或主流来看,应当说法律的尊严还是不可动摇的。

再次,以新的统一的从省到市镇的四级地方制度取代了旧的重叠杂乱的地方制度。在"旧制度"时期的法国,虽然其中央集权的程度居于欧洲国家的前列,但地方行政仍然处于政区重叠、官制杂乱的极为混乱的状态。例如,当时的省往往是传统的封建组合,同时交错着司法区、教区、军区和税区等,并未构成严格的行政区域。有鉴于此,1789年12月与1790年1月,制宪议会通过一系列法令,取消了"旧制度"的所有区划,统一制定行政区划。地方行政区划的重组,无疑是大革命时期最富有建设意义的成果之一,不仅明显消除了诸多妨碍建立现代国家大厦的障碍,同时还极大地促进了民族统一的完成。

最后,实行了教育和宗教改革,使法国社会及其教育开始摆脱宗教影响和封建主义的束缚,向世俗化和国民化的方向发展。诚然,早在法国大革命爆发之前,法国教育就已在西欧处于前列,但需要指出的是,此时的法国,除了军事院校、特种科技学校和法兰西学院外，全国教育均由封建势力的代表——教会所控制。自18世纪中期始，许多有识之士就对教育状况进行了猛烈抨击，并提出了一些新的设想，其中包括教育的世俗化。大革命爆发之后，把法国人由臣民变为公民，成为革命者的共识和追求的目标。由此，如何在推翻封建君主制度后让更多的人意识到自己的公民身份以及和这种身份连在一起的权利与义务，成了革命政府迫切需要解决的问题。换言之，建立一种能满足这方面要求的新型的教育制度，例如启蒙学者们所设想的国民教育制度，不可避免地被摆上了议事日程。事实上，大革命期间的历届政府都曾提出或讨论过建立国民教育体制的重大原则和方案。它们的具体内容、措施虽然不尽相同，但其目的是一致的：建立中央集权的资产阶级教育体系，培养共和国的公民。

值得注意的是，在法国大革命期间，革命者们在以法律形式确定了人的受教育权的同时，其在教育方面的要求基本上是与培养适应人们意欲建立"再生的国家"的"新人"的愿景联系在一起的。拉博·圣埃蒂安提出的口号"应当使法国人成为一个新的民族"，从1792年起成了不少著名人士提出的国民教育重大计划中重复出现的固定词句。而在这些计划中所体现或包含的原则与方案，都对法国后来的国民教育乃至确保法国长期成为教育强国产生了不容低估的影响。例如，法国著名的巴黎高等师范学院（简称巴黎高师）就是在1794年由国民公会颁布法令予以设立的。

当然，在充分肯定上述积极意义同时也必须要看到，这场大革命给法国后来的社会政治、思想文化发展也带来了一些负面的影响，造成近代法国政治出现长期动荡的局面。其中最大的负面影响是在法国形成了内战式的政治文化，导致其社会内部似乎开启了一场永无休止的内战，以左右两翼形式出现的"两个法国"之间的对抗，始终伴随着大革命时代那种强烈情绪化的尖锐方式，呈现出势不两立的极端形态。虽从长远以及从根本上观之，大革命无疑还是更多地有利于整个法兰西民族的认同和统一，但在特定历史情境下，特别是在几乎整个19世纪，大革命作为最富争

巴黎高等师范学院

议的重大事件,在导致法国社会产生分歧乃至重大分裂的影响上又确实无出其右者。它不仅驱使雷蒙·阿隆在《知识分子的鸦片》一书中写道:"这两个法国,一个不甘消失,另一个则毫不留情地攻击过去。"还让孚雷在《法国大革命批判辞典》中感叹:"谁要是热爱大革命,谁就会憎恶旧制度;谁要是为旧制度惋惜,谁就会仇恨大革命,甚至那些设法弥合历史造成的撕裂的人,也禁不住产生这种对无法弥合的撕裂的意识。"

作为"旧制度"的埋葬者与"新制度"的催生者,大革命势必对法国当时以及后来的经济发展产生巨大的影响。不过,关于这种影响到底是积极的还是消极的,则是一个必须从长、短时段维度分别予以回答的问题。

就短时段来说,大革命对法国的经济,尤其是法国工业革命进程来说绝非福音。首先,由于接二连三的内外战争,以及持续不断的社会动荡,法国从18世纪开始的经济增长进程被强行打断,尤其是在被称为法国"工业兴起的世纪"的18世纪中得到明显发展的纺织等行业一度出现倒退。其次,伴随着大革命出现的内外战争与社会动荡,不但使法国正常的经济秩序和经济活动难以为继,还导致法国不得不一再额外付出沉重的经济代价。然而,若从长时段来看,大革命中的创举或措施对法国经济发展的积极作用是不容否认的。其中最为重要者有二:第一,确立了以自由经济为基础的新经济秩序,尤其是在工业领域中实行包括企业自由、生产自由和雇工自由在内的经济自由主义。第二,解除了农民的封建义务，解放了农村劳动力，并把他们引向了商品市场。此外，诸如形成了统一的国内市场，建立了有利于工商业发展的税收制度等成就和举措所具有的积极作用亦不可低估。

最后需要强调的是，法国大革命的彻底性不仅为以后的各国革命树立了榜样，还在很大程度上动摇了欧洲其他国家君主专制制度的基础。大革命时期的法国军队力图通过征服欧洲来传播大革命的"不朽原则"，用恐怖和刺刀对欧洲进行革命的教化。而恰恰是这类革命战争，为拿破仑的崛起提供了天赐良机。

帝国霸业兴废时期

第十一章
"科西嘉怪物"的崛起与帝国的霸业

对巴黎较为熟悉者都知道,在塞纳河南岸或曰左岸有座地标——荣军院。荣军院正门是高大圆顶的圣路易教堂,那个金光闪闪的大圆顶绝对是塞纳河畔吸引眼球的景物之一。而就在这座教堂里,安放着拿破仑的墓。当我们置身于庄严肃穆的墓室,面对拿破仑的灵柩时,难免会思绪万千,甚至是心潮澎湃。在从1799年11月雾月政变之后开始的大约15年时间里,拿破仑·波拿巴不仅是法国无可争议的实际主宰,还通过"拿破仑战争"创建了一个威震欧洲大陆的法兰西大帝国。

对这一时期的法国历史,人们往往以"拿破仑时代"相称。更有一些人认为,这段时期法国的兴衰史,很大程度上就是一部拿破仑的"个人传记"。这里得说明一下,严格来讲,在法国只有在拿破仑·波拿巴称帝之后才能以他的名字"拿破仑"作为正式称谓,而在此之前只能按姓氏称其"波拿巴"。但为让读者阅读起

巴黎左岸地标之一荣军院

来更加顺当,本书统称拿破仑。

拿破仑出生于科西嘉岛,当时,这个地中海西部的岛屿,由当年的热那亚共和国刚刚"卖"给法国才不久。然而,就是岛上波拿巴家族诞生的这个男婴,日后不仅使小小的科西嘉闻名全球,还使法兰西变得空前强大,以至于大文豪雨果在写《悲惨世界》时,情不自禁地挥笔写道:"科西嘉,一个使法兰西变得相当伟大的小岛。"

无疑,拿破仑的起点并不是很高,他出身的家庭充其量只是科西嘉的一个没落贵族之家。他后来有机会到法国本土读军校时,因为穿得过于寒酸,加上说法语时科西嘉口音太重,所以经常受到同班同学嘲笑，他们说他是"冒牌的贵族子弟、冒牌的法国人"。入伍从戎后，拿破仑也因和罗伯斯庇尔有牵连，遭到热月党人打压，甚至受过牢狱之灾。出狱之后，拿破仑一度极为失意，穷困潦倒。不知各位是否还记得本书在讲启蒙运动时提到过的普罗科比咖啡馆，时至今日，由它演变而来的普罗科比餐馆在显摆自己的店史时，仍会提到当年的拿破仑来此借酒消愁后因没钱买单不得不把他的军帽押在店内的逸事。

后来被对手们惊恐地称为"科西嘉怪物"的拿破仑究竟是如何崛起的？1795年10月的"葡月事件"为拿破仑的飞黄腾达提供了天赐良机。为了对付保王党组织的迫在眉睫的武装暴动，受命主持镇压的热月党人巴拉斯在情急之中想到了起用"土伦战役的获胜者"拿破仑。此时正闲得发慌的拿破仑欣然接受任务，并向巴拉斯表示："只有等大功告成，我才会放刀入鞘！"作为一名出色的炮兵专家，拿破仑领命后首先想到了起用大炮。拿破仑在用大炮平定了葡月暴动后，威名大震。从此，在"葡月事件"后成立的督政府中的掌权者们，尤其是他们当中的巴拉斯开始重用这位具有指挥天才、果断精神和坚强毅力的年轻将领，并屡屡靠拿破仑渡过难关。

不过，从根本上来看，拿破仑的崛起无疑与法国在大革命时期进行的内外战争有着密切的关系。中国人在叙述历史时常说"马背上得天下"，就此而言，拿破仑绝对算得上是法国最突出的典型之一。我们不妨审视一下法国大革命与各种战争之间的关系。

威震欧陆的"科西嘉怪物"

简言之,法国大革命几乎和外来武装干涉的威胁与输出革命的战争相始终。而在与之相关的各种大小战役、战斗中,有一场"瓦尔密之战"尤其值得我们关注。

路易十六的遭遇极大地触动了欧洲其他封建君主的敏感神经,导致后者虎视眈眈地关注着法国局势的发展,伺机干涉。1791 年

8月，奥地利、普鲁士联合发表了《庇尔尼茨宣言》，要法国恢复路易十六的权力，否则各国都将出来保障法国的君主体制。同年9月2日，普奥联军攻占了凡尔登，打开了进攻巴黎的通道。在这危急时刻，9月20日，由"无套裤汉"组成的法国军队在凡尔登以南的瓦尔密取得了对入侵敌军的首次胜利。

坦率地说，瓦尔密之战在军事上实在算不上是一场大仗，然而，在法国的历史著作中，它却一再被称为"瓦尔密大捷"，换句话讲，在史学家笔下瓦尔密之战老是被大书特书。那么，这种现象为什么会出现呢？我以为至少可归结为这样两点原因：

首先，它在鼓舞法国革命者的士气方面起了至关重要的作用。在瓦尔密之战中，一群刚拿起枪不久的"无套裤汉"竟然先是顶住了号称欧洲最著名的正规军——普奥联军的进攻，继而还取得了

瓦尔密之战

胜利，这不仅震慑了敌军，同时更大大鼓舞了当时法国人的斗志。行文至此，可能还得和各位解释一下什么是"无套裤汉"。"无套裤汉"也叫"长裤汉"，原是穿华贵短裤套的贵族和富人对穿粗布长裤平民的蔑称。但在大革命时期，特别是雅各宾专政时期，这个词一下子成了褒义词，甚至成了爱国者、革命者的同义词。

其次，是它具有鲜明的标示作用。法国革命者们在大革命期间进行的战争，可以瓦尔密之战为界线一分为二。在它之前进行的战争，以对付外来武装干涉、重在防守为主要特征；而在瓦尔密之战结束后，情况就完全变了，这些战争将更多地呈现出扩张性、征讨性的特征。

这种扩张性、征讨性战争的出现很大程度上得归因于当时法国革命者普遍的"输出革命"念头。他们想借助战争对其他欧洲国家进行革命教化，通过征服欧洲把大革命的"不朽原则"传播出去。他们还在所征服的欧洲地区建立起了一连串的"姐妹共和国"，这些"姐妹共和国"往往具有这样的特点，不仅实际上都依附于法国，而且还都是奉法国为楷模。例如法国侵占瑞士之后，在原来实行邦联制的瑞士境内按照"统一而不可分割的共和国"模式建立的赫尔维蒂共和国就是如此。

总之，正是这类革命战争不仅为拿破仑的崛起提供了机遇，还把他送上了权力的巅峰。

1799年11月9日，即共和八年雾月十八日，因在战场上取得的一连串辉煌战绩深孚众望的拿破仑发动政变，推翻了督政府，以由他为首的执政府取而代之。在相继获得第一执政和终身执政之后,拿破仑更是在1804年在巴黎圣母院加冕称帝。

能以"雾月政变"较轻松地获取法国最高权力,并维持这一权力达15年之久,说明拿破仑的上台及其统治具有深刻的社会因素,绝非纯粹政治阴谋的产物。对此,法国大革命史研究的权威乔治·勒费弗尔曾从拿破仑的上台和大革命及其革命战争之间的有机联系入手进行评析,进而令人信服地断言道,拿破仑和救国委员会的革命者"在统治方法上存在有许多共同的特征。他之所以能保持法国人领袖的地位,正是因为他尊重了制宪议会的社会立法成果;他的军事胜利保证了这些成果能保持下去,并且使这些成果能够在法国永远根深蒂固"。

在相继获得第一执政和终身执政头衔之后,1804年,这位共

拿破仑加冕

和国的终身执政干脆想过把皇帝瘾。拿破仑皇袍加身,让被奉为"两个世界的英雄"的革命元老拉法耶特深感震惊,不过,让他震惊的不是一个人的篡权,而是举国的驯服。因为在就是否该设立法兰西人皇帝这一问题举行公民投票时,拿破仑如愿获得占压倒优势的多数。这意味着什么呢?意味着虽然法国大革命反对的就是专制,但在最后却仍然会出现"举国的驯服"。对此,各位自然会有点好奇,这种"举国的驯服"何以能在当时的法国出现?这一问题说来话长,但我想有一点可以肯定,那就是无论是在战场上的战绩,还是上台执政后的政绩,拿破仑都有拿得出手的"称帝资本"。此外,我觉得《拿破仑时代》一书的作者勒费弗尔这一观点也很有见地,他说道:"正是法国大革命使拿破仑能有如此非凡的命运;他之所以能把自己强加于共和制的法国,是因为只要旧制度的党徒还在勾结外国力图复辟,就有一种内在的需要注定这个国家要实行专政统治。"

  拿破仑登上法国权力巅峰时尚且年轻,也就30来岁。尽管行伍出身,在担任临时执政之前根本谈不上有治国经验,但早就怀有政治抱负的他深深懂得要巩固手中的权力,使法国的社会政治生活稳定有序,确保法国在欧陆的优势,有一项工作非做不可。这项工作是什么呢?拿破仑形象地说:"必须要在因连年的社会动荡而如同一盘散沙的法国土地上,投入一些大块花岗石,以夯实地基。"而他口中所说的想投放的这些花岗石,说白了就是包括政治机构的重组、社会经济的重建以及文化教育的重振在内的一系列内政建设。当今法国最吃香也最难考的那几所以培养精英著称的"大学校",例如巴黎综合理工学院、巴黎高师等,就是在那时创办或因得到有力支持而获得新生的。

此外,虽然拿破仑在缺少治国经验的同时还缺乏很多必要的专门知识,但他有一点做得很好,这就是知人善任。更难能可贵的是,他还甚有雅量,善于容人。只要你有足够大的本事,并且愿意为他服务,即使以前反对过他本人,他仍然会加以任用。拿破仑对担任警务大臣的富歇的重用就是个明显例子。拿破仑在知人善任方面的上佳表现,竟让德国大文豪歌德在其《歌德谈话录》一书中也不吝溢美之词。总之,拿破仑在内政方面以制度创新、秩序和稳定为政策基点,所取得的成就是令人钦佩的。商务印书馆出的《拿破仑一世传》的作者、英国史学家罗斯因而写道:"(拿破仑)在内政方面的建设才能,丝毫不亚于他在军事方面的雄才大略。"

不过,在拿破仑看来,他本人在内政方面的得意之作还得首推法国《民法典》的制定。1800 年 8 月,他任命了 4 位著名法学家组成起草委员会。草案拟出后,参政院先后召开了 100 多次讨论会,其中半数以上会议由他亲自主持,其重视程度之高,由此可见。由于事先阅读过大量法学书籍,且深入研究过古罗马法,拿破仑在会上经常十分内行地随口引证罗马法典,使与会者大为叹服。经过长达 3 年半的修改、讨论,法典终由立法院通过。1804 年 3 月 21 日,拿破仑签署法令,《民法典》正式颁布实施,法国终于有了统一的、反映法国资产阶级革命成果的民法典。拿破仑本人也非常珍视这部自己为之付出大量心血的法典。他在其生命的最后岁月曾回忆道："我真正的光荣并非打了40次胜仗，滑铁卢之战抹去了关于这一切胜利的记忆。但是有一样东西是不会被人忘却的，它将永垂不朽——那就是我的民法典。"诚然，中外不少世界近代史著作都会提到世界上很多国家的资产阶级在制定相关法典时，每每以这部《民法典》为蓝本，但更让我印象至深的却是在美国电影《欲望号街车》中的场景。在影片中，后来以主演《教父》蜚声国际影坛的演员马龙·白兰度所饰演的那位妹夫，总在惦记着女方家产，竟然三番五次地逼问原先家境还不错的妻子是否知道有部"拿破仑法典"。此种场景足以令人赞叹这部法典在北美的影响也能如此深远。

当然，拿破仑在统治时期，尤其是在他称帝后，在内政方面也有不少败笔，比如力图和旧贵族妥协，建立"帝国贵族"制度，等等。在这里我们要格外注意的是，他在国内建立的中央集权的国家机器，完全是以个人专权为特征的。他这样做，在特殊的历史条件下固然具有一定合理性，但不管怎么讲，这种不受约束的权力，最后很有可能导致可怕之极的后果。

事实也的确如此。大权独揽的拿破仑，在给法国带来巨大荣耀后，也给法国造成了惨重的灾难。相关情况，我们会在下一章提到反法联盟在打败拿破仑后如何和法国签订《巴黎条约》时细说。

在为他给法国造成的巨大灾难而感叹时,我不由得想到在拿破仑想当皇帝之际,时任保民院议员的前督政官卡尔诺为捍卫受到凌辱的共和制挺身而出,大声说不。卡尔诺这样掷地有声地说道:"无论一个公民对他的祖国作出多大贡献,理智要求在向他表示'全民感恩'时,应该有一定的限度。"法国后来的历史充分表明,一旦这种"全民感恩"超过应有的限度,带来的后果会何其严重。近代法国的著名人物,集政治记者、历史学家和政治家于一身的梯也尔告诫国人道:"(拿破仑)这位伟大人物的一生……也包含着对于公民们的教训。它教导他们决不应该让国家听任一个人的权力去摆布,不管他是谁,不管在什么情况下!"

不过,在普通人眼里,罩在拿破仑身上的耀眼光环,或者说拿破仑时代法国的强盛神话,主要还是由他在与历次反法联盟较量中屡战屡胜、建立了威震欧洲大陆的法兰西大帝国等成就缔造的。试问,在法兰西独立建国后,何时有过如此广阔的疆域?欧洲有史以来,又有几个君主拥有他那样大的权力?毫无疑问,此时的拿破仑帝国是强盛的。然而,这种主要靠战争来维持的强盛又必然是不稳固的、暂时的。一旦战争失利,帝国的衰落乃至倾覆也就只在旦夕之间,后来的事实印证了这一点。

在被反法联军打败后,拿破仑被迫签署退位诏书,前往厄尔巴岛。临行前几天,他获准在枫丹白露同对他忠心耿耿的近卫军告别。当天,拿破仑出现在枫丹白露宫大院子里的马蹄掌形台阶上,挥泪告别跟了他20来年的将士,当时的场景相当感人。也正

枫丹白露宫"告别院"

因为这一缘故,参观枫丹白露宫时首先映入眼帘的那个大院,被人们更多地称为"告别院"。

拿破仑在和旧部下告别后,不得不登上英国军舰,前往厄尔巴岛。这位曾创建法兰西大帝国的人,真的会心甘情愿地终老于这一小岛吗?他再度震惊世界的"百日王朝"又何以会出现?关于这些,我会在下一章好好聊聊。

第十二章
谁促成了拿破仑东山再起的"奇迹"

已经退位的拿破仑和奥地利等三国签订了《枫丹白露条约》,这一条约规定,拿破仑退位后,终身保留皇帝的称号,每年领取200万法郎年金,拥有厄尔巴岛的完全主权。这个厄尔巴岛,是一个地理位置介于拿破仑的故乡科西嘉岛和意大利亚平宁半岛之间的地中海小岛。拿破仑在"告别院"和旧部下挥泪告别后,不得不登上英国军舰前往厄尔巴岛。不过,这位曾创建法兰西大帝国的一代枭雄,真的会心甘情愿地终老于这一小岛吗?答案自然是否定的。拿破仑的英雄史诗,并没有在枫丹白露完全终结,它至少还有一篇不可或缺的"后记"。这篇"光荣的后记"就是他再度震惊世界的"百日王朝"。

身处孤岛的拿破仑名为皇帝,实为囚徒,但是,他从未放弃过重返欧洲政治舞台的雄心,并始终与国内的波拿巴分子保持着密切联系。他很快就了解到,波旁王朝在复辟后的倒行逆施已使整个法国瞬息之间倒向了三色旗这一边。人们在痛恨不得人心的波旁王朝的同时，自然而然地忘却了帝国时期的苦难而只怀念它的光荣。在这一背景下，军队里的一些官兵首先发问：拿破仑在哪里？他什么时候再出现？国内舆情的变化，使拿破仑感受到绝处逢生般的喜悦和激动。于是，一个惊人大胆的计划在他的心头逐渐酝酿成熟。

1815年2月26日，在夜色的掩护下，拿破仑率领数百名卫士与近卫军官兵，分别乘坐几艘船只悄然出航。他们巧妙地躲过了英国和法国的巡逻舰，逃离厄尔巴岛，向法国进发。对于这次冒险行为，拿破仑自信心满满，他甚至向跟着他的部下放出了这样的豪言："我不放一枪就能到达巴黎。"在大多数人看来，这话无疑说得实在是太大了一点，但让他们大跌眼镜的是，拿破仑说到做到，果然不费一枪一弹就重新返回了巴黎。

这一切真的可以说是个奇迹。对此，你自然会好奇地发问，这一近乎不可思议的事情是怎么发生的？在我看来，类似奇迹的出现，最终得归因于人心向背的力量。确切地说，经过大革命洗礼的法国民众，对于波旁王朝复辟后的倒行逆施已经难以容忍。他们在路易十八和拿破仑之间，坚定地选择了后者。

法国历朝历代叫路易的国王很多，路易十八是其中排序最后的一位。但在这儿需要注意的是，这些名叫路易的国王们实际上分属不同的王朝，例如，路易九世属于卡佩王朝，路易十一则属于瓦洛亚王朝。知道这一点很重要，否则就可能会像有些人那样，误以为法国历史上还有个路易王朝。

路易十八曾是普罗旺斯伯爵,"雾月政变"后,已经以路易十八自居的他曾两次写信给拿破仑,提议由两人联手恢复波旁王朝。在拿破仑因战败被迫签署退位诏书那天,在反法联盟的授意下,元老院宣布法国为世袭君主制,同时召唤路易十八归国即位。早就想坐上国王宝座的路易十八自然是迫不及待地回国登基。

在路易十八登基之际,有一位极端君主派的著名思想家德迈斯特伤感地写下这样的句子:"如果认为法国国王是重新登上他祖先的宝座,那就错了。他不过是重新登上了拿破仑的宝座。"应当

路易十八

说，德迈斯特此言不虚。他揭示了这样一种不争的事实：1814年的法国，已经不是1789年以前的法国，因为大革命已经使法国上下发生了天翻地覆的变化，波旁复辟王朝必须得正视这一切。换句话说，面对与大革命后的"新社会"妥协还是抗拒这一问题，执政者非做出自己的抉择不可。

平心而论，路易十八本人在这一问题上倒还算是识时务者。他心里清楚得很，全盘恢复"旧制度"，也就是大革命以前的社会制度和国家制度可能性不大。他同时也明白，与新体制、新的支配阶级实行必要的妥协，才是自己最为明智的选择。正是出于这种想法，路易十八在进入巴黎的前一天，发表了著名的《圣多昂宣言》。

在这一著名宣言中，路易十八表态，将保证制定一部自由主义宪法，尊重民主宪政。还有一点承诺也至关重要，那就是承诺"绝不搞秋后算账"。时隔不久，路易十八果然签署了一个宪章，它在法国宪政史上被称为《1814年宪章》，其重要性不容低估。值得注意的是，路易十八在1814年6月4日签署这一法律文本时，把签署《1814年宪章》这一年称为他统治的第19年，以示他从1795年"路易十七"死后就继承了王位。说到这里，我不由得想起1980年10月金秋时节，我们在第一章提到的那位法国人阿兰·佩雷菲特来到北大历史系课堂的场景。当时，担任司法部部长兼掌玺官的佩雷菲特，正随同法国总统瓦莱里·吉斯卡尔·德斯坦访华，而给我们开法国史选修课的张芝联教授竟然能把佩雷菲特请到自己的课堂给我们讲了一段波旁复辟王朝史。

《1814年宪章》从其内容来看，可以说是路易十八代表的"旧制度"与产生于1789年革命的"新社会"相互妥协的产物。如果真依照它来治国理政，波旁复辟王朝持续的时间兴许会长很多。然而，恰恰有一些人就是不想按照它来统治。

这些人都是谁呢？就是随同路易十八回到巴黎的最顽固的保王党亡命分子。这些人有何特点？我觉得如果要用一两句话来形容的话，那就是虽然1789年革命爆发已有25年之久，这些人却仍然是"既什么都没忘记，也什么都没学会"。在百倍的疯狂和仇恨驱使下，这些人竭力要夺回自己因大革命失去的一切。路易十六的弟弟阿图瓦伯爵是他们当中的领头者。

这些人就此说出的话、做出的事，势必会引起广大民众的恐惧和愤怒。诚然，法国民众在过去也不满拿破仑的专横统治，但如今这些人的倒行逆施，却更让民众深恶痛绝。于是，远在厄尔巴岛的拿破仑皇帝又很自然地成了老百姓期盼的对象。正是这种人心向背，使拥有一支大军同时获得欧洲各国君主支持的波旁复辟王朝，在1815年3月竟然被拿破仑率领的枪口朝下的部队摧枯拉朽般地给推翻了。如果说这是一个奇迹，那么这一奇迹的创造者与其说是拿破仑，毋宁说是那些使复辟王朝日益不得人心的保王党亡命分子。

波旁王朝的第一次复辟因拿破仑的东山再起画上了句号。随后，拿破仑重新统治法国近100天，史称"百日王朝"。再度成为法国皇帝的拿破仑已从法兰西大帝国的失败中吸取了不少教训。因此，他多次声言，重建的帝国将与过去不一样，它的主要内容是保证和平和自由。为了赢得大多数国人的支持，拿破仑废除了波旁王朝在复辟后颁发的所有危害革命成果的法令，并在自由派思想家邦雅曼·贡斯当的协助下，制定了《帝国宪法补充条款》。这一于1815年4月22日颁布，且时常被一些人誉为"1815年版《人权与公民权宣言》"的重要法律文本中，两院（贵族院与众议院）对政府的控制权有所扩大，新闻自由得到保证，公民权利得到承认。拿破仑甚至还任命那位一贯反对其独裁的卡尔诺为内务大臣。与此同时，他还多次郑重宣布，法国绝不谋求对欧洲的统治权。不过，他在显示这一立场同时也明确表示，坚决反对外国对法国任何形式的干涉。

正在维也纳举行会议的欧洲各国君主和首脑在听到拿破仑卷土重来的消息时犹如五雷轰顶。为了共同对付这个"科西嘉怪物"，他们把有关瓜分领土的争吵暂时搁在了一边，匆忙宣布拿破仑为"人类之敌"，并迅速组成第七次反法联盟。刹那间，总数高达近百万的反法大军铺天盖地地向法国扑来。众所周知，导致拿破仑传奇式军事和政治生涯最终结束的是他在滑铁卢的失败。在兵败滑铁卢之后，拿破仑不得不再次签署退位诏书，从而结束了"百日王朝"的统治，不久，拿破仑被放逐到大西洋上的一个名副其实的孤岛——圣赫勒拿岛，并在这座英属火山岛上，在英国人的严密监视下度过余生。不过，拿破仑即使生活在与世隔绝的小岛上，也始

邦雅曼·贡斯当

终意识到欧洲正在注视着他,意识到自己会在历史上占有引人注目的地位。故此,他几乎每天向伴随着他的亲信、伙伴口述自己的身世、经历以及成功的秘诀和失败的教训。这些材料后来被人整理成《圣赫勒拿回忆录》,它构成了拿破仑神话或传说的主要来源。1821年5月5日,拿破仑在这座岛上与世长辞,时年52岁。

拿破仑逝世之后,围绕着该如何对他进行评价这一问题,200年来,一代又一代的历史学家与各式人等可谓是做足了文章。其中,既有人用最动听的言辞赞美他,也有人用最恶毒的语言诋毁他。不过,在这一问题上,笔者较为认同拿破仑的侄子,同样在法国近代史上扮演过重要角色的拿破仑三世在早年撰写的《拿破仑的观念》一书中的说法:"倘若没有执政府与帝国,革命就不过只是一场仅留下重大记忆但没留下多少痕迹的伟大的戏剧。"进而言之,经常被人誉为"马背上的罗伯斯庇尔"的拿破仑,无疑是一位进步的君主,正是他在其统治的 15 年时间里,从大革命的遗产提取了现代法国坚实的骨架,并通过拿破仑战争把大革命的震荡波尤其是自由的观念几乎传遍了全欧洲,给欧洲国家的发展进程带来了难以磨灭的影响。

事实上,拿破仑及主要由他所代表的波拿巴主义,非但在世界近代史上留下了深刻烙印,即便时至今日仍具有不可低估的影响力。例如,在现任总统马克龙 2017 年入主爱丽舍宫之际,就有一些对其寄予厚望者把马克龙的竞选纲领、执政理念与拿破仑联系在一起,不仅有人在《两个世界评论》之类的著名刊物上探

滑铁卢之战所在地

拿破仑在圣赫勒拿

析马克龙与在 1799 年担任第一执政的拿破仑·波拿巴有何相似之处,还有作者很快就推出了《马克龙·波拿巴》之类的新书。至于网络上将马克龙和拿破仑合体的图片更是五花八门,不断涌现。这说明,一直在法国乃至更大范围流传的拿破仑传说,即便在当今世界依旧在持续丰富、不断更新。而这一切,无疑在很大程度上印证了 19 世纪前期在法国文坛和政坛都活跃之极的夏多布里昂的名言:"在拿破仑还活着的时候,世界侥幸逃脱了他的控制;但拿破仑在死后占有了世界。"难道不是吗?

第十三章
称霸之路上"三十多年的退缩"

拿破仑以"百日王朝"谱写的这篇"光荣的后记",对拿破仑本人来说固然值得夸耀,但至少对当时法国人来讲还真的很难一概而论。事实上,这篇"后记"不仅得要当时的法国人为此买单,而且在买单时还得"大放血"。原因很简单,再次联手制服拿破仑的那些国家,在滑铁卢战役结束后,在该如何教训、惩罚法国这一问题上可谓惊人的一致。此时的它们无一例外都觉得这一回非好好教训法国不可,为此就得加大对法国的惩罚力度。

随着第一帝国垮台,曾长期在欧洲大陆充当一流强国的法国,在强盛之路上开始进入一个大致以1815年、1848年为起讫的30余年的"退缩阶段"。它大致由两大阶段组成,一是波旁复辟王朝统治时期,二是七月王朝统治时期。

这一"退缩阶段"开始之际,首先引人瞩目的是什么呢?显然就是因拿破仑的失败,法国拱手让出了自大革命爆发以来征服的一切地方。

长期以来，不少法国人对法国的"自然疆界"念念不忘。所谓"自然疆界"，就是靠大自然天然形成的"疆界"，因而，也叫"天然疆界"。在法国人看来，其具体就是指比利牛斯山、阿尔卑斯山和莱茵河，再加上地中海或大西洋等海洋。如果说在法国大革命和拿破仑时代，法国的版图岂止是覆盖这些"自然疆界"，甚至还添加了不少"自然疆界"以外的地盘，那么在拿破仑帝国垮台后，这一"自然疆界"就又成了问题，遑论法国在"自然疆界"之外获得的领土。换句话讲，战败的法国已差不多重新退回到了大革命前的疆界。而说到法国"自然疆界"的不复存在，以及"自然疆界"以外的领土得而复失，就颇有必要对两项条约签订时的情况予以了解，这两项条约就是反法联盟成员国通过滑铁卢战役最终打败拿破仑前后分别和法国签订的两个《巴黎条约》。

首先来看第一个《巴黎条约》。平心而论，从其内容来看，该条约对法国尚较为宽容。至于这些国家又为何会"宽大为怀"？这就得说到它们在与拿破仑统治的法国交战时打出的是何种旗号。原来，它们打的是"正统主义原则"旗号，同时还宣称他们只把"篡权者"拿破仑而不是法国作为敌人。既然开战时已经口出此言，获胜后势必得在宽大方面有所表现。

这种宽大到了何种地步呢？首先，法国当时保住了1792年的疆界；其次，既不用支付战争赔款，也不受外国军事占领；至于法国是否要交还由拿破仑在欧洲各地掠夺来的艺术珍品则压根儿就没有提。还让人觉得这些国家对法国确实颇够意思的是,该条约还规定,欧洲各国不久在维也纳开会,重新规划已让拿破仑搅得面目全非的欧洲政治版图时,法国非但可以出席,还可以平等的大国身份参会。

由上可见,这些国家当时对法国确实还是"宽宏大量"的。这一现象的出现固然与这些国家对自身利益的综合考量等因素有关,但当时代表法国和它们主谈的外交家的能耐和作用也绝对不可小觑。

当时代表法国谈判者是塔列朗。对于此人,各位只要看过英国导演雷德利·斯科特执导的《拿破仑》就会有印象,因为在这部传记题材的电影中,塔列朗曾一再出现。作为 18 世纪末 19 世

塔列朗

纪初法国大名鼎鼎的外交家，塔列朗同时还有个绰号——政坛"不倒翁"。它的由来得归因于塔列朗不仅老谋深算、左右逢源，还能在政坛改换门庭的关键时刻及时变换身份。当时的塔列朗，已从拿破仑帝国的外交大臣摇身一变为波旁复辟王朝的外交大臣，并以这一身份在与其他欧洲国家谈判时使尽浑身解数，力求让法国少受损失。

接下来，让我们把目光投向第二个《巴黎条约》。

滑铁卢之败迫使拿破仑再次签署了退位诏书，同时也意味着反法联盟又得和法国签订新的和约。此时的塔列朗不仅仍然是外交大臣，同时还担任枢密院主席。不过，他心里很清楚，新的签约谈判会难上加难，而且代表法国去谈判者注定会招来滚滚骂名。左思右想之后，塔列朗明智地做出了自己的选择，因而在反法联盟把第二个《巴黎条约》草案交给法方时，他不仅以相关条件对法国过于苛刻为由断然拒绝，还随即就向路易十八提交了辞呈。他这一手干得颇为漂亮，为自身历史地位加分不少。因为塔列朗昔日在充当"政坛不倒翁"时的一些做法，让不少人觉得他是个多次"卖主求荣之徒"，但他这一回的举动，让他在国人中获得了新的美名——"祖国牺牲者"，即不惜为祖国作出牺牲的人。

于是，接下来该由谁来代表法国去谈判呢？这一担子最后落在了新首相肩上。经过反复谈判，法国与反法联盟再次签约，确切地说签订了第二个《巴黎条约》。新的《巴黎条约》不仅"宽宏大量"的影子荡然无存，并且可以说是：苛刻，苛刻，再苛刻。

为更好地将新老《巴黎条约》进行对比，就得对新的《巴黎条约》的主要内容有所了解。它包括：法国领土退回到1790年1月1日的边界，原来属于法国的一些地盘，得分别割让给普鲁士等国家；在第一次《巴黎条约》中压根儿没提赔款问题，这次却不然，法国不仅得支付赔款，赔款数额还很大，高达7亿法郎；原本说好的是法国不受外国军事占领，这一回也同样变了，反法联军不仅要占领法国的一些军事要塞，为此所花费的钱还得由法国方面来掏腰包。还有一条规定或许喜欢艺术史的人会格外感兴趣，那就是规定法国必须归还从别国掠夺来的艺术品。在了解和比较上述内容之后，各位是否也和我一样觉得拿破仑"百日王朝"让法国付出的代价未免太大了点？

无疑，波旁王朝纯粹是凭借反法联盟的胜利才得以实现复辟的。因而，面对反法联盟，它自然而然会表现出卑躬屈膝的态度，并尽量去满足后者提出的种种苛刻要求。例如，为设法及时缴纳赔款，复辟王朝政府一度在国内大量发行公债。就总体而言，复辟王朝时期的法国在国际事务上没有而且也无力推行积极的政策。之所以如此，很大程度上是由法国国力虚弱所决定的。而这种国力的虚弱，除了拿破仑的最终失败导致法国付出了惨重代价，遭受严重损失，还与法国在这一时期的经济发展乏善可陈、政治统治困难重重不无关系。

波旁王朝再度复辟后，卷土重来的王党势力大搞反攻倒算，非但在国内实行了白色恐怖，甚至还大开杀戒。那么他们首先把屠刀对准的是谁呢？主要是这样两类人，一类是当年的"弑君者"，"弑君者"这一名称听起来很吓人，实际上不过就是当年赞同处死路易十六的国民公会议员；另一类是在拿破仑东山再起时，率领人马倒向拿破仑这一边的将领。

如果说路易十八统治时，波旁王朝在法国还搞过君主立宪制的自由主义尝试，那么在他本人驾崩、路易十八的弟弟阿图瓦伯爵以查理十世称号继位后，波旁王朝在拒绝与"新社会"妥协的道路上越走越远，直至丧心病狂地反攻倒算，其中包括颁布《关于补偿亡命贵族十亿法郎的法令》，从国库中取出大把真金白银，

查理十世

"慷慨地"对逃亡贵族在大革命中的所谓财产损失进行赔偿。他们还提出所谓的"正义和仁爱"法,力图对所有的出版物征收重税,借此使出版物若无官方支持就难以为继。这一切,自然使社会上的大多数人对当局极为不满。历史的吊诡在这种背景下再次显现。简言之,极端保王派越是反动,对自由派反而越是有利。就这样,自由派很快博得社会舆论的普遍好感,进而借助每年举行的议会补缺选举逐步壮大了在众议院的力量。1830年年初,一些议员在议会上不仅对当时执政的内阁大肆抨击,还向国王呈交了一份由200多名议员签名的《221人致辞》。

《221人致辞》是法国近代史上重要之极的历史文献,其重要性主要在于它不仅明白无误地表达了要求推翻不得人心政府的意愿,同时还提出了以代议制取代查理十世及其追随者试图全盘恢复的旧制度。面对这些议员的要求,查理十世先是断然拒绝,继而又悍然解散了众议院。然而,新的议会选举结果出来后,更是让查理十世目瞪口呆,因为其亲信执掌的内阁的支持者获得的票数少得可怜。但执迷不悟的他不久就决定要不顾一切硬干下去。于是,他在7月25日签署了四道敕令,史称"七月敕令"。第一道敕令是取消出版自由;第二道敕令是宣布新的选举无效,解散新议会;第三道敕令是实行新的选举法,今后只有土地所有者拥有选举权,商人缴纳的营业税不再算作选举的财产资格;第四道敕令确定下次选举在9月份分两级举行。

这些倒行逆施的敕令立马成了1830年"七月革命"的导火

线。7月26日，官方报纸《导报》公布了这4道敕令后，立即引起了资产阶级、学生、工人群众的强烈不满，点燃了民众愤怒的火焰。是日，一些资产阶级新闻记者、报纸编辑聚在《国民报》编辑部开会，商定不理会国王敕令，明天继续出报。梯也尔作为《国民报》创办者，充当了他们的"领头羊"。他大笔一挥，以编辑部名义草拟了书面抗议："政府违反了法制，我们可以不服从……政府现在丧失了合法性，……我们反抗它。"显然，上述言辞不啻是起义的宣言。当天，成千上万的工人、手工业者、职员、小商人、退伍军官和部分士兵，在巴黎自发地举行声势浩大的群众集会和示威游行。随着示威群众同前来镇压的军队之间冲突愈演愈烈，7月27日，巴黎终于爆发了起义。次日清晨开始，起义范围迅速扩大。中午时分，巴黎圣母院钟楼上引人注目地飘扬着三色旗。起义者同前来镇压的官兵展开了激战。在战斗过程中，派往旺多姆广场的一些王室军队官兵临阵倒戈，使驻守在卢浮宫和杜伊勒里宫的王室军队大为慌乱。7月29日，起义者向卢浮宫和杜伊勒里宫发起攻击。当天中午，它们被起义者占领。其时，塔列朗通过自己住所的窗子目睹了这历史性一幕并记录下这一历史时刻："12时5分，波旁王朝已经停止统治了。"

  从起义爆发到起义者最终取得胜利，共历时3天。在法国史学家笔下，这3天是"光荣的三日"，同时也是1830年革命的高潮。卢浮宫中那幅引人注目的尺幅颇大的名画《自由引导人民》，就是著名画家德拉克洛瓦为颂扬这场革命而创作的不朽之作。随着起义的胜利，法国再度改朝换代，七月王朝宣告诞生，与此同时，波旁王朝在法国的统治画上了句号。

七月王朝时期的法国，无论在国力的增强与国际地位的提高方面都要明显好于波旁复辟王朝时期，尽管如此，它领导的法国距离被重新称之为强国依旧还差得远。换句话讲，法国在这一时期仍处于拿破仑垮台开启的"退缩期"当中。关于这一局面的成因固然有多重解释，而且它与这一时期的政治制度、经济发展的关系也有待更加深入细致地考察。但我觉得，除了其他方面，七月王朝时期奉行的对外政策也很值得关注。

七月王朝时期法国的对外政策，长期由一位史学家出身的政治家掌控。他就是大名鼎鼎的弗朗索瓦·基佐。诚然，作为菲利普国王最器重的大臣，与国王一样，基佐很早就意识到若要巩固七月王朝统治就必须重新树立法国的威望，为此就得尽快彻底消弭拿破仑的失败给法国带来的屈辱，不再像复辟王朝那样在其他欧洲列强面前卑躬屈膝。

然而，法国当时的国力毕竟有限，特别是与因工业革命而国力大增的英国之间的差距明显拉大，导致基佐等人在这一问题上的公开态度始终颇为谨慎。例如，基佐在接任外交大臣时曾宣称："我们不想谈论制服、战争和复仇。……我们不会因为法国对世界大事未发生影响而感到惋惜。"虽然基佐在这番话中摆出一种要在国际事务中自我克制、独善其身的架势，但实际上，他一接任外交大臣就积极进行外交活动，力求在可能的条件下有所作为。作为中国人，听到这里或许立马会想到邓小平当年的提法："韬光养晦，有所作为。"

基佐在相当长的时间里，不仅担任外交大臣，而且因担任首相的苏尔特元帅过于年迈，还在内阁中以外交大臣之名行首相之实。波旁复辟王朝时期基佐担任索邦大学近代史教授时一直借助讲台和极端保皇派对着干，在结束"欧洲文明史"课程时他特意语重心长地告诫听众，千万要提防绝对权力的危险、危害以及绝对权力所无法克服的那些缺点，无论它采取什么形式和名义，追求的是何种目的，概莫能外。在基佐的心目当中，"秩序"是高于

史学家和政治家基佐

一切的目标。然而，一味强调"秩序"到头来往往会适得其反，会导致出现一个"停滞的社会"。1847年，从英国开始的经济危机迅速波及法国，广大民众的生活状况大受影响，于是，人们对基佐乃至整个七月王朝的怨气愈来愈大。与以往一样，经济危机很快就引发了社会政治危机。很快地，各种抗议活动席卷了整个法国。1848年1月，以《论美国的民主》一书声名鹊起、贵族出身的托克维尔在议院发出警告说，革命已近在眼前。果不其然，同年2月，新的革命爆发了。正是在这场革命当中，七月王朝宣告终结，法国历史即将迎来一个新的时期，即第二共和国时期。

自第二共和国时期始，法国又逐渐重新成为称雄欧陆乃至在世界上也具有重大影响力的强国。而它在19世纪中叶的再度崛起，是与后来人称"马背上的圣西门"的拿破仑一世侄子的上台及其力求用现代理念重新塑造法国、欧洲乃至世界的文治武功分不开的。这位路易-拿破仑·波拿巴始则作为第二共和国总统，继而又以第二帝国皇帝名义执掌法国政坛达20多年之久。在他统治法国时期，尤其是在为时近18年之久的第二帝国阶段，法国不仅获得了大革命以来并不多见的持续相对稳定的政局，而且显然已重新确立了本国在欧洲大陆的优势地位。更有甚者，法国在世界其他地区的影响力也在明显增强。

第十四章
再造共和：拿破仑的侄子坐上总统宝座

  1848年在世界近代史，特别是欧洲近代史中往往被一些学者称之为"革命之年"。是年，一场首先爆发于巴黎，继而蔓延到欧洲不少地方，同时具有鲜明之极的"突发性"特征的革命突然出现。对此，以"年代四部曲"享誉史坛的英国史学家霍布斯鲍姆曾如是说道："在世界近代史上发生过许多大革命，并且确实有许多比1848年革命更为成功。然而，却没有一场比这场革命传播得更快、更广泛。这场革命像野火春风一般越过边界、国界甚至海洋。"显然，在霍氏笔下，这场革命乃首先爆发于"法兰西这个欧洲革命的天然中心和引爆点"。他的这一表述不仅点明了作为"欧洲革命的天然中心"法国是这场席卷欧洲的革命发源地，而且其"引爆点"一词也明确昭示了这场革命的首要特征——突发性。

  1847年在英国开始的经济危机蔓延到英吉利海峡对岸后，法国民众的生活大受影响，因而对正在台上掌权的基佐乃至整个七月王朝的怨气自然也就愈来愈大。于是,经济危机先是引发了社会危机,接着又导致了政治危机。就是在这一过程当中,一种独特的抗争方式突兀地冒了出来,并成为在巴黎和外省极为引人瞩目的现象,它就是"宴会运动"。"宴会运动"这一名称听上去就蛮有意思。那么,什么是"宴会运动"呢?简单地讲,它就是当时对七月王朝统治不满的各派社会力量,以举行宴会或者集体聚餐为活动形式,抨击朝政,要求当局改弦易辙的群众性活动。

托克维尔 1848 年 1 月在众议院发出的革命即将爆发的警告,才过个把月时间就应验了。导致此次革命爆发的导火索就是当局

托克维尔

一再打压"宴会运动",对人们意欲举行相关宴会、聚餐活动左也不准、右也不行。当权者这种做法不仅简单,而且粗暴。其在短时间内,或者说偶尔为之也许还管点用,但时间一长,次数一多,那就肯定不灵。终于,巴黎的民众们被激怒了。既然政治民主的正常渠道已被只堵不疏的当权者完全堵塞,除了诉诸过激的方式,民众们已经别无选择。就这样,1848年2月革命终于爆发。也正是这场革命,导致法国在两个帝国之间,出现了短暂的"再造共和"的插曲,诞生了法兰西第二共和国。

在法国历史上曾先后出现过五个共和国,当今的法兰西共和国也叫第五共和国。虽然在这五个共和国当中,第二共和国存在的时间最短,但是,它在诞生之际给人们带来的希望和欢乐却可说是最多最大的。这一时期的整个巴黎,若非要对它加以描述,小说家居斯塔夫·福楼拜的形容可谓最为生动、贴切。福楼拜在他的《情感教育》中曾写道,这一时期的巴黎,就像是一个巨大的"海德公园"。众所周知,"海德公园"不仅是伦敦最著名的公园,还以经常举行各种政治集会和其他群众活动著称。而在福楼拜看来,此时此刻的巴黎,活脱脱就是一个放大版的"海德公园"。

"二月革命"的最初日子在当时一些人口中还往往被称为"人民的春天"。确实,"人民的春天"之类的表述文学色彩实在甚浓,乃至还有点像是诗歌中的句子。那么,这一现象又何以会出现的呢?它的出现当和此时法国政坛上风头最健的人物本来就是一位诗人大有关系。这位诗人就是曾创作出《沉思集》等佳作的拉马丁。不过，对于这位才华横溢的诗人来说，当时最让他上心之事已不是吟诗赋词，而是投身于"创造"历史的政治活动。当时，拉马丁在临时政府当中名为外交部长，实际上却充当了政府的灵魂。在他推动下，短短时间里，临时政府就推出了许多重要的举措，其中最引人瞩目的就是男性公民直接的、普遍的选举。

此项举措在制宪议会不久后通过的《1848年宪法》中予以了确认，法国由此在世界上率先成为实现男性公民普选的国家。不过，这里要格外提醒各位注意一点，拥有普选权的仅仅是男性公民而已。如果说法国男子在获得普选权方面远远走在其他国家男性公民前面，他们的女同胞却远没有这样的幸运，后者还得等将

诗人拉马丁

首次参与普选的法国男性公民

近 100 年后,也就是一直到 1944 年才获得类似的普选权。换句话讲,在获得普选权方面,法国男女公民竟然存在近一个世纪的时间差。这一纪录在西方国家中可说是最长的。对此,2001 年入选法兰西公学院后不久即来浙江大学讲学的法国著名政治思想史专家皮埃尔·罗桑瓦龙,在其扛鼎之作《公民的加冕礼》中有过深入细致的探究。

率先实现男性公民普选,无疑是第二共和国最值得关注的事情。那么,这一时期最值得关注的人物又是何许人也?自然首推由全体选民直接选举出来的总统。何况这位总统还可以说是法国历史上第一位总统,因为在法国大革命中虽然出现过第一共和国,但这一共和国并没有设置过总统之职。第二共和国总统选举竞争甚为激烈,当时的几位总统候选人有的声名显赫,比如说拉马丁;有的实力雄厚,甚至还是官方提名的候选人,志在必得的卡芬雅克就是如此。后者的志在必得突出体现于在其主导下制定和通过的第二共和国宪法已然把总统权力规定得很大,几近专制制度下的国王。出乎很多人意料的是,在竞争异常激烈的选战中最终胜出者不是别人,而是拿破仑一世的侄子——路易-拿破仑·波拿巴。

对于这位拿破仑一世的侄子何以能在这次选举中以明显优势力压对手顺利当选,学术界已有诸多研究和解释。有学者认为,这在很大程度上可归结于在这次总统选举时,"路易-拿破仑·波拿巴的政治思想和社会思想已经获得了大部分法国农民和工人的模糊理解。在许多人看来,他表现得既像一个强硬的人,又像是在维护他们的利益的一个有远见的战士,这就是他们投票给他的原因"。不过,在笔者看来,若要解答这一问题,还颇有必要特别关注与之相关的两大重要因素:其一是1848年革命后持续多时的混乱状态,其二是普选制度在近代法国的确立与实施。

与其伯父是通过发动"雾月政变"上台不同,路易-拿破仑·波拿巴最初却完全是经由普选上台的,并且他还是欧洲第一个民选产生的大国政府首脑。这主要可归因于他在当时最适合地充当了"稳定和秩序"的象征。而这一事实又反过来表明,"稳定

路易-拿破仑·波拿巴当选为总统

和秩序"实为这一时期法国的民意所指、民心所向。可以说,此时的亲王总统以及后来的拿破仑三世能够一再在普选或公民投票中成为"宠儿",足以说明他的上台以及一系列举措都有不容低估的民意基础。

进而言之,他能在此次选举出人意料地以高票当选,主要和下述因素密切相关:

首先,他在竞选声明中,一再把自己打扮成秩序的象征和救星,这就使得刚刚经历了1848年革命引发的动荡的有产者们对他格外青睐。为什么这样讲呢?理由很简单,因为这些有产者们急切希望更快更多地获得"安全感",也就是说希冀有一个较为稳定的社会秩序,可让自己在发财致富时不用老是提心吊胆。

其次，广大工人群众和君主派也从各自立场出发，不约而同地把票投给了他。工人群众之所以这样做，是因为他们对当时执掌政权的人极为不满，甚至怀有仇恨。因为共和派不仅推出了一些不利于工人群众的举措，还在工人发动"六月起义"时，授予时任陆军部长卡芬雅克以专政权进行镇压。尽管卡芬雅克被当时执掌政权的派别视为"法国的华盛顿"，也就是像美国的华盛顿一样的人物，但在工人群众的眼里，他就是个镇压工人群众的凶神恶煞，以至于把他称为"六月的屠夫"。卡芬雅克这次是作为官方提名候选人来参选的，但工人们会把选票投给他吗？答案显然是否定的。果然，工人们宁愿把票投给路易－拿破仑·波拿巴，也不愿把票投给这位"六月的屠夫"。至于君主派中的正统派或奥尔良派，则因知道还轮不到自己上台，所以也暂时把票投给了同属于君主派的拿破仑一世的侄子，希望借助波拿巴派的上台，扩大整个君主派在国内政治格局中的影响力，以便自己来日还有可能再来掌权。

再次，在法国实行普选制后，当时选民中农民所占比例很大，人们几乎可以说，"得农民者得天下"。然而，这时的法国，广大农民因为当局要征收"45生丁税"而对当权的共和派极度反感。这一税种让农民的负担明显加重，促使广大农民背离了共和派。与此同时，农民们却对拿破仑颇有好感，因为拿破仑通过《拿破仑法典》以法律的形式巩固了在大革命期间形成的农民小土地所有制。也正因为如此，他们对以拿破仑的继承人自居的候选人自然就情有独钟。而这位拿破仑一世的侄子也很会利用这一点,大打拿破仑牌。无疑,这一招当时很管用,给他带来了不少选票。

波拿巴这次顺利当选为总统,是与一个组织的大力推荐与支持分不开的,这个组织叫作"普瓦提埃街委员会",因设立在巴黎的普瓦提埃街上而得名。具有讽刺意味的是,当该组织决定争取把拿破仑一世侄子推上总统宝座之际,他们的领头人阿道夫·梯也尔在力陈这位候选人如何"理想"时,曾以轻蔑口吻这样说道:"这是一个蠢货,他将任人摆布。"换言之,在梯也尔眼里,这位亲王是个"弱智的傻瓜",只需供他金钱和女人就能把他玩于股掌之上。因此,在他总统任期届满之前可像傀儡一样予以利用。然而,时隔不久,梯也尔等人就不得不承认,自己当初算是看走了眼。

实际上,波拿巴非但不是个任人摆布的蠢货,还是个善于审时度势,玩弄手段的政坛高手。说白了,他在政治上的高招来自两方面。首先是实际经验。他早年被迫流亡国外时曾在意大利参与过善于从事秘密活动的"烧炭党"组织的活动,熟悉相关的套路和诀窍,并有过一连串的政治冒险经历,从中汲取了足够多的经验教训。其次是书本知识。在七月王朝时期他被当局长期囚禁在一座古老城堡也就是阿姆城堡时曾博览群书。

波拿巴对圣西门的著作情有独钟,换句话讲,他的思想导师不是卢梭,而是圣西门。因此,也就会更注重如何发展经济。事实上,正是在圣西门等人的影响下,他在上台后既没有一味沉迷于政治纷争，更没有拘泥于政治形式，而是着力发展法国的社会经济。如同以"马背上的罗伯斯庇尔"著称的拿破仑通过制度创新与建立秩序，成功地充当了法国大革命重大成果的实际继承者和巩固者，这位深受圣西门主义思想影响，由此被称为"马背上的圣西门"或曰"圣西门主义君主"的拿破仑的侄子，一旦大权在握，立马致力于实现法国的"物质革命"，并在推进法国在19世纪中叶的经济发展和社会变迁方面，不遗余力，功绩卓著。

诚然，如同不少人以为的那样，波拿巴或许确实无法与他"伟大的伯父"相提并论，但我个人觉得，即便就凭第二帝国通过"物质革命"在社会经济发展方面取得的不俗业绩，人们似乎就不该把这位侄儿看得过于渺小。接下来让我们把目光投向波拿巴如何由总统摇身一变为皇帝，如何让法国在第二帝国取得"经济起飞"，也就是说获得"帝制下的繁荣"，以及法国如何重新确立了在欧洲大陆的优势地位。当然，也会聚焦于战争如何给第二帝国既带来光荣更带来耻辱。

第十五章
帝制下的繁荣何以会出现

拿破仑帝国的最终垮台,令长期在欧陆充当一流强国的法国在强盛之路上进入一个 30 来年的"退缩阶段"。然而,在这一"退缩阶段"过后,法国从 1848 年起又逐渐重新成为称雄欧洲大陆甚至在世界上也举足轻重的强国。法国在 19 世纪中叶的再度崛起,是与路易-拿破仑·波拿巴这位后来被人称为"马背上的圣西门"的拿破仑一世的侄子的上台及其力求用自己的理念重新塑造法国、欧洲乃至世界的文治武功分不开的。正是此人,始则作为法兰西第二共和国的总统,继而又以法兰西第二帝国皇帝的名义,执掌法国政坛达 20 多年之久。

如前所述,路易-拿破仑·波拿巴在 1848 年总统选举中胜出后,不仅坐上了第二共和国总统的宝座,而且还是法国总统史中的第一人。作为拿破仑的侄子,尽管也希望一上台就能像他伯父一样大权独揽,但他在开始时还是很清楚地意识到其所代表的派别，也就是波拿巴派还势单力薄。若要实现政治抱负，达到一手遮天，就必须要左右开弓，分别打击共和派和秩序党。可以说，波拿巴不愧为善于玩弄权术的高手，因而，无论是先借助秩序党打击共和派，还是后来与秩序党的直接交锋当中，他几乎能做到连连得手。尽管如此，依旧有一个棘手问题令他寝食难安。这就是总统毕竟和皇帝不一样，是有任期的，何况《1848年宪法》还规定，当满4年总统之后不得连选连任。这一切意味着他若要继续执掌权力，就非得做一件事情不可，即设法修改宪法，比如说延长总统任期，或是取消不得连选连任的条款。

不过，要满足修宪的条件谈何容易。当然，波拿巴还可以采用另一种方法来达到延长统治的目的，这就是干脆来硬的，其中包括不惜发动政变。于是，1851年秋冬之际，波拿巴积极为政变进行准备，并特意把采取行动的日子定在了12月2日。之所以要选择这一天，说穿了就是为了更好地沾沾拿破仑一世的光，因为"12月2日"是他那位伯父取得奥斯特利茨战役胜利的纪念日，而这一胜利是拿破仑一世本人也最为得意的一次胜利。政变过后，波拿巴还通过举行公民投票为自己的行动披上了"合法性"的外衣。类似做法后来无论是在中国还是其他国家，效仿者不断有之。尽管像伯父那样皇袍加身是自己的夙愿，但波拿巴在政变成功后，并没有急于恢复帝制，法国在政体上仍保留了共和国的形式。

政变后的共和国具有明显的过渡性，它实际上是通向帝国的最后一个阶梯。且不说国旗、旗徽已改用拿破仑帝国时的鹰徽，就连政变后颁布的新宪法，也完全是以《共和八年宪法》为蓝本来制定的。读过《共和八年宪法》的人都知道，它把大权都集中于第一执政身上。《1852年宪法》也异曲同工，它授予总统的权力之大，即便和大革命前的专制君主相比，实际也差不了多少。唯其如此，当后来因要宣布成立帝国而对这部宪法进行修改时就省事多了，几乎只要将里面的"总统"两字换成"皇帝"即可。恢复帝制的舆论和声势完全造好后，在波拿巴的授意下，参议院通过决议：恢复皇帝称号，立路易－拿破仑·波拿巴为皇帝，称拿破仑三世。看到这里，各位难免好奇中间该有的拿破仑二世呢？看过英国导演执导的《拿破仑》的朋友们不妨先回忆影片中的这个场景：拿破仑欣喜若狂地把刚出生的儿子紧紧抱在怀里。这个男孩作为拿破仑和他迎娶的奥地利公主的独子，一出生就是法兰西帝国的皇太子，也即皇位的唯一合法继承人，并且还被册封为"罗马之王"。"罗马之王"后来固然因其父战败而命运多舛，但仍得以由拿破仑在"百日王朝"覆灭前宣布其继承皇位，是为拿破仑二世。随着亲王总统改称拿破仑三世，第二共和国"蜕变"成了第二帝国。毋庸讳言，在路易－拿破仑·波拿巴统治法国时期，尤其是在为时近18年之久的第二帝国阶段，法国不仅获得了大革命爆发以来少见的持续相对稳定政局，还重新确立了本国在欧洲大陆的优势地位。与此同时，法国在世界其他地区的影响力也在明显增加。有感于此，法国著名史学家路易·吉拉尔曾评价道："他曾在整整一代人的时间里，代表了一个使重新恢复大国地位的民族觉得满意的孚众望的制度。"

无疑，在以左右划分的近现代法国政治谱系当中，波拿巴主义是一个必须面对的重要研究对象，在右翼政治脉络中占有极为重要的地位。当代法国史坛政治史研究泰斗勒内·雷蒙在其系统研究法国右派的扛鼎之作《法国的右派》中，曾充满洞见地揭示了波拿巴主义的独特政治特征，并在这一过程中强调了波拿巴主义意识形态体系中的三大要素：尊崇1789年革命，注重威权（原则）的确立，力求持续不断地寻求"光荣"。这一论述无疑充满洞见，不乏启迪意义。不过，本人认为需要补充的是，此处的"光荣"固然很大程度上指的是大国地位和荣耀，但实际上也必然包含追求社会经济发展方面的成就以及由此带来的繁荣。事实上，法国在此期世界强国地位的失而复得是与法国在19世纪中叶社会经济的持续发展，特别是在很大程度上实现了"帝制下的繁荣"密切相关的。进而言之，这一切的取得首先得归结于这一事实，即法国出现了前所未有的经济起飞，国家经济实力与经济面貌明显改观，甚至已发展成为一个工业大国。那么，法国经济为何能在这一时期得到如此快速发展？或者说，这种帝制下的繁荣又是如何取得的呢？

对于这一问题的解答，难免会仁者见仁，智者见智。我认为，这种"帝制下的繁荣"的成因是多方面的。例如，在这之前法国的工业革命虽然步履蹒跚，但经过几十年的积累，毕竟为第二帝国时期的经济起飞打下了不容忽视的基础；又比如说，在拿破仑三世软硬兼施的统治之下,法国国内有较长时间的政治安定局面,这就使一些人可以无所顾忌地在工商业等方面大试身手。类似的原因固然还可以列举许多。有一个重要因素切不可忽略,这就是拿破仑三世较为明智的经济政策。

作为一位深受圣西门主义影响的现代国家统治者,路易－拿破仑·波拿巴把经济发展看作巩固统治的第一要务,并认为国家必须通过干预来促进经济发展。因而,他在其统治时期,没有像

恢复帝制后的拿破仑三世

七月王朝那样，推行完全的自由主义经济政策，而是通过在国家干预和自由主义经济之间寻找一种平衡点，大力推行一种"国家领导下的"自由主义经济，其中包括不惜发动"关税政变"，在1860年1月签订并着手实施《英法商贸条约》，在对外贸易领域大力推进自由贸易，从而有助于法国实现英国式的工业化。正是在第二帝国时期，由于蒸汽机的广泛使用，法国不仅开始具有现代国家的面貌，同时还迅速发展成为一个世界工业大国：一改过去政府基本上仅向在金融界中扮演龙头老大的"高级银行"举债的做法，多次直接向全民发行国债，这一举措不仅为筹措扩大生产所需的巨额资金开辟了新途径，还大大改变了法国民众素以土地为唯一投资对象的旧观念，使他们开始习惯于以认购国债或其他有价证券形式参与对工商业的投资；令人极为印象深刻的是，第二帝国时期，不仅诞生了不少银行和银行家，也诞生了大量法国企业和企业家。由于私人和公共信贷的推动，加以圣西门主义的影响，制造业和大规模商业活动飞跃发展；为了增强法国经济的活力，确保原料和商品运输的畅通，第二帝国高度重视发展交通运输业，特别是奉行了有利于铁路建设的政策，使得法国进入了名副其实的"铁轨时代"；为适应大量农村人口进城务工的需要，加快城镇化甚至是都市化的进程。

说到此期法国城市化进程，其中最令人印象深刻乃至叹为观止的是由塞纳省省长乔治·奥斯曼负责制订和实施的巴黎的扩建、改造计划，亦即"奥斯曼计划"。在实施这项计划的那些年里，如

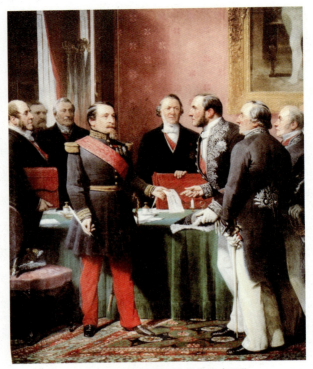

拿破仑三世授权奥斯曼大规模改建巴黎

同咱们国家当今许多城市一样,巴黎就像一个巨大的建筑工地。可以说,正是"奥斯曼计划"的制订与实施,巴黎不仅由此得以成为瓦尔特·本雅明所称的"19世纪的首都",还使巴黎当时就形成了今日法国首都市区的基本面貌。就此来说不无象征意义的是,1855年和1867年,第二帝国当局还在巴黎成功地先后举办了两次世界博览会。关于巴黎这一时期的改造和后来的发展,各位若感兴趣不妨看看系列专题片《城市的远见》中的《打造世界首都

安放于巴黎的巴斯德塑像

巴黎》,拍得相当好。

在探究此期法国社会经济,尤其是工业快速发展时,还有一点也不容忽视,这就是科学的进步、技术的革新。长期以来,法国一直是世界上科学最发达的国家之一。到了第二帝国时期也同样如此,法国仍以不少重大科学成就向世人表明自己无愧于科学强国的称号。在此,只要给大家稍微提几个人的名字就足以说明,如生物学家巴斯德、化学家贝特洛、医学家贝尔纳。即便法国在工程技术方面的优势向来要弱一些,但在第二帝国时期,法国在这方面也同样取得了不少具有国际先进水平的成就,如平炉炼钢法的发明。

如果说在拿破仑三世统治下,法国取得了"帝制下的繁荣",那么,法国的国际处境和复辟王朝、七月王朝相比也在大大改善,国际地位明显提高。之所以如此,与拿破仑三世和他伯父一样热衷于诉诸武力大有关系。他虽然在恢复帝制前夕一再宣称"帝国就是和平",但一旦皇袍加身就接二连三发动战争,力图以此消除法国先前因失败蒙受的"耻辱",重新确立法国在欧洲大陆的优势地位。总之,事实恰恰表明:"帝国就是战争"。

在重新崛起为举足轻重的大国过程中,法国此期一个引人瞩目的现象就是,除了在欧洲与其他列强一争高低,它还凭借强大的军事力量,在其他地区频频发动殖民战争,而且还经常大有收获。很快地,法国成了仅次于英国的世界第二大殖民帝国。作为中国人,我们自然会格外关注第二帝国如何把中国作为它在亚洲扩张的重要目标。如果说帝国建立之初,因克里米亚战争的牵制,法国对中国的干涉与侵略仅限于小规模活动,那么后来就不一样了,它甚至伙同英国组成联军,发动了第二次鸦片战争。至于法英联军火烧圆明园,更是让人义愤填膺。对此,就连雨果也忍无可忍,痛斥法英两国是两个强盗。如果各位对此感兴趣,不妨看看法国记者出身的历史学家、中华图书特殊贡献奖得主布立赛先生写的《圆明园大劫难》一书。在此也顺便提醒朋友们,如果有

枫丹白露宫中国馆收藏的文物

机会到枫丹白露宫，别忘了去看一下那里的中国馆，因为该馆陈列着不少侵华法军从圆明园抢劫来的所谓战利品。

此外，第二帝国军队19世纪五六十年代在国外战场上取得的不少胜利，给帝国带来了足够多的"光荣"。巴黎留存至今的一些地名，包括地铁站名，就说明了这一点。例如，克里米亚，显然

巴黎地铁以克里米亚命名的车站

就是为了纪念法国在克里米亚战争取得的胜利。然而，这些足够多的"光荣"，却在19世纪70年代伊始，因为一场普法战争而被统统抹去。普法战争是一场双方为争夺欧洲霸权迟早要打且都很想打的战争。为此，拿破仑三世甚至不顾年老多病，携带14岁的皇太子亲赴前线。但让人们始料未及的是，此前一直让人觉得武威赫赫的帝国大军却在普法战争中不堪一击，不仅害得皇帝本人成了普鲁士军队的俘虏，还使得至少在表面上仍显得颇为强大的帝国一下子轰然垮台。这一切说明了什么了呢？说明了和第一帝国一样，战争虽然先是给法国带来光荣，但最后却还是带来耻辱，甚至是莫大的耻辱。

和很多中国人一样，不少法国人也喜欢纯粹"以胜败论英雄"，换句话讲，不少法国人单凭普法战争的失败，就把拿破仑三世贬得几乎一无是处。如果普通人这样想，或许还情有可原，但历史研究者也如此的话，显然就不太合适了。

说到这里，我想到法国史研究名家、英国学者罗伯特·汤姆斯的下述论断："就对于法国和欧洲的影响而言，在拿破仑一世到戴高乐之间，尚没有一个法国人堪与拿破仑三世相提并论。"无疑，汤姆斯的这番话明确点出了拿破仑三世的重要。但一个吊诡的事实或现象，却一直存在于法国大革命以来的近现代史及其历史编纂学当中，这就是纵观法国近现代史，还很少有一个持续时间颇长的政权会像第二帝国那样遭受过如此之多的抨击。至于那位一手创建并长期统治第二帝国的拿破仑三世，则更是不时沦为人们嘲讽乃至抨击的对象。就此，当代法国著名史学家让·布维埃在参撰杜比主编的那套堪称经典的3卷本《法国史》时甚至写道：拿破仑三世实际发挥的历史作用之大，和在同时代人的集体记忆或评价中地位之低可谓形成了强烈反差。而"评价之低"可部分归因于当时的一些作家和史学家相关作品的影响。这位学者还认为，拿破仑三世实际上存在着两种形象，其一是作为"真实存在"的拿破仑三世，其二是由一些作家、史学家，以及对他横加指责者们"集体构造"而成的拿破仑三世。

不管怎么说，法国社会经济在第二帝国时期的这些发展变化不仅幅度大、速度快,而且影响深远。有鉴于此,法国史学家让·布维埃如是写道:正是在这一时期,"法国社会真正走上了一条新的文明之路。说实话,此种文明就是我们今日的文明。就经济发展的基本机制和社会关系而言,今天的法国与第二帝国时的法国实际上差别不大"。总之,上述很多内容无时不在提醒人们,切勿把路易-拿破仑·波拿巴,亦即那位"伟大的伯父"的侄儿看得过于渺小。

"伟大的法兰西"再造时期

第十六章
普法战争与法国的浴火重生

我每次到巴黎都会尽量找机会到巴黎市政厅一带走走，这固然因为它是塞纳河右岸，或者说北岸最繁华的地带之一，但最关键的还是市政厅大楼及其广场对于我们研究法国史的人来说格外具有吸引力。为什么这么说呢？因为这幢建筑及其前面的广场，绝对是法国近现代史上最重要的政治舞台之一。许多在史书中大写特写的场景就相继发生在这里。例如，1830 年革命时，即将建立的七月王朝的菲利普国王就是在市政厅大楼的阳台上接过三色旗的；而在 1848 年革命当中，拉马丁等人也是在这里组建临时政府，建立第二共和国的。

就连市政厅前的广场也是故事多多。众所周知，法国人喜欢动不动就搞什么罢工，绝对是世界上首屈一指的"罢工国度"。但不少人或许并不知道，法语里的"罢工"一词——"格雷夫"（la grève）实际上就与这座广场有着千丝万缕的联系，甚至可以说乃是因为这

路易·菲利普在市政厅大楼阳台上接过三色旗

座广场的名称而来的。这一现在已叫"市政厅广场"的广场,原来叫格雷夫广场,它也可翻译成"沙滩广场",因为"格雷夫"在法语里的本义是"沙滩",到后来才慢慢衍生出"罢工"的含义。

在法兰西共和制度史上,先后出现过5个共和国,目前的法兰西第五共和国存在时间算长了,到2024年有66年。但第三共和国却持续了有70年之久,因而到目前为止,它还是法国历史上持续时间最长的共和国。不过,这一迄今法国历史上最长命的共和国,起初却只是一个在战火中诞生的"早产儿"。它是在市政厅广场上巴黎市民认可临时政府成立的欢呼声中宣告成立的。

巴黎市政厅大楼及其广场

在得知拿破仑三世成了俘虏的当天晚上，就有一批巴黎市民走上街头，要求废黜皇帝。第二天，更多人在协和广场集合后，开始冲击正在召开立法团紧急会议的波旁宫。就在这时，共和派领袖莱昂·甘必大极力鼓动人们到市政厅去，在那里宣布成立临时政府。甘必大的理由是，只有这样做，才算是尊重历史传统。而临时政府的建立又意味着什么呢？意味着帝制已经推翻，共和国第三次在法国"诞生"。这一天所发生的这一切，在法国史上有个专有名词，叫"9月4日革命"。

不过，虽然临时政府已经成立，但普鲁士方面却根本不认，非要法国在规定时间里选出新的国民议会，然后由这一国民议会来决定法国接下来究竟是继续再打下去，还是按照普鲁士规定的条件求和。结果，在此次议会选举中，主和派以明显的优势占了上风。这一来问题就更麻烦了。因为这些主和派人士大多同时也属于君主派，这势必就给共和国的"合法性"打上了一个大问号。人们大可认为，共和国不过是由市政厅前发生的"街头革命"强加给全体法国人的，并没有获得经由普选产生的国民议会的批准。也正因为主和派在新的国民议会中占了上风，尽管法国和普鲁士将签订的和约对法国方面来说条件苛刻之极，但议会还是很快就予以通过。

这一批准非同小可，因为它表明法国已正式承认自己是普法战争的战败者。那么，成了战败者的法国还有可能重新成为"伟大的法兰西"吗？对这一问题的答案应该是肯定的，而这又与一位年逾古稀的政治家老当益壮，力挽狂澜大有关系。他就是政治记者与历史学家出身的老牌政治家阿道夫·梯也尔。

大凡一个民族在遭遇大难时，会寄希望于某位"救世主"一样的人物。此时的梯也尔，就是这样一位被其国人寄予厚望、能使"奇迹"出现的高人。这里的"高"主要是指他的本领高，而不是他的身高，因为他的身高实在是不太高，以至于在马克思的笔下，梯也尔有时会被称作"侏儒"。可以说，这位古稀老人没有让法国同胞失望。为了尽早"解放"国土，梯也尔可谓使尽了浑身解数，包括成功地发行一种利润丰厚的公债，为法国提前付清巨额赔款提供了资金保证。在付清赔款后，德军提前一年半从法国领土撤出。

阿道夫·梯也尔

为了重振军威,梯也尔还在龙尚赛马场举行了盛大的军事检阅,接受检阅的官兵在这一过程中,一扫因普法战争失败而萎靡不振的精神面貌,重新显示出了自尊与自豪。为使法国尽快恢复强国地位,梯也尔还在加强国防、整顿军队、改进武器装备等方面推出了一系列举措。

梯也尔此期在尽快恢复与发展经济方面也多有可圈可点之处。例如,他先是设法集中力量对被战争毁坏的交通设施进行修复和重建,继而又投入大量资金和人力进行新的交通设施建设,如修建新铁路,开凿新运河。又比如说,梯也尔在搞税制改革时,拒绝接受不少议员提出的开征动产税的建议,主张将税制改革局限于对烟草、咖啡、葡萄酒等,大幅度提高附加税。他认为,增加附加税而不开征新税，是人们容易接受而且最为有效的办法。他还对身边的亲信说道：我宁可提高原来的各种税收而不愿开征新税，因为新税本身就会因为其"新"而惹人恼火。在梯也尔的领导下，1872年法国经济就已基本恢复甚至超过了普法战争爆发前的水平。

不过，在猛夸了梯也尔一顿之后还是有必要告诉各位，和我年纪相仿的人早年对他的印象都不会太好。因为我们这代人第一次看到他的名字，十有八九是年少翻阅《法兰西内战》时看到的，而马克思在这本书中痛斥了梯也尔，甚至称他为"侏儒怪物"。《法兰西内战》主要围绕1871年3月18日巴黎民众武装起义后建立的巴黎公社而写。巴黎公社通过史无前例的民主选举成立，力图打碎资产阶级国家机器，而代之以全新的国家机器。梯也尔当局对巴黎公社进行了残暴镇压。尤其是在5月21—28日的"流血周"中，整个巴黎尸横遍地，血流成河。公社战士和梯也尔派来镇压的军队之间最后的激战发生于拉雪兹神父公墓，他们中的最后一批人在墓地东边的围墙下被集体枪杀。这段围墙后来被称为"公社社员墙"。由于巴黎公社在中国广为人知，不少中国人来巴黎时会特意来此凭吊。诚然，随着对巴黎公社有了较多了解后，本人对马克思当年在书中表现出来的这种憎恨情绪也很能理解，但在上大学后，特别是对这一时期法国历史有了更全面深入的了解之后，难免也会在对梯也尔的认识和评价上冒出一些新的想法。

不管怎么说，当付清对德赔款，德军即将撤离法国之际，梯也尔的声望也达到了顶点。这位古稀老人不仅被人誉为"法国领土的解放者",议会还特意通过了一项决议,宣称"梯也尔有功于法国"。对此究竟该如何来看呢?在梯也尔个人功过问题上难免众说纷纭,但至少有一点是肯定的,那就是梯也尔执政中后期日益显示出来的共和倾向,对于共和派在第三共和国初期政体之争中最终获胜还是大有裨益的。

事实上,当时的法国围绕着究竟该实行共和制还是君主制展开的斗争,既扑朔迷离,又异常激烈。为此,共和派领导广大民众展开了极为艰巨同时亦不乏策略性的斗争,并最终取得了胜利。富有象征意义的是,随着共和派在法国政坛取得全面胜利,由其掌控的国民议会很快就作出了几项重要决定,其中包括:将国家机关从位于巴黎西南郊区的凡尔赛迁回到巴黎市区中心地带;把《马赛曲》定为国歌;特别是还把"攻占巴士底狱日"定为法国的国庆日。

对任何国家来讲,其政体如果老是不稳与多变,势必会给其发展带来负面影响。自1789年革命爆发以来,法国的政体一直不是太稳定,以至于在台上统治的一会儿是国王,一会儿是皇帝;一会儿是执政,一会儿是总统;简直让人眼花缭乱。因此,共和制在法国的确立最终尘埃落定,不仅有利于法国社会和政治的发展,同时对法国国力的恢复和增强也有不容低估的积极意义。

总之,正是在第三共和国前期,法国不仅较快地摆脱了战败阴影,还重新以"伟大的法兰西"面貌再次跻身于强国之列。这里要注意的是,如果说这一时期法国对外领域的总体目标是重新跻身于强国之列,那么,"对德复仇"就是实现这一目标非得采取的战略举措。因此，对于此期法国的力图"对德复仇"，人们自然而然普遍关注较多。相形之下，对这一时期法国在对外领域的另一重要战略举措，即殖民扩张则似乎重视不够。但在包括本人在内的一些学者看来，当时，殖民扩张实际上与对德复仇一起构成了19世纪晚期、20世纪初期法国在对外战略方面的二重唱。

就当时法国政治家在德国复仇问题上的态度而言，被誉为第三共和国创建者的莱昂·甘必大似乎尤其值得关注。有较为熟悉法国历史且去过巴黎的先贤祠的朋友，应该都会留下这一格外深刻的印象：甘必大在先贤祠里的位置异常突出。作为第二帝国后期成长起来的"新一代共和派人士"突出代表，甘必大在第二帝国末年入选立法团后不时以其非凡演说口才在众议院里发表振聋

先贤祠在引人瞩目处安放着装有甘必大心脏的容器

发聩的演说,此外,他不仅是极为著名的《贝尔维尔纲领》的起草人,还在9月4日推翻帝制、建立共和过程中厥功至伟。在巴黎被德军围城期间,甘必大非但继续主张坚决抵抗,还乘热气球突破普鲁士军队包围圈,前往外省组织抵抗活动。他在采取这一行动时甚至宣称:自己"已经与胜利或死亡订立了契约,不是胜利,就是死亡"。其抵抗态度之坚决由此可见一斑。不过,我要强调的是,即便是像甘必大这样的态度坚决的抗德斗士,其在第三共和国早期在对德复仇问题上流传最广的名言还是"永志于心头,莫挂在口头"。

既然是二重唱,两种声音就不可能始终强弱、高低一致,而是一会儿此强彼弱,一会儿此低彼高。围绕着究竟该优先奉行哪种战略的议题,当时法国统治集团内部是存在分歧,乃至发生过

甘必大乘气球离开被围困的巴黎

激烈争论的。在 19 世纪 70 年代，虽然温和共和派人士与其他共和派人士一样，始终高举对德复仇的大旗，但当他们在 70 年代中期执掌政权后，鉴于对德复仇的条件尚未成熟，遂把殖民扩张作为对外领域的当务之急。在当时执政的温和共和派政治家眼里，殖民征服虽然无法和对德复仇混为一谈，但它可以用海外扩张的种种"成就"显示法国地位的加强，彰显法兰西民族的"光荣"，并以此来"补偿"暂时无力对德复仇的不足。

这一时期鼓吹和推行殖民扩张政策最卖力的法国政治家是后来被人称为"东京佬"（Le Tonkinois）的儒勒·费里。这里的"东京"并不是我们耳熟能详的日本首都东京，而是当时西方人用来指称越南北部的地名。作为第三共和国前期影响很大的政治家之一，费里认为，殖民扩张政策包含着"法兰西伟大"的情感，特别是能在政治上为战败找到补偿。他一再声称，对外扩张并非不要对德复仇，只是当时复仇的条件尚不具备。在这种情况下，与其消极等待，不如通过殖民扩张来显示蒙受了战败的法国依然能够在世界舞台上扮演一个重要的角色。他还认为，"殖民政策是永恒的竞争法则在国际上的表现"，对此"沉默和不参与的政策只能引向衰落"，并进而强调，法兰西不能满足于像比利时和瑞士那样只是一个自由的国家，它还应该是一个强国，应该像它曾做到过的那样影响欧洲的命运，把自己的语言、习俗、旗帜、武装力量、工程学带到世界各地。

由此，第三共和国在 1880—1885 年间出现了第一次殖民扩张的高潮。在这一过程当中，一些法国殖民扩张史中极为重要的人物也开始大显身手，其中就包括那位在法国殖民史上大名鼎鼎的法籍意大利裔布拉柴。当时，这位年轻的探险家正在穿越非洲中部，扩张法国领地，并取得了巨大成功。1883年，布拉柴以政府特派员的身份回到加蓬，负责在那里建立法国殖民地。从那时起，法国在非洲的地盘逐渐扩大。此外，还可一提的是，很多学法语的中国人都知道的著名法语培训机构——法语联盟，其在法国的总部也是在这一时期出于服务殖民扩张而建立的。事实上，法语联盟于1883年7月21日在巴黎宣告成立时，其全称是"旨在向殖民地和外国推广法语的法语联盟"。

然而，即便在19世纪80年代的法国殖民扩张也并非能够得到国人的广泛理解与支持。殖民地初时在法国的名声其实也不是很好，在殖民地得到晋级的士兵往往被视为无能之辈，移居殖民地的人亦通常会被其同胞看作在法国本土难有出息的庸才甚至是懒汉。不过，这一时期对殖民扩张政策最强烈的反对声音来自激进共和派。当时，激进共和派的政治家们纷纷以"转移论"来抨击"补偿说"，认为根据法德两国当时实力的对比，"复仇"与"扩张"无法两全。而且，殖民远征非但烧钱，还会转移法国对德复仇的决心，贻误复仇大计，并最终妨碍法国重新称雄欧陆。

不过，如果说殖民扩张在80年代的法国还谈不上颇得人心，那么在进入90年代后情况大有变化。由于种种原因，殖民地的经济意义越来越重要，在这一背景下，当时法国更具有话语权的工商业界主流人士开始日益支持扩张政策；与此同时，一些具有强烈"普世主义"观念的法国人也大肆宣扬殖民是向"劣等民族"传播"文明"的"进步事业"，是改善他们落后条件的"善举"。

"普世主义"是一种源于基督教教义的思想观念和意识形态，最初的原义主要是普天之下兄弟姐妹皆可得主拯救，后来逐步演化为一种按照西方思想来改造和统一整个世界，从而使全世界的人都能过上像西方人一样的"文明"生活的思想观念。作为西方主要大国之一，向来把自己当"世界的肚脐眼"的法国，抱有这种想法的人显然不少。法国史学家当时在这方面表现突出，扮演过不容低估的角色。第三共和国史坛上位高权重的欧内斯特·拉维斯在亲自撰写并广为流行的小学生法国史教材，也即"小拉维斯"中，特意把最后一章用来专门描述"被法国征服的地方"，并竭尽所能地强调与渲染法国在海外殖民地的所谓"善行"。其间，拉维斯在提及布拉柴时，还颇有画面感地描述："你们看，一个男人正站在一面旗帜旁边。这个法国男子名为布拉柴。他穿着全白的衣服，戴一顶用软木做成的帽子，用白布包裹着。另外两个法国人也和他一样打扮。正是因为极度的炎热，他们才那么穿着。布拉柴是个令人敬佩的人物。他曾在非洲一片广袤的地区——刚果旅行探险。他没有对当地人做出坏事。他平和地和土著人谈判，请求他们臣服于法国。当他们达成协议时，他就在地上竖一根大杆，然后把法国国旗升到顶端。这就意味着这块土地属于法兰西。"拉维斯还不无夸张地写道："有一天，在刚果的某个村庄附

布拉柴

近,法国旗帜再次被升起了。这时,一支奴隶队伍正好经过。布拉柴让他们停下来,说道:'所有有法国旗帜的地方,就不应该有奴隶。'他们取下了奴隶脖子上的项圈,解开了他们小腿上的绳子。在这群可怜的人当中,有两个人在被解开束缚之后高兴坏了,他们还翻起了跟斗。这证明了法国对待顺民的善良和慷慨。"

此外,这一时期国际关系格局的变化也颇有利于法国加大殖民扩张力度。换句话讲,随着法俄同盟建立,法国在欧陆的安全得到加强,可以在较少后顾之忧的情况下放手地在海外进行扩张。而说到此期法俄同盟的建立,则有一个著名的象征物很值得一提,它就是巴黎塞纳河上最金光闪闪的那座大桥——亚历山大三世桥。亚历山大三世桥全长107米左右,它在1896年10月7日由沙皇

亚历山大三世桥

尼古拉二世和时任法国总统弗朗索瓦·菲利克斯·富尔奠基,于 1900 年巴黎世博会举办之际完工。该桥是作为法俄亲善的礼物由沙皇尼古拉二世捐赠给法国,并以尼古拉二世的父亲亚历山大三世的名号来命名的。

  法国在迈入 20 世纪之际不仅已重新成为"伟大的法兰西",再度以举足轻重的大国姿态活跃于国际舞台,甚至还与英国、德国一起构成了无敌于天下的"欧洲三强"。这一切,自然令德国当权者惊恐不安,并导致法德矛盾更加尖锐。因为双方心里都极为清楚,彼此之间新的战争将不可避免。那么,在即将到来的重新较量中,共和制的法国能够经受住大战的严峻考验吗?我们将紧接着聚焦于此。

第十七章
一战：法国的地狱之行

美国导演伍迪·艾伦编导的电影《午夜巴黎》讲了一个"穿越"的故事。生活在当下的男主人公，一位好莱坞的年轻编剧从美国来到巴黎，心心念念的是海明威等人所生活的20世纪20年代的巴黎，结果在午夜时分，他鬼使神差地坐上一辆神奇的马车，相继"穿越"到20年代甚至更早的年代。在人称"花都"的巴黎，当年的海明威等人虽然"穷"，但似乎还是可以做到"快乐着"，以至于他本人后来情不自禁地把巴黎称为"流动的盛宴"。倘若各位有兴趣去追踪海明威等人当年在巴黎非但自由欢快而且还叛逆的踪迹，除了左岸地区一些咖啡馆和餐馆，有一家声名远扬的网红书店很值得一去，这就是离巴黎圣母院不太远的莎士比亚书店。

不过，一战结束时以及在20年代的一些年头中，包括巴黎人在内的不少法国人似乎更向往从19世纪末到一战爆发前的时光。他们甚至给这一时期取了个乍一看就令人向往的名称——"美好年

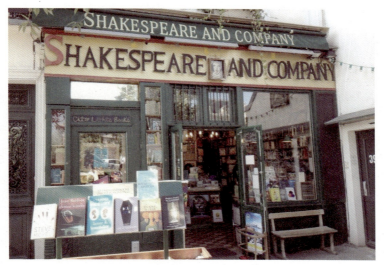

莎士比亚书店

代"。从总体上看,那十来年倒还真是相当不错,的确堪称较为稳定、繁荣、和平的年份。得益于1896年开始的新一轮经济高涨期到来,特别是伴随着社会生产力迅速发展和科技水平提高,此期法国人的社会生活水平也还真可谓"芝麻开花节节高"。难怪他们在经历大战带来的艰辛乃至生死考验之后,只要一提到那段时光就对彼时的物质繁荣、生活稳定夸赞不已,进而将这一时期誉为"美好年代"(la belle époque)。有必要顺带指出的是,"美好年代"与另一个流行术语"世纪末"(fin de siècle)不同,前者属于人们日后才给那个特定时期新贴或追加上的标签,而常用来指称19世纪末期的"世纪末",当时就早被法国人行于笔端或挂在嘴边。

"美好年代"在第三共和国初期因巴黎公社等事件而被严重撕

裂的法国出现，与共和精神卓有成效地"起着黏合剂作用"不无关系。这种共和精神其实还如同法国史学家米歇尔·维诺克指出的那样，与"饱受质疑却最终得以确认的均势社会形态，以及不断遭到权威主义者们诟病，但在1899年到1914年之间却相对稳定的议会政治"一起，共同构建了"美好年代"的主基调。就此有必要予以强调的是，第三共和国成立之初，对于在六边形土地上实行共和制是否可行，不少法国人尚持怀疑态度。然而，当法国从19世纪迈入20世纪时，在绝大多数法国人心目中，法兰西已与共和国融为一体。

共和制彼时得到大多数国人认同，与共和派掌权后高度重视知识（le savoir）的生产和传播密不可分。有感于共和国本身亟须更令人信服地和"进步"紧紧相连，而在此期大背景下，"知识"早被视为"进步"最理想的标志，作为共和派领袖的儒勒·费里，在刚上台时就宣称："第一共和国给了我们土地，第二共和国给了我们普选权，而第三共和国赋予了我们知识。"这番话表明，在他和其他共和派人士心目中，第三共和国更多赋予国民各种知识，是足以和第一共和国在大革命中借助对外战争扩大法国版图，以及第二共和国赋予男性公民普选权之类丰功伟业相提并论的壮举。

无疑，要想实现这方面目标，教育改革势在必行。由此，共和派掌权后，一直把教育改革作为优先关注的重要任务，借此着力改变国民思想。共和国能在法国深入人心，很大程度上也需归功于法国的教师群体，特别是遍布城乡的小学教师的努力。因为正如天主教会坚决保卫旧制度，教士们也几乎个个充当了共和国的敌人，世俗小学在费里实施教育改革后，已成了共和国的"幼儿园"和反教会的学校，而小学教师近乎无一例外地成了共和主义信仰的传授者。其时，这些小学教师非但以令人感动的爱心使市镇小学的孩子们热爱共和国，同时他们中不少人还兼任市镇政府秘书，于是还可担负起政治宣传员的职责，卓有成效地对自己身边的成年人施以道德和政治影响。也正因为教师在第三共和国时的法国社会具有引人瞩目影响力，加之此期政坛身居高位者中教师出身的政治家层出不穷，遂使第三共和国常被人称为"教师的共和国"。其中，长期担任里昂市长并在20世纪20年代中期出任过政府总理的爱德华·赫里欧，不仅堪称教师出身的政治家的代表，还为里昂中法大学的开办提供支持，该学校在20世纪中法文化交流史上占有重要地位。

既然说到"美好年代"，大家还不妨关注一下行将迈入20世纪时在巴黎举办的以"世纪回顾"也就是"回顾整个19世纪"为主题的1900年世界博览会，这一盛会为法国的"美好年代"开了个好头。这次规模空前的博览会不仅成功地展示了以欧洲为中心的近现代西方文明的欣欣向荣，同时还通过对属于欧洲国家的殖民地异国风情浓墨重彩的渲染，再次向地球上各个角落的人们高调传达了一个信息：这个世界仍由欧洲在主宰。完全可以想象，当时在博览会场馆流连忘返的人们，谁都不太会料到再过十多年，一场规模大、时间久且惨烈无比的大战就会在欧洲爆发。

里昂中法大学校门

第一次世界大战很大程度上就是"欧洲的内战",使得欧洲陷入了近乎自我毁灭的灾难期。不过,在一些包括本人在内的具有"后见之明"者看来,一战的爆发实际上不该让欧洲人太感意外,原因很简单,一战前的欧洲虽然表面上歌舞升平,但暴力的种子,甚至是战争的根源实际上早已埋下。别的且不论,至少对法国来说,对德国展开复仇之战,收回阿尔萨斯和洛林,是它在普法战争结束以来期待已久的事情。

1914年6月28日发生的萨拉热窝事件,很快引发了人类历史上的第一次世界大战。它同时也导致了法德两国再度交手。史学研究者常常把一战说成是人类历史上第一场总体战争。这里的"总体"两字实际上也可以翻译成"全面的"。因而,各交战国的战争努力绝不可能仅仅局限于征召本国年轻男子上前线打仗。为了能够打败对手,还必须要动用全民的力量。与此同时,还必须要竭尽全力地去开发本国的所有资源。这些资源当中,经济、军事方面的资源固然很重要,但另一类资源,亦即思想文化资源也同样不可忽视。

我们以后会说到,二战爆发之际,法国公众普遍斗志不高,大多根本不想打仗。然而,与这种令人沮丧的局面形成鲜明对照的是,在一战战火点燃之后,法国举国上下可谓立即被一片同仇敌忾的狂热所笼罩。公众舆论几乎一边倒地对政府的宣战表示欢迎,社会各界的爱国情绪像火山一般地迸发。这一切意味着法国在这方面有着得天独厚的资源。那么,法国又是如何做到这一点的呢?我想至少有以下两点原因。

其一是"复仇意识"的广泛传播。普法战争结束以来,这一"复仇意识"在众多为战败而痛心疾首的法国人当中得以广泛传播。而在它广泛传播过程中,莫里斯·巴雷斯、保罗·戴鲁莱德等当时风头甚健的作家、诗人的鼓动宣传所起的作用极大。特别是戴鲁莱德,还以爱国主义诗人面貌积极投身当时的国内政治运动,创建了"爱国者同盟"组织,由此,戴鲁莱德竟然成了第三共和国前期在法国最有号召力的诗人之一。戴鲁莱德当年影响力最大的作品当推《士兵之歌》。在这首近乎家喻户晓的诗歌当中,他耸人听闻地提出:"复仇是战败者的法则",此语一出,顿时在广大法国人当中激起强烈共鸣。戴鲁莱德甚至还公然宣称,法国为了收复失地与解救同胞,进行一场新的战争势所难免。

其二是儒勒·费里推行的教育改革的成效。费里在第三共和国早期推行的教育改革,不仅使法国的小学教育成为世俗的、免费的、义务的,同时还成功地把爱国主义情感的培养融入了法国的国民教育体系之中。在这一过程中,欧内斯特·拉维斯等历史学家和广大小学教师功不可没。尤其是作为第三共和国时期法国史坛巨擘的拉维斯,当时亲自撰写了《一年级法国史》《二年级法国史》和《一年级公民教育》之类小学课本。而在这些课本里,往往不时会出现这样的句子:"战争虽然不是多半要发生的,但却

历史学家拉维斯

是可能的。正因为这样,法国必须保持武装,时刻准备自卫。……保卫法兰西,就是保卫我们生于斯的土地,这是世界上最美丽富饶的土地。……保卫法兰西,我们就是为一切国家的人民而工作,因为法兰西自大革命以来,已经在世界上传播了正义和人道的思想。法兰西是最公正、最自由、最人道的祖国。"可以想见,用这种教材在法国的学校教出来的一批又一批学生,在精神上实际早已作好了投入反德战争的准备。

对包括法国在内的相关国家来说,这场前所未有的大战可分为三大阶段。

第一个阶段的特点是以进攻战为主。开战之初,法军最早执行的是由总司令约瑟夫·霞飞制定的计划,这一计划强调的就是不惜一切代价进攻。这位法军总司令的名字,估计上点年纪的上海人都听说过,因为上海现今著名的淮海路,早年属于法租界的路段一度就叫霞飞路,也就是说,当时是以这位法国名将的姓氏来命名的。

战争初期,在进攻的神话推动下,法军在东部也先后攻占了一些普法战争后割让给德国的地方。没想到,德军很快就展开反攻,甚至使巴黎直接受到了威胁。因而,就连政府也为安全起见急忙迁往波尔多。1914年9月,双方展开了空前激烈的马恩河会战。一些历史学家把法英在这次战役中来之不易的胜利称为"马恩河的奇迹"。可以说,正是这一"奇迹"不仅使法国没有重蹈色当惨败的覆辙,使首都巴黎从近乎绝望的困境中摆脱出来,而且,它还宣告了德军快速决战意图的破产,迫使德军陷入长期两线作战的困境。

霞飞

第二阶段大致在 1915—1916 年。马恩河会战后不久,西线转入了对峙局面,战争的特点是初期盛行的进攻战或运动战日益被阵地战所取代。而在这一过程中,凡是主动发起进攻的一方,都会比防守的那一方付出惨重得多的代价,更有甚者,往往在付出昂贵代价之后,其所得却还非常有限。这一点不可小看,因为它对两次大战之间法国的国防战略产生了很大影响,导致法国后来不惜血本修筑了那条著名的"马其诺防线"。

第三阶段始自 1917 年。开始时,法国进入了它在一战中最困难的时期。当时,无论是在前线还是后方,各种各样的危机此起彼伏。在这种情况下,为保证把战争进行到底,就必须要有强人出来执掌强有力的政权。也正是在这一背景下,当时的总统普恩加莱终于放下私人恩怨,毅然授命与自己一向不和的乔治·克雷孟梭组阁。

这位克雷孟梭有个绰号叫"老虎",向来专横跋扈。不过,在战争进入艰难阶段的非常时期,这种个性的人或许反而更容易被国人寄予厚望。而临危受命的克雷孟梭也还真没有辜负国人的期待。尽管他当时已76岁高龄,但在众议院发表的政府声明,每一句都如此掷地有声:"我的口号是到处进行战争……而且一定要把它进行到我们取得最后胜利的时刻。"

"十月革命"的爆发和苏俄退出战争,一下子让法国在战场上不得不承受更大的压力,因为德军由此可以将大量兵力从东线调往西线。就在这千钧一发之时,美国的参战得以在很大程度上甚至是绰绰有余地抵消了俄国退出战争的影响。此次赴法作战的美军是由大名鼎鼎的潘兴将军统帅的,而且当时的美军还流行着这样一句口号:"拉法耶特,我们来了!"它不仅颇为应景,还极为形象生动。如果各位对拉法耶特,也就是那位被誉为"两个世界的英雄"的法国人当年如何在新大陆帮美国人抗击英国人有所知晓,自然会对这一口号会心一笑。也正由于美军在1917年的参战至关重要,2017年法国国庆时,刚上任不久的马克龙总统还特意邀请时任美国总统特朗普前来巴黎出席相关活动,纪念美军赴法参战100周年。

虽然美军参战对法国取得胜利至关重要,但我们也要看到,法军一些将领同样功不可没。例如，虽然人们对霞飞在一战时期的指挥是否得当一直存在争议，但他至少在一点上的表现是值得称道的，这就是始终意志坚定、临危不乱。就此而言，霞飞比普法战争和二战初期的一些法军统帅显然要强多了。此外，时任巴黎卫戍区司令的约瑟夫·西蒙·加利埃尼将军也很了不起，他以自己的出色表现而被人誉为"巴黎的拯救者"。即便在今天的巴黎，人们仍然可看到用他的名字来命名的地铁站或是他的青铜塑像。不过，2020年以来，不少与奴隶制、殖民主义、种族主义相关的历史人物雕像在美国、英国等国家分别遭到破坏甚至被完全推翻。随着"哥伦布们"在这些国家纷纷倒下，这种风向及其举动也随即出现于法国。国民议会所在地波旁宫前的柯尔柏雕像很快也受到严重影响甚至破坏。加利埃尼立于巴黎市中心的这座青铜雕像，也因他参与过殖民镇压活动而被一些抗议者们盯上。抗议者们扬言，将要对这座青铜雕像下手。为此，马克龙总统不得不及时出来制止，在6月14日向国人发表电视讲话时宣称："我们共和国不会从历史上抹去任何名字，它不会忘记任何艺术品，也不会拆除雕像。"

1918年5月，在刚获得协约国军队最高指挥权的福煦将军的指挥下，法英联军成功地阻止住了德军的进攻势头。同年9月，也是在福煦的指挥下，协约国军队开始总反攻，德军不久就呈现全线崩溃之势。由于原先站在同盟国一边的保加利亚等国纷纷退出战争，奥匈帝国又宣布无条件投降，再加上自己国内爆发了

安放于巴黎市中心的加利埃尼雕像

"十一月革命",德国在这一次世界大战中已难逃最终失败的厄运。这一切表明,法国作为当时欧洲大国中唯一的共和国,或者说法国的共和制度,已经成功地经受了世界大战的考验。同时也意味着,法国已经成功地报了普法战争失败之仇。当时为数不少的法国人把法国所属的协约国的最终胜利首先视为法国的胜利,自认为是法兰西民族的文明战胜了日耳曼人的野蛮,法兰西共和制的自由与民主战胜了德意志帝制的专横与邪恶。

那么,在一战结束之后,法国能够完全从一战的"地狱"中走出来吗?让我们在下一章细细道来。

第十八章
巴黎和会与"老虎总理"发威

1918年11月8日,在山穷水尽情况下只得求和认输的德国,派出代表团来到法国东北部的雷通德车站,登上福煦元帅的专列乞求停火。福煦元帅当场口授了停战条件,同时声明,如果在11月11日11时之前还没有收到德方就停战条件作出的答复,那就立马重新开战。11月11日清晨5时,德国如期作出答复,几乎全盘接受了法方提出的条件。当天上午11时,整个西线吹起了停战喇叭。与此同时,巴黎上空响起了礼炮声,表明第一次世界大战以协约国的最终胜利宣告结束。

时间过得很快,一战结束竟然已有一百多年了。2018年5月我在法国期间,就已经看到不少要好好纪念一战结束100周年的迹象。进入下半年后,纪念一战的活动在法国更是明显增多。其中还有个专门的组织机构也不时在媒体亮相,这就是"法国一战百年纪念委员会"。至于法国总统马克龙,继2017年法国国庆邀请特朗普前来巴黎参加纪念美军参战 100 周年后，在 2018 年又向普京等各国政要发出邀请，请他们参加在巴黎举行的一战结束 100 周年纪念活动。当然，作为中国人，在这些数目繁多的纪念活动中，最吸引本人的还是 2018 年 9 月下旬在巴黎市区著名的里昂火车站这一具有地标性质的地方竖起的一座华人雕像。这座华人雕像是用来纪念谁的呢？原来，是纪念一战期间成千上万的赴欧华工的。

经过 4 年多的艰苦奋战，法国终于赢得了胜利，很大程度上圆了报普法战争之仇的梦。当时法国朝野上下，普遍把法国视为最主要的战胜国。而在法国的当政者们看来，最终清算德国这一

巴黎市区里昂火车站广场上的一战华工雕像

宿敌以及独霸欧洲大陆的时刻已经到来。为了更好地实现自己的宏愿,自停战之日起,法国政府就积极开展外交活动,力争使和会能放在巴黎召开。他们的努力没有付诸东流。由于法方的一再强烈要求,和会的地点最终还是定在了巴黎。而实际上,一些主要大国领导人,特别是英国首相劳合·乔治压根儿就不想在巴黎召开和会。此人后来在提到克雷孟梭时特别恼怒地说道:"我根本不想在他那个该死的首都举办和会,我和美国的代表觉得,最好是选一个中立的地点,但是,这个老家伙(指克雷孟梭)总是一把鼻涕一把泪地表示抗议,我们只能让步。"

1919年1月18日,巴黎和会开幕。在此提醒各位注意一下1月18日这个日期。一般来说,就像到北京总会去故宫一样,到法国总会去一趟凡尔赛宫,而到了凡尔赛宫,则又肯定会去金碧辉煌、气派非凡的镜厅。学过世界近代史的人都知道,1871年的1月18日,取得普法战争胜利的普鲁士国王威廉一世就是在这里加冕为皇帝,建立德意志帝国。也正因为如此,为了报复当年德国竟敢如此羞辱法国,"老虎总理"克雷孟梭在巴黎和会即将结束时,非把签约的地点定在凡尔赛宫的镜厅不可。

在经过一系列讨价还价之后,参加巴黎和会的协约国主要国家拟定了和约文本,由克雷孟梭作为代表把它交给德国外交部长。克雷孟梭这样做时,高声对德国外长喝道:"清算的时候到了!"他还正告德方代表,不得就和约内容进行任何口头陈述,只允许在15天内提出一份书面意见。德国方面在收到和约文本后,曾试

凡尔赛宫的镜厅

图作一些有利于本方的修改,但统统被协约国方断然拒绝。

巴黎和会结束时签订的和约,因为是在凡尔赛宫签订的,通常也叫《凡尔赛和约》。虽然这一和约并未使法国的所有要求得到满足,但应该说,其中不少条款还是很让法国人感到开心。例如,阿尔萨斯、洛林归还法国;煤炭资源极为丰富的萨尔地区被从德国分离出来,其行政权由国际联盟代管15年,期满后通过公民投票来决定究竟是归德国还是法国,但在这段时间里,萨尔地区的煤矿开采权归法国所有,作为对战争损失的部分赔偿;莱茵河左岸地区由协约国占领5—15年,右岸50公里地带宣布为非军事区;德国原有的一些殖民地,也将交由法国"托管"。至于法国人最看重的战争赔款,在由法国人担任主席的赔款委员会确定赔款总数之前，德国人得先交付一大笔钱，其中的一半归法国所有。行文至此，你自然就会明白，为什么法国众参两院会先后以绝对多数和一致同意批准了这一条约。

尤其要强调的是，法国还通过一战获得了自身在整个20世纪所能获得的最高国际地位。因为它不仅通过这场战争实现了对德复仇，而且还在战后的一段时间里，是欧洲大陆上的霸主，同时也属于世界上的一流强国。具体而言，至少直至20年代中期，欧洲大陆上尚没有任何其他国家能够向法国的霸权地位叫板。当时，法国的宿敌世仇德国还在吞咽着战败造成的种种苦果；曾因当权者的刚愎自用而在1914年率先把欧洲卷入战争旋涡的奥匈帝国已不复存在；而那些在奥匈帝国废墟上建立的一系列新独立的中小国家，非但不可能向法国霸权地位挑战，而且已经或正在被纳入以法国为盟主的同盟体系。在俄罗斯帝国废墟上出现的苏俄，虽在经受了内战和西方国家武装干涉的严峻考验之后站稳了脚跟，但仍在对它普遍采取敌视态度的欧洲陷入孤立。至于意大利，当时也绝无可能与法国一争高低，因为它不仅长期贫弱，还由于在战后初期深陷各种严重危机，整个国家几乎陷于瘫痪的状态。尽管不久墨索里尼的上台使情况发生了一些变化，但同样无法使意大利很快成为有实力向法国霸权叫板的国家。

更有甚者，此时的法国还显得足可凭借自己在政治、经济与军事诸方面的综合实力，傲视另两个一流的世界强国，即孤处于英伦三岛的英国与远在北美的美国。为什么这样说呢？虽然从表面上看，大英帝国的疆域更加扩大，因为它通过瓜分原德属殖民地和奥斯曼帝国的一些领土，增加了近260万平方公里的土地；但这一殖民帝国中一些自治领的离心力在日益加强，而印度等殖民地争取民族独立的斗争更是如火如荼。如果说英国作为世界第一经济大国的地位在战前就已被美国取代的话，那么它所具有的金融优势也因大战受到严重削弱，伦敦已不再是世界唯一的金融中心；此外，它还被迫放弃了传统的"双强标准"，并由此丧失了海上霸主的地位。虽然它仍然保持着一支极为庞大的海军，但它的陆军却也已经如同美国那样，在一战结束之后被最大限度地压缩。至于美国，虽然它继续保持着世界第一经济大国的地位，并利用战争之机大大地扩展了在其他方面的影响，但它在争霸斗争中最具关键作用的军事实力方面，却因种种因素的制约还暂时无法与法国同日而语。

　　法国在这一时期的强大，不仅表现在它能够独霸欧洲大陆，同时体现在它还拥有一个更加庞大的殖民帝国上。战后，法国通过国际联盟的"托管"或"委任统治"从德国和土耳其手中获得了不少新的地盘，从而使其殖民帝国的疆域明显扩大，人口显著增多。当时，这一殖民帝国在非洲、近东和亚洲的领土已扩展到1200余万平方公里，拥有一亿人口（比它本土的人口多出一倍以上）。一战后，庞大的殖民帝国对法国本土显得越来越重要。法属殖民地不仅提供了法国在一战期间迫切需要的许多原料，还提供了极为丰富的兵员。20世纪20年代中期，殖民地既使法国更有底气去充当世界强国,它们在经济上也具有不容低估的价值。

还值得一提的是,法国的文化优势也明显地有助于它彰显大国形象。早在19世纪、20世纪之交,巴黎就已成为世界文化之都。不仅当时震动世界的文化艺术事件大都与巴黎有关,而且巴黎特有的那种将轻佻和活力神奇地融为一体的文化氛围,以不可抗拒的诱惑力吸引着世界各地自命不凡的艺术家们。大战前就定居于巴黎的毕加索就是一个突出例子。2018年5月我在巴黎时特意又到毕加索博物馆参观,恰逢该馆举办以毕加索的名画《格尔尼卡》为主题的特展,在参观时所看到的一切,无不让我深感这位曾加入过法共的西班牙人实际上早已完全融入了法国人的圈子。就感受巴黎在一战前就具有的超高国际化程度来说,我最喜欢光

举办《格尔尼卡》特展时的毕加索博物馆

诺贝尔签署设奖遗嘱的场所

顾的地方则是里沃利大街上的巴黎瑞典挪威人俱乐部,因为这儿就是阿尔弗雷德·诺贝尔在逝世前一年(1895年)在距协和广场不远处的场所签署设立诺贝尔奖之遗嘱的所在。

　　换句话讲,如果说由于大战爆发,巴黎作为世界文化之都的那种文化氛围一度大受影响。那么在大战结束之后,巴黎无疑再度作为世界的文化之都而繁荣兴盛起来,学生、教师、作家、画家、雕塑家、设计家,还有成千上万的旅游者,从世界四面八方蜂拥而来,领略它那优雅的风姿,感受它那温馨的气氛。有不少为此而流连忘返的外国人,海明威甚至千方百计地延长自己在这

巴黎莎士比亚书店复原的海明威等人当年光顾时的场景

座城市的逗留时间。海明威不仅情不自禁地将"流动的盛宴"作为记载自己巴黎时光的作品的书名,还把那种生活喻为"幸福的放逐"。行文至此,我不由得想到因前两年被周杰伦选为《伟大的作品》MV取景地之一而被众多国人知晓的那家蒙帕纳斯的圆顶咖啡馆(La Rotonde),两次大战之间各国年轻而富有才华的艺术家或作家们着魔般来到属于左岸的此地,纵情感受自由欢快甚至是自由叛逆的氛围。同时,我还会想到蓬皮杜中心旁的斯特拉文斯基广场,这个既醒目又宜人的场地的存在,时刻提醒过往行人,两次大战之间,那位创作过《春之祭》等享有盛誉作品的俄罗斯音乐家就长期生活于巴黎。

最后要强调一点,法国这一时期独霸欧陆、称雄世界,是与法国社会经济在战后的迅速恢复与发展密不可分的。事实上,法国在这一时期的重建与恢复不乏可圈可点的地方。例如,虽然法国的经济尤其是工业在一战中受到严重影响与破坏,但法国的工业生产总量在1924年(亦即战后第5年)就已超过战前水平,而且直到20世纪30年代初一直呈现出极其强劲的发展势头,法国在这一时期的发展速度甚至超过了同期的英国与德国,仅低于美国。法国的社会经济,尤其是工业之所以能在这一时期发展势头强劲绝非偶然,主要有这样一些原因:首先是具有一个比较有利的国内外政治、经济环境;其次是战后重建的强劲拉动;再次是

蓬皮杜中心旁的斯特拉文斯基广场

第十八章 巴黎和会与"老虎总理"发威

工业化深入发展的结果；还有就是国家运用财政手段进行积极干预。除上述原因之外，阿尔萨斯、洛林的回归以及法国从战败的德国那里获得的巨额赔款，也是极大促进法国工业经济发展的有利因素。

这一切，都让这一时期的众多法国人对未来充满新的期待。即便在1929年世界性经济大危机爆发之初，不少法国人仍然自我感觉良好。因为在这场危机爆发的初期，当美、德、英等国在危机旋涡中苦苦挣扎的时候，法国不但仍能置身事外，而且使1929年、1930年成为两次大战之间的"繁荣时期"的最好年份。于是，法国朝野一度极为乐观，当时的政府总理安德烈·塔迪厄干脆还在议院大胆地提出了为期5年、耗资巨大的"繁荣计划"。更有法国人在报刊上得意扬扬地宣称："我们国家的相对平衡证明，法国的方式虽然是折中的，但始终是审慎的，它是最佳良策，是民族智慧的反映。"可以说，类似的乐观情绪在广大平民百姓中也普遍存在，他们甚至一度深信，"法国是危机的世界中的繁荣之岛"。

那么，法国果真是"危机的世界中的繁荣之岛"吗？答案显然是否定的。接下来让我们把目光聚焦于法国是什么时候，又是如何卷入了这场经济大危机的旋涡，以及当时的法国人采取了哪些应对之策。

第十九章
带薪休假：何以在法国成为可能

每当我在下半年到法国访学时，都会尽量让自己的行期能包括 9 月份的第三个周末。因为在这个周末，法国人将迎来一年一

国民议会所在地波旁宫

"欧洲文化遗产日"对公众开放的总统办公场所

马提尼翁宫的仪仗队官兵

度的"欧洲文化遗产日"。届时,那些平时要购票参观的著名博物馆、美术馆统统会免费开放,更重要的是许多平时即便愿意掏钱也无从买票进去的特定场所,如总统府爱丽舍宫、法兰西学院分别作为国民议会和参议院所在地的波旁宫和卢森堡宫、法兰西学院,以及不少政府部门所在的办公大楼,也同样会向民众敞开大门。

2008年,本人就是利用"欧洲文化遗产日"的机会,尽兴地参观了不少平时只能在外面看看的场所,其中还包括向往已久的法国总理府马提尼翁宫。在法国劳资关系史上占有突出地位的《马提尼翁协议》,这一著名协议就是在巴黎七区离罗丹博物馆不远处的法国总理府里签订的。

《马提尼翁协议》到底有何重要?它是勃鲁姆人民阵线政府在危机年代给法国开出的一剂救世良药,它的影响一直延续到后世。前言已述,法国人原本对自己在危机出现的世界里"独善其身"充满期待,但是亦没能摆脱经济大危机的影响,而恰恰此时,具有法西斯主义色彩的右翼集团又在法国制造骚乱,试图夺权。那么,在两次大战之间一度颇为乐观的法国人,面对经济危机的蔓延和法西斯分子的骚乱共同造成的混乱时局,究竟该如何来应对呢?为此,实有必要先解答上一章留下的这样两个问题:法国在战后独霸欧陆、称雄世界的同时是否存在"软肋"?1929年爆发的世界性经济大危机对法国的影响究竟如何?

如同上一章提及的那样,大战结束之后,法国一度显得空前强大，不仅成为欧陆霸主，而且还显得可以凭借自己的综合实力傲视另两个一流世界强国，即英国与美国。然而，正如一些有识之士已敏锐觉察到的那样，在这些或真实或虚幻的辉煌背后，实际上存在着令人担忧的"另一面"。换句话讲，许多将导致法国很快走向衰落的隐患或因素，在这一时期就已程度不等地存在。例如，法国东部边界的安全仍未得到切实保障，法国时不时受到英美两国的联合排挤，因为它们都不愿看到法国过于嚣张。而第三共和国政治体制上的弊端，使得党派纷争愈演愈烈，导致内阁走马灯似的更换。

至于那场经济大危机对法国的影响，人们或许应当看到，和其他主要资本主义国家在20世纪的兴衰历程一样，这场危机对于法国来说也是一个不容低估的节点，甚至还是一个至关重要的转折点。简单地讲，虽然法国受这次大危机的影响要晚于其他国家，但它最终也同样难逃厄运。而且，法国经济结构中那些导致法国较迟卷入此次经济危机旋涡的因素，同样也不利于它更早地从危机中摆脱出来。于是，法国在这次经济大危机中就呈现出了这样的特点：爆发时间晚，持续时间长。

这场经济大危机必然也猛烈冲击法国社会，甚至产生严重的社会政治后果。其中最主要的社会政治后果大致表现在以下三个方面：

第一，危机导致民众经济状况严重恶化和生活水平普遍降低，人们的不满情绪日益增强。第二，一些垄断集团在危机中通过低价收买等手段，兼并破产或濒于破产的中小企业，从而加强了自己的实力和地位。而随着它们经济势力的进一步增强，垄断巨头对法国政治和社会生活的影响也越来越大，他们企图在法国建立"强力政权"来更好地为他们的利益服务。第三，持续的经济危机激化了法国的社会矛盾，使政治斗争更趋激烈。由于政局动荡不安，此期的内阁更迭极度频繁，势必对政策的延续性以及实施力度等等，产生消极影响。

当法国在前所未有的经济危机以及由此引发的社会、政治危机冲击下，动荡不安、困难重重之际，一些法国人自然而然就会提出这样一个问题：法国该向何处去？

对于这一问题，法国右翼势力中的一些极端分子作出了自己的回答，这就是乞灵于法西斯主义或极权体制。于是，在法西斯主义文人鼓动下，再加上有同样想法的一些工商业、金融业人士掏钱资助，具有法西斯主义色彩的右翼集团在法国纷纷冒了出来，并猖狂地挑起了一场又一场的骚动。其中最引人瞩目的一次就是发生在1934年的"二六"事件。

所谓的"二六"事件也叫"二六"骚乱，是当时的右翼集团利用民众对危机后果的不满，特别是利用了一连串财政与政治丑闻，策划、制造出来的矛头直指议会民主制度的骚乱事件。具体说来，就是在1934年的2月6日，各右翼集团的追随者先是在波旁宫附近的协和广场等地方分头集合，然后向众议院所在地波旁宫发起猛烈冲击，由此造成大批人员伤亡，进而迫使一个合法政

1934年"二六"事件

府下台。

这场骚乱引发的后果相当严重。其最直接的后果就是加速了法国社会向左右两极分化。具体地讲，法国右翼势力力图趁议会民主制出现严重危机的关头，用具有若干法西斯色彩的极右政权取而代之。而各左翼党派及其支持者也不甘示弱，他们在对这场骚乱深感震惊的同时，决心给予迎头痛击。

正是反对法西斯主义威胁的共同目的，成为法国声势浩大的人民阵线运动形成的直接动因。法国人民阵线正式成立于1935年7月，成立之后不仅发展迅猛，还在翌年春天的议会选举中以明显优势取得胜利，也正因为如此，作为人民阵线中势力最大的左翼政党——社会党的领袖，勃鲁姆得以出任人民阵线政府总理。

勃鲁姆 1872 年出生于巴黎一个富裕的犹太人资产阶级家庭。和其同时代的许多知识分子一样，他早年也是因为德雷福斯事件开始积极介入社会政治，并从一位活跃在巴黎文坛的文学青年逐渐成长为法国社会主义运动著名领袖让·饶勒斯的接班人。作为法国历史上首位社会党人总理，勃鲁姆此次上台之后的当务之急显然就是尽快平息第三共和国史上规模最大的罢工运动。众所周知，法国是个以罢工著称的国度。勃鲁姆上台之际，一场规模在第三共和国历史上首屈一指的罢工运动正席卷法国。这次罢工运动开始于 5 月中旬，非但规模很大，新鲜花样也不时可见，其中最引人瞩目的就是罢工工人普遍采用了"占厂罢工"这一新的方式。由此，出现许多这样的场面：占领工厂的罢工工人就像过节

1936 年 6 月建立的勃鲁姆人民阵线政府成员

似的在车间里聚餐、跳舞。

虽然罢工者在5月罢工浪潮中就像在欢度"快乐的节日",但罢工引发的混乱状态若任其发展,势必不利于人民阵线政府贯彻实施人民阵线纲领。同时,也会给法西斯分子以可乘之机。因此,勃鲁姆上台后,自然得尽快平息罢工浪潮。正是由于勃鲁姆政府在劳资双方中间做了大量调解工作,使得分别代表劳资双方的法国总工会和法国雇主协会的代表得以不久就在马提尼翁宫签订了一项协议,这就是著名的《马提尼翁协议》。《马提尼翁协议》的主要内容包括订立集体合同,承认工人加入工会的权利,提高工人的工资。随后,勃鲁姆政府还推动议会通过了集体合同法案,以便给《马提尼翁协议》中达成的条款提供法律保证。关于这方面情况,若想更多了解不妨看一下本人和乐启良教授合撰的论文《法国集体谈判模式的确立及其历史意义——1936年大罢工与马提尼翁协议探析》。

自1936年夏季,勃鲁姆政府还进行了一系列引人瞩目的社会改革。其中,当局特意提出要兴建一批大型公共工程,并且还强调道,这些公共工程的兴建不仅可以吸收大量劳力,它同时还具有政治上的象征意义。很多去过巴黎的人都知道,夏约宫是拍摄埃菲尔铁塔的最佳地点之一,而这座正对铁塔的极为气派的建筑,实际上就是当年为举办1937年世博会而兴建的。值得一提的是,勃鲁姆当时就宣称,像法国这样实行民主体制的国家,应该通过筹办好世博会,与在1936年主办夏季奥运会的纳粹德国一比高低。

　　人们常将勃鲁姆推出的这些改革与美国的"罗斯福新政"相提并论，进而把它称为"勃鲁姆试验"。那么，"勃鲁姆试验"给人印象至深的地方又是什么呢？本人以为，应该是勃鲁姆力图提高民众社会福利待遇，改善劳动者的条件。正是出于这种考虑，勃鲁姆政府向议会提交了关于带薪休假的法案，规定工人或职员在企业中连续任职一年后，每年有权享受15天带薪休假。需要指出的是，这一提高民众社会福利待遇的举措，在当时同样具有和纳粹德国比较民主制度和极权体制孰优孰劣的政治意蕴。勃鲁姆在这方面委以重任的一位得力助手、负责娱乐和体育运动事务的副国务秘书拉格朗热当时公然宣称道：希特勒在办好娱乐、体

2019年法国国庆节聚集在夏约宫前等待观看烟花表演的民众

育活动之类事情上聪明得很。一个民主政府没有任何理由不把同样的事情做好。拉格朗热还扬言，民主社会在给其人民提供娱乐方面，绝不会输给法西斯社会。在勃鲁姆政府努力下，该法案很快就在议会获得通过。于是，在当年夏天的骄阳下，人们看到这样一幅图景：在全法各地的公路和铁路上，成千上万的工人、职员平生第一次乘坐着汽车、火车或骑着自行车，涌向海滨避暑胜地休假。昔日梦寐难求的奢望而今成了现实，喜悦之情可想而知。当时，有位老工人甚至充满感激之情地写信给勃鲁姆说，"因为您，我看见了大海"。

"40小时工作周"是"勃鲁姆试验"中为改善劳动者境况而推出的另一项重要法案。经过勃鲁姆政府努力，该法案同样在议会获得通过。它的通过使工人们在很大程度上实现了长期来所要求的缩减工作时间、降低劳动强度的目标。毋庸讳言，不少法国人时下之所以能广泛享受35小时工作周，首先得归因于当年确立的"40小时工作周"。

勃鲁姆政府的社会经济政策，尤其是大规模的社会改革一度得到了普通民众广泛欢迎，而且也取得若干成效，但是，随着形势发展，各种棘手问题也接踵而来，特别是原先就困难重重的财政问题，更因法国的有钱人们出于对左翼政府的不信任大搞资本外逃或资本囤积而雪上加霜。总之，由于对西班牙内战的"不干涉政策"严重地影响了勃鲁姆政府的声望，加之法国财政状况的日趋恶化，迫使勃鲁姆政府先是在1937年2月13日的广播讲话中宣布"暂停"改革，继而勃鲁姆又在 6 月 21 日提出辞职。那么，对于"勃鲁姆试验"，究竟该如何来进行评价？我个人以为，尽管就短时段来看，"勃鲁姆试验"无疑是以失败而告终的，但如果我们把审视目光放得更远一点，似乎又可得出不一样的看法。事实上，"勃鲁姆试验"在以喜欢度假且把度假之事看得很重著称的当代法国人的集体记忆中，不仅始终留有美好的印象，而且还为 20 世纪 80 年代初当选为第五共和国总统的密特朗领导的社会党政府的改革树立了榜样。

在勃鲁姆挂冠而去之后，几经波折，终于再由爱德华·达拉第出任政府总理。达拉第上任后，捷克斯洛伐克危机使作为其盟国的法国面临着极为严峻的考验。在危机之初，达拉第出于法国切身利益的考虑和法捷互助条约的约束，曾有过履约援捷的打算，而且也确实对纳粹德国有过一些强硬表示。然而，在国内外绥靖势力的施压下，达拉第最终还是在《慕尼黑协定》签订过程中扮演了颇不光彩的角色。这一切，无疑为法国在二战中的溃败埋下了伏笔。

第二十章
对德外交转向与悲剧前奏

上一章收尾处我们提到法国总理达拉第迫于国内外的压力，在绥靖主义道路上越滑越远，并在《慕尼黑协定》签订过程中扮演了不光彩的角色。在早年出版的很多书里，人们在提到这一点时往往还会说上这么一句：达拉第因此而"被永远地钉在了历史的耻辱柱上"。在二战结束已近80年时回过头看，这样说当然也没错，不过，各位或许还不知道的是，像英国的张伯伦一样，达拉第在签订好《慕尼黑协定》回到本国时，曾像个凯旋的英雄一样受到国人夹道欢迎。当时在巴黎，竟然有50万人聚集在从机场到总理府的大道上迎接达拉第回国。与此同时，大多数法国报刊都在对达拉第此举大唱赞歌，赞扬他和张伯伦一起拯救了和平。说到这里，各位自然会很好奇，这一颇出乎现在人们想象的现象是如何产生的？为了说清这一点，似乎至少得先探讨一下以下两方面的问题：首先，一战给法国带来了哪些灾难，以及战争创伤对法国人在心理上产生了哪些巨大影响？其次，和平主义何以在两次世界大战之间盛行于法国等国家？

一战作为人类历史上的第一次总体战争，给包括法国在内的欧洲国家带来的灾难是空前的。英国著名的企鹅兰登集团出版的"企鹅欧洲史系列"图书的作者之一，英国史学家伊恩·克肖说，欧洲国家在一战时期的经历，就好像是"到地狱走了一趟"。诚然，在大战结束之时，法国人有足够多的理由为一战的胜利感到自豪。然而，这种自豪感实际上却不足以掩盖这样一个事实：法国虽然是这场战争的胜利者，但它不仅已经精疲力竭，而且更是遍体鳞伤。这场持续了4年多的战争给法国造成的人力、物力损失是触目惊心的：法国在战争中死亡或失踪的军人，高达140万人，有大约300万人受伤，其中不少人因此而终身残疾。因而，在战后初期，在巴黎等一些城市的街头角落，经常可以看到缺胳膊少腿、穿着破旧军服的复员军人在乞讨。由于敌机的狂轰滥炸等战争因素，平民的死亡率大幅上升，原本就劳动力不足的法国在劳动力问题上雪上加霜。

此外，由于很多重大战役都是在法国国土上进行的，法国因此遭受的损失自然也是其他交战国所无法比的。例如，在工业发达的法国北部，由于双方交战和德军的蓄意破坏，很多企业已变成一片废墟，法国的工业由此蒙受沉重打击。与此同时，因大量的桥梁、铁路、运河毁于战火，法国的交通运输也严重受损。除了上述一目了然的战争创伤之外，战争创伤对法国人造成的心理

拉丁区医学院街墙上的纪念碑（碑上文字说明一战中有 1800 名法国医生为国捐躯） 巴黎圣母院旁主宫医院内悼念一战中牺牲的巴黎医务人员的纪念碑

影响同样不容低估。

唯其如此，20 世纪 30 年代，当国际局势日益紧张、新的战争危险日益临近的时候，和平主义思潮在法国等西方民主国家迅速蔓延开来，形成了一股强大的潮流。追求和平的愿望与行动本身无可非议，但问题在于，这一时期盛行于这些国家的和平主义思潮却与孤立主义或恐战症结合在一起，难免会具有消极性质。而且，现在回过头来看，这些消极性质还将带来极为严重的后果。

那么，此期盛行于法国等国的这种和平主义又具有哪些特点呢？我觉得，最大的特点就是不愿为在总体上维护和平而承担任何风险，却在不惜代价避免战争上大做文章。而这一特点的形成和放大,又必然会导致的结果即涣散民族的斗志,同时使法国民众对于外部威胁的存在和发展反应迟钝,乃至麻木不仁。

在这方面,在两次大战之间名气很大的法国哲学家阿兰就是一个突出例子。阿兰原名埃米尔－奥古斯特·夏蒂埃,阿兰是他的笔名。此人在一战爆发时虽然已经46岁,仍勇敢地奔赴前线保家卫国。不过,也正是这段前线的艰苦经历,让他切身感受到战争的残酷。1913年经他指导从巴黎最好的中学之一亨利四世中学考入法国最难考的名校巴黎高师的54名学生,也就是那些"学霸中的学霸",竟然有28人在一战中牺牲,这让他很受不了,从而更对一切战争深恶痛绝。因此,在两次大战之间,阿兰始终致力于各种和平主义运动,还曾与其他文化名人一起写信给达拉第总理,敦促达拉第接受邀请,去慕尼黑商讨如何化解捷克斯洛伐克

亨利四世中学校门

危机。阿兰甚至建议说，在必要时可向希特勒作出某些让步。

总之，在当时的法国，在和平主义外表下掩盖着这样一个不争的事实，即法国公众对战争的恐惧已被推到了"集体怯懦"的程度。同时，它还隐含着这样一种想法，那就是只要战火不蔓延到六边形土地，德国如何在其他地方扩大其"生存空间"，法国犯不着去管它。

不过，话说回来，法国在战后的对德政策并非一开始就如此窝囊，而是经历了一个从最初的对德强硬到后来的对德绥靖的转变过程的。

如同德国在普法战争后深知法国肯定会谋求复仇，法国在一战结束之后心里也很清楚，一旦时机成熟，德国注定会对法国展开复仇之战。因而，法国在仇德和惧德心理的驱使下，在战后力图以永久保证法国安全为借口，尽可能最大限度地削弱德国，想以此一劳永逸地消灭这个宿敌。战后初期，尽管英美两国从自身利益出发，大力推行抑制法国、扶持德国的政策，使法国无法完全实现最大限度地削弱德国这一对手的战略目标。但应当说，就总体而言，法国还是凭借自己强大的综合国力，在很大程度上掌握着协约国对德政策的主导权。例如，协约国在巴黎和会上设立的赔款委员会的主席就是由法国人来担任的。

在这种随时防范德国的心理驱使下，法国在1923年伙同比利时出兵占领鲁尔。鲁尔是德国最重要的工业区，占领鲁尔的背后动力不言自明。但占领鲁尔同时对于一战后的法国外交来说也是一个重要的转折点。在德国工人的激烈反抗与罢工下,占领鲁尔不仅使法国在经济上得不偿失,同时在道义和外交上更是满盘皆输。由此,在鲁尔危机过后,法国不仅未能保住原先在赔款问题上具有的实际领导地位,法国的战后外交也被迫由原来咄咄逼人的攻势开始转为处处被动的守势。

20世纪20年代中后期,在以"条约迷"著称的阿里斯蒂德·白里安掌管法国外交的时候,法国一度在对德关系方面奉行了和解政策。当时,白里安有句话流传很广:"贫困的法国,经受不起新的战争冒险。"出于这一考虑,白里安在1925年与其他几国代表一起签订了《洛迦诺公约》,白里安还因此与德国外长古斯塔夫·斯特莱斯曼一起在1926年获得了该年度的诺贝尔和平奖。然而,《洛迦诺公约》远不是当年一些人吹捧的那样,是"战争年代与和平年代的真正分界线"。它非但自身孕育着新的不稳定因素,而且还使法国的边境安全留下了很多隐患,其中最大的隐患就是法国从此之后不得不把自身边境的安全寄托在别的国家身上。

20世纪30年代对法国外交来说更是一个危机笼罩下的多事之秋。与20年代一样,此期法国外交基本上围绕着法德关系来展开。就整体来看,30年代前期法国所奉行的对德政策仍然以强硬为主,在30年代把对德强硬外交政策发展到极致的是名叫路易·巴尔都的外交部长。作为法国部长中屈指可数的读过《我的奋斗》德文版的人之一,巴尔都比较早就意识到纳粹德国的威胁,因而大声疾呼,要及早对纳粹德国采取有力措施。为了实现遏制德国的目标，年过古稀的他还风尘仆仆地遍访波兰、捷克斯洛伐克等国家，极力说服这些国家的领导人接受相关计划。但巴尔都的活动让纳粹德国感受到了严重威胁，结果被其列为暗杀对象。1934年6月，巴尔都遇刺身亡。而他的去世，标志着法国抗衡德国、称雄欧陆的外交时代画上了句号。

在巴尔都之后接任外长的是一个在后来的法国历史中声名狼藉的人物，名叫皮埃尔·赖伐尔。赖伐尔刚一上任，就着手转变法国对外政策的基调，变遏制德国为谋求法德妥协。如果说赖伐尔的"外交转向"是30年代法国走上绥靖道路的开始，那么，莱茵区的重新军事化，以及法国对此所作出的反应，则是一个使法国更趋被动的关键转折。

所谓的"莱茵区的重新军事化"，讲白了，就是在希特勒下令后，德军在1936年3月悍然进占莱茵河左岸的非军事区。这一

巴尔都遇刺

举动可不能小看，它意味着德国已在公开践踏或撕毁《凡尔赛和约》。记得我们在第十三章提到法国的"天然疆界"时说过，近代以来的法国人一直把莱茵问题视为关乎本国安全的大问题，因此，德国进军莱茵的举动势必让法国朝野深感震惊。内阁在第一时间连续开会，商讨对策。但其结果如何呢？结果竟然就是内阁作出如此决议：在国联未作出决定之前，法国不采取任何行动。政府之所以作出这样的决议，和军方在这一问题上的表态大有关系。当政府总理就这一事件征求军方最高领导人甘默林将军的意见时，甘默林显然把法军对此予以还击的前景描绘得极为悲观。

但实际情况又是如何呢？当时，德国不过才开始扩充军备，无论是人数还是装备都不如法国。法国无须英国援助，仅凭自己的军队就完全可以把德军赶出莱茵区。事实上，进入莱茵区的德军是奉有这样的命令的，如果法军采取行动就立即撤回。就连希特勒自己后来也说："进军莱茵区以后的48小时是他一生中神经最紧张的时刻。如果当时法国人也开进莱茵区，我们就只好夹着尾巴撤退。因为我们手中可资利用的那一点点军事力量，即使是用来稍作抵抗也是完全不够的。"遗憾的是，法国却依旧按兵不动。这意味着什么呢？法国实际上已向希特勒的冒险挑战认怂。

就外交政策来讲，在莱茵区重新军事化后，法国更是得跟在英国后面亦步亦趋，妥协和绥靖的色彩越来越浓。西班牙内战爆发时，法国采取的政策已经说明了这一点，而在慕尼黑会议期间，法国更是如此。让人大跌眼镜的是，达拉第在慕尼黑的宾馆里对下属谈及法国的对策时竟然会说出这样的话:"一切都取决于英国人。我们只能跟着他们走。"堂堂法国总理的这番言论表明了什么呢?说明了曾在欧洲大陆称霸的法国,这时已对独自抗衡德国信心全无,越来越甘于唯英国的马首是瞻。

从对德强硬到对德绥靖的外交转向,其后果显然极为严重,它甚至将引发法国再次败在德国手中的悲剧。后来的事实已充分表明,《慕尼黑协定》并没有带来张伯伦、达拉第之流所宣称的"千年和平"。正当西方民主国家的公众沉迷于和平幻觉,纳粹德国却再次点燃了新的战火。那么,在这场新的世界大战中,法国究竟为何会蒙受再度败于德国的耻辱呢?让我们接下来把目光投向法国如何从"奇怪的战争"走向"奇异的溃败"。

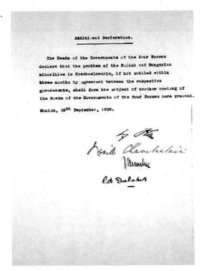

《慕尼黑协定》签名页,最下面的签名者为达拉第

奇异的溃败与战后辉煌时期

第二十一章
"奇异的溃败"令法兰西再次蒙羞

我们在前几讲中已经说过,一战让法国实现了对德复仇的愿望。具有象征意义的是,为报复普鲁士国王当年竟然在凡尔赛宫镜厅宣布建立德意志帝国,法国特意利用东道国的身份,先是把巴黎和会召开的日子定在1月18日(普鲁士国王加冕日),接着,又将对德和约的签订地点非放在镜厅不可。前面已经讲到,一战结束前夕,败局已定的德国代表灰溜溜地登上停在雷通德车站的福煦元帅专列向法国等国乞求停火。为了纪念这一场景,法国人特意在停放这辆专列的铁轨旁竖起了一块纪念牌,上面写道:"罪恶而骄横的德意志帝国,被它企图奴役的自由人民击败,于1918年11月11日在此认输投降。"显然,这是足以让法国人扬眉吐气的地方。但当时的法国人无论如何也想不到,20年后,这一地方竟会成为使他们再度蒙受国耻的伤心之地。因为当法国在二战中溃败,贝当政府被迫向德国请求停战议和时,德国人不仅蓄意把谈判地点选在这里，而且还在会谈开始时，宣读了一份宣言，宣言里写道，之所以选择此地，就是为了"用一种纠正错误的正义行动来永远消除法国历史上并不光彩的一页和德国人痛恨的历史上的最大耻辱"。

当时，希特勒为了目睹这一场景还专程来到这里，并且还在走下座车时得意地在车厢旁跳起了小步舞。看到这里，你难免会有所触动，同时还会很想知道，这一切究竟为何会发生。让我们先好好聊聊"奇怪的战争"，然后再一起探讨法国何以在二战中遭受"奇异的溃败"。

1939年9月1日，德国进攻波兰挑起了新的战争。法国作为波兰的盟国，在向德国提出和平解决冲突的要求遭到希特勒拒绝之后，被迫于9月3日向德国宣战。虽然是宣战了，但实际情况却是宣而不战。简单地讲，一直到1940年5月10日，法德边境没有出现过稍具规模的军事行动。当时的西方报刊在报道战况时，几乎天天只能以"西线无战事"之类的措辞来报道。于是，法国人就给这种奇特的战争场面取了个名字——"奇怪的战争"。

那么，"奇怪的战争"是如何会出现呢？它的出现绝非偶然。与一战爆发时法国全国上下斗志昂扬截然不同，二战初期的法国，士气低落到了令人沮丧的程度。而且，对于进行一次新的大战的必要性，朝野上下似乎也很少有人理解。"奇怪的战争"持续的时间不短，有大半年的时间。这一局面的出现，一度让不少法国人感到，只要德国人不进攻，似乎就可以不用打仗了，"和平"好像

马其诺防线堡垒

随时都有可能实现。而且,即便真的要打,那法国也完全可凭借此前不惜血本修筑的坚不可摧的"马其诺防线"或其他地方的天险,妥妥地挡住对手的进攻。

于是,人们在宣战后的法国可以看到这样的场面:政府高官们照常在周末或节假日与家人外出度假;在宣战之际一度被关闭的戏院、音乐厅、电影院之类的场所很快又重新开放,巴黎热闹非凡的夜生活几乎依然如故,唯一使人扫兴的是,包括餐馆在内的公共场所,到晚上10钟必须熄灭灯火。当后方的人继续在享受生活乐趣之际,防守在马其诺防线后面的法国士兵们也因无事可做,一个个显得百无聊赖。为了安抚这些士兵,政府和军方还真是做足了功课,煞费苦心地在军营建立娱乐中心,派剧团去慰问演出，放映电影，安排军人轮流休假。更有甚者，还以总理的名义为这些部队分发了一万个足球。就这样，官兵们在前线通过跳舞、踢球、下棋、打牌等等，优哉游哉地打发着时光。

毫无疑问，"奇怪的战争"并不可能永久持续。果然，1940年5月10日，德军在西线发起了全面进攻，这不仅标志着"奇怪的战争"的结束，同时也意味着第三共和国大难临头。在德军的凌厉攻势下，法军节节败退。面对岌岌可危的形势，急于扭转战局的保罗·雷诺总理改组了内阁，同时断然推出了一项举措，这就是分别请两位一战老英雄出山力挽狂澜。这两位一战老英雄一位是贝当元帅，在一战中被誉为"凡尔登英雄"的他，将以84岁高龄出任副总理职务；另一位是魏刚将军，此人不仅一战期间做过福煦元帅的助手，还被人誉为法国参谋总部的"智多星"，时年73岁的他将取代的是甘默林，也就是说他将担任总司令一职。然而，让人没想到的是，两位临危受命的一战老英雄，此时此刻，却都好像换了个人一样，完全失去了当年的坚强与豪情。

几天后，以魏刚命名的新防线因德军的凌厉攻势变得支离破碎。与此同时，在德军的重压下，数十万法英联军不得不向海边撤退，最后被德军围困在敦刻尔克的狭窄区域。为避免坐以待毙的厄运，英国政府下令实施了著名的敦刻尔克大撤退。关于这方面的情况，各位如有兴趣，不妨去看一下近年上映的由著名导演克里斯托弗·诺兰执导的美国大片《敦刻尔克》。诚然，敦刻尔克大撤退的成功被一些西方史学家称之为"奇迹"。但这一"奇迹"

敦刻尔克大撤退

却丝毫无补于法国摆脱败局。在战局对法国越来越不利的情况下,法国政府内部主战派与主和派之间展开了惊心动魄的斗争。

与此同时,整个法国,特别是巴黎,早已陷入一片恐慌。电台每小时都在播出让人听了就泄气乃至绝望的消息,如政府撤离了巴黎,意大利已向法国宣战,等等。人们惊慌失措,草木皆兵。掉队的官兵们在溃退中一边抱怨政客们是卖国贼,一边寻找自己的部队。巴黎的奥尔良门等出口处,被不顾一切外逃的巴黎人挤得水泄不通。逃难的队伍沿途还经常遭到德军飞机的疯狂扫射,血肉横飞。更令人痛心疾首的是,在已经让逃难者惊恐不安的危难时刻,一些混在逃难队伍中的歹徒,竟然乘人之危对本国同胞进行抢劫,甚至为达到自己的卑鄙目的故意制造恐慌。

这场大逃难的恐慌浪潮给法国人造成了巨大的负面心理影响，同时它也打下了停战的精神基础。简单地讲，大逃难在不少法国民众当中促成了一种"自弃"的精神状态。正是这种精神状态，导致一些法国人几乎会带着宽慰的心情赞成停战，而在这之前，乞求停战显然是会让他们感到极为可耻。

在节节败退、人心惶惶的情况下，向来主战的保罗·雷诺总理被主张停战议和的贝当元帅所取代。贝当一上任，就在第二天中午向全国发表广播讲话，宣称"必须停止战斗"，并且很快就正式向德国请求停战议和。于是，就有了我们这一章开始时提到的场面：法德双方在停战协议上签字。这一场面意味着多年来称雄欧洲大陆并号称欧洲第一陆军强国的法国，在短短几十天里就惨败在了德国手里。

像法国这样至少看上去颇为强大的国家，为何竟然在1940年5、6月间发生溃败？实际上从溃败发生后，不少西方国家尤其是法国的史学家，以及当时的政治家、军事家们就纷纷从各自立场出发对此作出解释。因为各自立场不同，他们的结论难免是五花八门。不过，在本人看来，其中最值得我们关注的是法国年鉴学派两大创立者之一马克·布洛赫的解释。这位因参加抵抗运动而死在盖世太保手里的史学大师，在大战中曾就此写下《奇怪的战败》一书。此书中译本被中国人民大学出版社收入"当代世界学术名著"丛书出版，很值得一看。

关于法国此次溃败的原因，贝当在讲话中先是将它归因于法国

"奇异的溃败"后被迫逃难的法国民众

"年轻人太少,武器太少,盟友太少",然后,还责怪法国人普遍"索取多于贡献,昔日图安乐,今日遭不幸"。平心而论,贝当的这些说法还是有一定的道理和根据。例如,当战争开始之际,法国由于在一战期间出生率锐减而导致"兵荒",也就是说达到服役年龄、体格健壮的青年严重不足——根据统计,德国当时适合当兵的年轻人为法国的两倍;又比如说,当法国因形势危在旦夕向英、美求援时,这两个国家一个未能及时提供有力援助,另一个干脆置之不理。不过,在上述原因之外,法国溃败的原因还应当从以下几个方

面进行补充:

首先,消极地吸收一战的经验教训,过分强调乃至迷信阵地战。由于在一战中凡主动发起进攻的一方往往得付出极其惨重的代价,更由于法国在一战中的反败为胜与它在几次著名阵地战中的获胜密切相关,法军高层两次大战之间在制定军事战略时,始终极为强调防御,并把阵地战作为制胜的法宝。

事实上,法国耗费巨资修建的著名的"马其诺防线",就是这种军事战略思想的产物。在二战爆发后,无论是法国军方高层还是政府首脑,仍然继续信守、践行这一思想。在这种军事战略思想的指导下,"奇怪的战争"的场面自然就会毫不奇怪地出现,而正是这持续了半年多的"奇怪的战争",使法方坐失了有效遏制住德国扩张势头的最佳时机。

其次,军事方面的战略和装备都出现问题,战争期间法军不仅对德军主攻方向出现判断失误,兵力部署严重失当,而且武器装备也不合理。举个例子来说,虽然法国在坦克的拥有量上与德国旗鼓相当,但德国通过成批地集中使用坦克,亦即把坦克部队作为独立的作战单位而使其充分发挥了巨大的威力,而法国最高统帅部的高官们却仍把坦克部队化整为零地置于各所属的步兵部队,并只是配合步兵部队的作战。此举势必使坦克发挥的作用大打折扣。

以上两点也突出反映出法国的军队当时缺乏真正胜任的帅才。法国在一战中能反败为胜,与它曾先后拥有像霞飞、福煦这样指挥有方、意志坚强的军事统帅有极大的关系。但是,曾在一战中分别为他们担任助手,在二战中先后被委以统帅重任的甘默林、魏刚却与他们当年的上司不可同日而语。

进一步来说,法国也缺少既有非凡能力、更有坚强意志的政治领袖,政府内部分歧严重,而且最终让投降派占了上风。最后,也是我们这几讲反复在提及的是,平民百姓与广大官兵原先就普遍存在畏战、厌战情绪,而战争初期的失利、大逃亡中的艰辛,以及对政府高官种种行径的失望与愤怒,则更使畏战、厌战情绪在法国人当中迅速蔓延。凡此种种,都在促使贝当等人迅速地把法国推上停战求和的道路。

停战协议签订之后,法国被分为"占领区"和"自由区",后者名义上由贝当政府统治。由于贝当政权后来迁移到了维希,所以由它统治的法国也叫"维希法国"。维希政权后来的表现说明,它只能是对纳粹德国俯首帖耳的傀儡政权,这一切,无疑是法兰西民族的耻辱。好在让法国人略感欣慰的是,相对于"维希法国"毕竟还有一个抵抗的法国。下一章,我们将把目光投向戴高乐如何成为"法国抵抗运动的唯一领袖"。

第二十二章
戴高乐终成"法国抵抗运动的唯一领袖"

和我年纪相仿者早年可能都看过一部在国内电影院放映的法国影片,而且留下深刻之极的印象,这就是法国人拍摄的"抗德神剧"——《虎口脱险》。《虎口脱险》甚至可以说是上个世纪六七十年代欧洲最卖座的影片,人们在观看时,往往会情不自禁地捧腹大笑。几位演员的表演都非常出色,特别是那位机智、幽默的音乐指挥家的扮演者、法国国宝级喜剧大师路易·德·菲奈斯更是没得说。这部影片在中国上映后,不仅让中国人对举世闻名的巴黎歌剧院亦即始建于第二帝国时期的加尼耶歌剧院有了更多的感性认识,还让那个被誉为"勃艮第葡萄酒之乡"的博纳小镇及其周围的田园成了不少中国人到法国旅游时想去"打卡"的地方。我本人在近些年就已经去了两三次。当人们在博纳小镇看到那座建于15世纪的主宫医院或者说济贫院时往往都会格外兴奋,为什么呢?因为它就是《虎口脱险》影片中作为英国飞行员

博纳小镇一景

《虎口脱险》海报

藏身之地的修道院的原型,影片中的这座修道院给观众留下的印象实在是过于深刻了。此外,上个世纪 80 年代初的时候,在国内电影院里还很难得地放过一部包揽法国电影恺撒奖等许多奖项的影片《最后一班地铁》,这部电影不仅导演是大名鼎鼎的弗朗索瓦·特吕弗,而且男女主演也分别是当年法国影坛首屈一指的明星热拉尔·德帕迪约和凯瑟琳·德纳芙。特吕弗执导的这部片子确实相当成功,即便这位战后法国新浪潮派电影的领军人物 1984 年去世后过了好几十年,至今仍有人会来到蒙马特尔公墓,在特吕弗的墓前放上几张地铁票,以示对他的怀念和敬意。

这两部法国电影的背景都是二战中遭受惨败的法国,也就是人们通常所说的德国占领时期的法国。那么,这一时期的法国大体情况是怎么样的呢？要想简单明了地说清这一点，就必须再回过头来说一下在德国蓄意安排下，贝当政府不得不在雷通德车站与德国签订的停战协定。这一停战协定，对于法国来讲绝对是一个史上少有的丧权辱国的协定。根据这一协定，法国被一分为二，也就是被分割为了"占领区"和"自由区"。占领区包括法国北部和西部约占全部领土 3/5 的主要工业区，再加上巴黎以及英吉利海峡和大西洋沿岸地区。占领区由德国占领，直接统治；至于所谓的"自由区"，则包括法国的西南部、南部以及法国的殖民地，由贝当政府进行统治。

停战协定非但使得法国本土实际上任由德国摆布，而且德国占领军在法国的全部开销还统统得由法国来负担。这可不是个小数目。每年的相关费用大概相当于法国在 1939 年国民收入的一半。此外，法国所有的部队将统统解除武装，然后再强行让官兵复员。至于对战俘的处理，德法两国不仅将区别对待，而且简直是冰火两重天：法国应立即交还德国战俘或被法国拘留的德国人；而 180 万法国战俘和拘留在德国的法国人，还得被关在集中营，或是留在德国工厂里干活。

更让法国人特别是法国政府难堪的是，政府的驻地本来已经从巴黎迁到了波尔多，但根据停战协议，波尔多被划入了占领区，法国政府只能另寻安身之地。贝当政府最后迁到了以温泉疗养胜地著称、原来人口不过 2.5 万人的小城——维希。

同法兰西第一帝国和第二帝国垮台时一样，紧接着战败而来的依旧是改朝换代。贝当政权在维希安顿下来后首先做的事情就是敲响第三共和国的丧钟。1940年7月10日，议会授予贝当全权，由他负责起草新宪法。于是，贝当从第二天起连续颁布了三个制宪法令，通过它们使得存在了70年之久的第三共和国宣告终结。而且，法国的正式国名也略有变化，原来叫"法兰西共和国"，此时则已改称为"法兰西国家"。

虽然早已年逾八旬，但贝当在一手埋葬了议会民主制之后，依旧力图以个人专权取而代之。当时，他的所有法令在颁布时，采用的格式都和早年君主颁布诏书时的格式差别不大，往往是这样来开头的："本人，菲利普·贝当，以法国元帅、法兰西国家元首名义宣布……"

贝当大权独揽后，对内打出了"民族革命"旗号，宣称要"捍卫劳动、家庭和祖国"，号召人们回到敬重上帝、祖国和家庭的观念上去；对外则号称要实现法德之间的"平等的合作"。然而，"平等的合作"即便不是贝当之流的异想天开，也至少是其一厢情愿，因为对于纳粹德国来说，它所需要的只是傀儡，而绝非平等的伙伴。贝当政权此后的所作所为也清楚地表明，维希政权确实是而且也只能是对德国俯首帖耳的傀儡政权。这一切无疑是法兰西民族的巨大耻辱。

不过，让法国人略感欣慰的是，在第二次世界大战当中毕竟还有一个抵抗的法国与维希法国相对。而说到抵抗法国，自然就得和各位好好聊聊一位身高将近2米，而且在法国现当代史上的

1940年10月贝当元帅在蒙都瓦与希特勒会面

地位同样极高的著名人物，他就是大名鼎鼎的戴高乐。

就在法国处于"山河已经破碎，民族存亡未卜"的紧急关头，戴高乐于1940年6月18日在伦敦通过英国广播公司向法国人民发出著名的"六一八"号召，庄严宣告："无论发生什么事，法国抵抗的火焰不能熄灭，也绝不会熄灭。"不过，需要注意的是，当戴高乐在伦敦发出"六一八"号召时，他还仅仅是一个普通准将，也就是一个戎马生涯平淡无奇、政治上默默无闻仅在军界小有名气的低级将领。在他亡命英国之初，一没有部属，二缺乏组织，简直可以说是孑然一身。然而，就是这个戴高乐，凭借他非凡的意志和品格，竟然让英国的战时首相丘吉尔接受了他的建议，给他所"代表"的法国提供继续战斗的机会。

事实上，戴高乐提出的这一建议在当时不少人看来近乎天方夜谭。他们会问，戴高乐算老几？凭什么可来"代表"法国？可以毫不夸张地说，戴高乐在抵抗运动中取得的第一个胜利就是使丘吉尔承认他是"自由法国人的领袖"。虽然戴高乐在"自由法国"草创之时得到了丘吉尔难能可贵的支持，但这两位都很有个性的人物彼此之间的关系并不融洽。在"寄人篱下"的戴高乐看来，英国的一举一动似乎都显得盛气凌人。而在自感居高临下的丘吉尔眼中，戴高乐暴躁易怒，目空一切，脱离实际常常达到荒唐的地步。此外，戴高乐与仍和"维希法国"保持外交关系的美国的罗斯福总统，彼此之间的关系更为糟糕。

戴高乐在伦敦筹建法兰西民族委员会时，曾向法国殖民地的总督、海外驻军长官分头发出电报，邀请他们参加这一委员会，

戴高乐发出"六一八"号召

结果竟然没有一个人作出响应。让他聊以自慰的是,"自由法国"的征兵工作的进展却还算顺利,很快就组成了一支7000多人的部队。不久,戴高乐派人向法属非洲殖民地进行游说,成功地把一些反对维希政府的非洲国家争取了过来。同年晚些时候,戴高乐在布拉柴维尔发表宣言,强烈谴责维希政府违反宪法,同时宣布成立帝国防务委员会,由它来行使政府职权。通过艰难的抵抗斗争,戴高乐的政治威望不断提高,"自由法国"在海外的抵抗运动在日益壮大。

在海外的抵抗运动不断发展的同时,法国本土的抵抗运动也在极端困难的条件下开始。并经历了由自发到自觉,由单个的分散行动,到逐步的有组织的行动的过程。在这一过程中,法国国内形成了一些大的抵抗组织或运动。这些抵抗组织或运动,大多以其出版的报刊命名,其中北部地区主要有5个抵抗组织,它们分别叫:"保卫法国""解放""抵抗""解放北方""军政组织"。而在南方地区,最主要的3个组织分别是:"解放南方""战斗""自由射手"。

戴高乐心里很清楚,如果他无法把国内抵抗运动争取过来,那么他充其量也只能是海外法国人的代表,根本无法理直气壮地以全体法国人的名义发话。为此,在"自由法国"创立后不久,戴高乐就设法同国内的抵抗组织建立联系。不久之后,他又把一位当时已到伦敦投奔他的让·穆兰空投到法国境内,派让·穆兰以"自由法国"总代表的身份同各个国内抵抗组织接触,并把

让·穆兰

"自由法国"改称为"战斗法国"。

这位让·穆兰早年当过省长,具有非凡的能耐。由于他卓有成效的工作,法国国内分别属于不同政治派别的各种抵抗组织得到了协调,并在1943年5月在法国本土成立了由他负责的全国抵抗运动委员会。又因为这个委员会只承认戴高乐是"法国抵抗运动的唯一领袖",使得戴高乐在国际上的地位一下子高了很多。

不过,应当说直到这个时候,戴高乐并未成为名副其实的"法国抵抗运动的唯一领袖"。因为当时在美国的支持下,在北非的另一位法国抗德运动的领导人吉罗将军也力图充当法兰西民族的领袖。为此,戴高乐、吉罗两人一度闹得不可开交。1943年1月,在英美两国的调解乃至施加压力下,戴高乐来到北非卡萨布兰卡和吉罗进行会谈,还当着丘吉尔、罗斯福的面与吉罗象征性地握手言和。几个月后，戴高乐应吉罗的要求来到阿尔及尔，不久，双方于同年6月3日共同创立了由两人共同担任主席的法兰西民族解放委员会。这一委员会刚一成立就获得了美、英、苏等国的正式承认，从而成为实际上的法国临时政府。

不过，戴高乐就是戴高乐，他在不久之后就不顾罗斯福总统的强烈不满，凭借自己在该委员会中掌握的多数拥护，千方百计地挤掉了吉罗，单独出任法兰西民族解放委员会主席。由此，戴高乐成为名副其实的"法国抵抗运动的唯一领袖"。

对于法兰西民族而言，戴高乐真正成为"法国抵抗运动的唯一领袖"，绝对是一件值得大书特书的幸事。为什么这样说呢？因为很大程度上，正是凭借戴高乐的不懈努力和出色领导，不仅法兰西在二战中的民族耻辱得以洗刷，而且法国还得以相当快地恢复了大国地位。在下一章，让我们把目光投向戴高乐当时是如何力图恢复法国大国地位的。

第二十三章
法国二战结束时的首要诉求

多少世纪以来,法国人早已习惯于把自己国家视为一流强国。然而,法国在二战中的溃败,以及大好河山被德国或直接占领或间接统治,明确意味着法国已不再是一个独立自主的国家,更谈不上是一个能在欧洲举足轻重,并在整个世界具有影响的大国。这一切,自然极大刺痛了不少法国人的心。法国抵抗运动的领袖戴高乐不仅反复宣称"法国如果不伟大,就不成其为法国",还在大战期间和战后,不懈追求实现法兰西的伟大与独立。如果没有戴高乐在这方面如此卖力,法国或许很难这么快就恢复自己的大国地位。

在当年要完成这一任务应当说实在并非易事。1944年春,美国曾策划在法国实行军事占领制度,以便在战后将法国变为自己的附庸国。在这方面,有一件事情特别让戴高乐等法国人感到恼火,那就是美国的有关部门甚至已经把在法国实行占领时使用的货币都准备好了。当然,美国人也对戴高乐不满,根本无意去做任何助力戴高乐的事情,他们甚至到了最后时刻才把将要开始诺曼底登陆行动的事情告知戴高乐。正是出于挫败美国相关计划的考虑,戴高乐在盟军进行诺曼底登陆之前,断然将民族解放委员会改称临时政府。他还在诺曼底登陆行动开始时,通过英国广播公司的电台向法国人宣布:"这是法兰西的战役,这是法兰西的战役!"戴高乐和美国人这一时期的这些过节,也在很大程度上为他后来老是和美国人对着干埋下了伏笔。

盟军在诺曼底的登陆,无疑为法国人民解放祖国创造了至关重要的条件。时至今日,当人们漫步于诺曼底埃特尔塔(Etretat)小镇的象鼻山海滩时,仍可极为强烈地感受到这次登陆行动的难

诺曼底埃特尔塔小镇象鼻山海滩景色

游人在观赏诺曼底象鼻山一带海滩,面向大海修筑的军事工事依旧赫然在目

度之大以及盟军为此付出的代价又是何其高昂。不过,戴高乐当时仍坚持派遣"战斗法国"的正规军参加解放巴黎等法国城市的战斗,充分利用"内地军",也就是国内抵抗组织的武装力量配合盟军作战。换句话说,他就是想充分利用法国人自己的武装力量在解放法国过程中的"斐然"战绩,迫使美国放弃把法兰西民族解放委员会撇在一边,在法国另设一个盟国军政府的方案。

虽然戴高乐在这一问题上达到了目的,迫使美国放弃了在法国设立盟国军政府的方案,但以戴高乐为首的临时政府当时的外交处境如用一个字来形容,那就是"难"。具体地讲,它不仅迟迟得不到盟国法律上的承认,美、英、苏三国直到1944年10月23日才最终承认这一临时政府,而且在此期间,它在一系列重要国际会议上每每受到排斥。例如,1944年8月到9月,美、英、苏

诺曼底登陆

在华盛顿近郊的敦巴顿橡树园举行会议草拟战后国际组织的章程时,竟然完全撇开了法国;而在1945年2月举行的雅尔塔会议上,人们同样也难以看到法国代表的身影,而这意味着法国在近代史开始以来首次被排斥在欧洲重组的国际事务之外。

一直对美国不太信任,且在战时就与罗斯福总统等人关系处得疙疙瘩瘩的戴高乐心里很清楚,这一局面的出现说穿了就是美国从中作梗的结果。于是,为了显示对美国的不满,当参加雅尔塔会议的罗斯福总统希望回国途中在阿尔及尔与戴高乐见上一面时,被后者愤然拒绝。与此同时,为了行之有效地牵制美国,提升法国同美国打交道时的地位,戴高乐把搞好法英、法苏关系放在至关重要的位置。早在 1944 年 11 月，戴高乐就大力邀请丘吉尔访问巴黎，就法英结盟事宜进行商议。不久，他又亲自访问苏联，与苏联签订了为期 20 年的法苏同盟互助条约。这一条约的签订无疑也是戴高乐重振法国国际地位的努力与成果。因为当时的苏联，无论在军事还是政治方面的影响力都是与美国有得一比的，而能够与这样一个国家缔结同盟条约，对于提升法国的地位或者说"身价"显然是大有帮助的。在戴高乐为首的临时政府不懈努力下，法国后来不仅取得了对德国实行占领和参加盟国对德管制委员会的权利，还成为联合国安理会的常任理事国。联合国安理会的常任理事国的身份标志着法国重新回到了世界大国的行列。

虽然大国地位观念早已深深扎根于法国历史传统和法国人的心中，但一个国家是否能够以大国身份在国际事务中发挥重要作用，不仅取决于它想充当大国的愿望和相关的外交活动，更取决于它的经济、军事实力。从后一角度来看，法国在战后初期绝对称不上是一个强国或大国。法国重新回到世界大国行列所带来的精神上的满足，并不能使人忘记法兰西国力实际上的大衰退。

这种大衰退的程度是触目惊心的。德国的长期占领以及对法国的巧取豪夺，再加上大战后期多次重大军事行动在法国本土进行，甚至还有英国空军出于多种复杂原因对法国本土进行的狂轰滥炸，使法国经济遭受灭顶之灾；由此，也导致了法国社会经济秩序陷入混乱不堪的状态。据统计，这场战争给法国经济带来的损失数额巨大。全国有大量的耕地因战火而荒芜，约有 1/5 的房屋成为废墟,牲畜减少了一半,大批工厂被毁于战火。特别是交通设施的破坏尤为严重,公路桥梁几乎全部被毁,铁路线近一半无法使用,与此同时,地中海和大西洋沿岸的一些重要港口陷于瘫痪。一些法国经济学家根据统计数字认为,二战使法国工农业生产总量至少下降55%。

更让人挠头的是,战争灾祸还给战后法国留下了一时难以消除的后遗症:首先,法国在大战期间死亡和伤残的人极多,而且其中很多人属于青壮年,使这个原本劳动力就紧张的国度在战后恢复经济时进一步痛感劳动力奇缺;其次,要把战时经济重新改造为和平经济,需要大量资金进行固定资本的更新和技术改造,由此引起资金的严重短缺;再次,要迅速恢复安定局面和保证民众维持最低生活水平,必须进口一定的原料、燃料以及生活必需品,这也需要大量资金。

这一切,使得法国战后初期生产凋敝,贸易停止,商品奇缺,粮食、食糖等生活必需品只能凭卡限量供应。这么一来又会导致黑市盛行,投机猖獗,据一些记载,黑市价格有时是平价的19倍。法国的财政赤字明显增大,内外债务不堪重负。也正因为如此,这一时期不少生活得极为艰辛的法国人觉得,法国最重要的应该是尽快缓解乃至消除战后初期所面临的严重社会经济危机,然后才真正谈得上去恢复大国地位。

与此同时,法国迫切需要来自美国的种种援助,需要这些援助来帮助法国渡过社会经济方面的难关。颇需提及的是,在哈佛

二战后初期排队抢购食品的法国民众

大学1947年6月举办的毕业典礼上,时任美国国务卿乔治·马歇尔在发表演说时公开提出援助欧洲复兴计划,以期"恢复欧洲人对本国经济前景的信心"。这一援助计划后来以"马歇尔计划"之名著称,且很快就引来不少欧洲国家对此作出积极反应。然而,戴高乐在战后恢复法国大国地位方面的不少举措往往与美国在战后欧洲追求的战略目标相悖,从而势必会妨碍法国及时地从美方获得援助。这一时期法国不少人在面临鱼与熊掌不可兼得的难题,也就是法国经济重建与大国地位一时不可两得的处境时,极力主张先依靠美国援助来恢复经济实力,然后再来谋求恢复大国地位。这一点早已让戴高乐极度不满。

此外,由于对第三共和国议会制的一些弊端深恶痛绝,戴高乐一心想在战后搞一部加强总统和政府权力,使之不再受政党严重制约的新宪法。但是，他的这一主张却遭到大多数政党的反对，新组成的立宪议会在坚持原来的议会制这一点上也毫不让步。眼睁睁地看着自己的政治主张根本无法在法国实行，再加上其他一些因素，使得戴高乐在1946年1月愤然宣布辞职。应当说，在愤然宣布辞职这一点上，戴高乐与英国战时首相丘吉尔颇多相似之处，不过，和丘吉尔相比，戴高乐还是要好许多，因为他好歹是自己辞职，而志在必得的丘吉尔却是在英国胜局已定之际举行的议会大选中被广大选民所抛弃的。难怪丘吉尔对这一结果始终耿耿于怀，以至于他后来写《第二次世界大战回忆录》时会愤然说道：英吉利民族是一个忘恩负义的民族。

戴高乐辞职后就隐居在法国东部一个叫科隆贝双教堂的村庄潜心撰写他的《战争回忆录》。不过他在写作之余深信，法国人民会像盼望救世主一样请他东山再起，再一次担当法兰西这艘巨轮的领航人。戴高乐想的并没错，不过让他没有料到的是，他还得再等12年才得以迎来东山再起的良机，当然，此乃后话。

戴高乐辞职后不久，第四共和国应运而生。由于沿袭了第三共和国时代的议会制共和政体，第四共和国的政治生活可说是"乱"字当头：党派纷争不息，政府危机接二连三，内阁像走马灯似的更换。这一现象必然严重削弱法国在对外领域中的行动能力。又由于法国曾经是第二大殖民帝国，为维持殖民统治，当时的法国不得不持续进行殖民战争，如相继在东亚和北非进行的印度支那战争和阿尔及利亚战争，不仅大大消耗了自身经济、军事实力，还让法国的国际声誉大受影响，使得这一时期的法国外交就总体而言大可形容为甘当"顺从于美英两个国家的一个小兄弟"。但是，即便如此，第四共和国时期的法国仍在一些问题上继续表现出要被承认为世界性大国的意愿，并没有完全放弃恢复大国地位的努力。例如，主张自力更生发展核武器，力图挤进核大国的俱乐部；极力保持高于西德即联邦德国的地位，力求捆住西德手脚，确保自身在西欧的主导地位；等等。

不容否认，在不少法国人的心目中，第四共和国并不讨人喜欢。而对于在第四共和国成立前夕愤然引退的戴高乐来讲，第四共和国简直一无是处。不过我个人觉得，第四共和国虽然存在不少弊端和问题，但也绝非一无是处。在其存在的12年时间里，它同样取得了不少成就。事实上，如果说法国在第二次世界大战结束后能够迎来一个持续30来年的发展黄金期，那么这与第四共和国的顺利开局和打下重要基础是分不开的。有鉴于此，让我们在下一章聚焦于战后法国社会经济发展的"辉煌的三十年"。

第二十四章
战后法国的"辉煌的三十年"

2018年上半年，因为受到中信出版集团的邀约，本人有机会先看到由著名的企鹅兰登出版集团打造的"企鹅欧洲史系列"的几册中译本，其中关于20世纪上半期的那一册《地狱之行》给我留下了尤其深刻的印象。这一册的作者是英国史学家伊恩·克肖，他在序言结尾处的这段话特别令我欣赏和认同。他写道：足球赛中场休息后如果出现赛情大反转，足球评论员最喜欢说的一句话是"上下半场两重天"，欧洲的20世纪也完全可以视为两个半场的世纪。显然，在克肖看来，这两个半场也绝对属于"两重天"。事实难道不是如此吗？如果说许多欧洲国家在20世纪前半期经历两次世界大战，就好像到"地狱里走了一趟"，那么在战后的几十年里，它们却普遍迎来了史上少见的持续高速发展的黄金期。

作为欧洲主要国家之一的法国又何尝不是如此呢？虽然如我们已说过的那样，二战结束时的法国，国力非常衰弱，而且如果以美国等国家为参照，一部战后法国史，似乎也可以看作从一个一流国家沦为二流国家的"衰落史"。但是，这种"衰落"只是一种相对的"衰落"而已。也就是说，它仅仅是相对于某些国家的强势崛起或者说极其迅速的发展来讲的，并不一定意味着它自身的停滞乃至倒退。

在二战结束后最初的30来年时间里，法国实际上几乎持续不断地在社会经济等许多方面取得了令人赞叹的发展和成就。也正因为如此，法国著名经济学家让·富拉斯蒂埃将这一时期称为"辉煌的三十年"。由于他的这一表述既准确又形象地概括了这一时期法国经济持续增长的特征，于是一下子就广泛流行开来。

从时间上看，"辉煌的三十年"贯穿了整个第四共和国时期以及第五共和国早期。就第四共和国时期来讲，这一共和国虽然存在着不少制度上的弊端和其他方面的问题，但在社会经济发展方面，可圈可点之处还是不少的。其中，最值得称道之处就是著名的"莫内计划"的制订和实施。

所谓的"莫内计划"，由这一计划的制订者让·莫内而得名。后来被人誉为"欧洲之父"的莫内是一位典型的既有想法又有办法的人，不仅富有实干精神和组织才能，还擅长国际谈判，特别是精通盎格鲁-撒克逊事务。莫内的后一个特点使得他在和英国人、美国人打交道时游刃有余。二战期间，他曾出色地主持过抵抗运动的后勤供应，以及接受美国援助的组织工作。更难能可贵的是，这位实干家还富有远见卓识，在大战结束之际，他关于该

曾成为《时代》周刊封面人物的让·莫内

如何恢复经济和实行现代化,如何争取法国大国地位的不少设想就深得戴高乐的赞赏。虽然戴高乐本人不久就辞职不干了,但在法国新设立计划总署这一机构时,莫内仍作为众望所归的人物,先是顺理成章地担任了计划总署首任署长,继而又主持制订了1947—1953年的《现代化与装备计划》。

这一计划就是当时的法国人口中经常会提及的著名的"莫内计划"。说起来它还有一个特殊的标签,这就是它是资本主义国家中首个全国性经济发展计划。经过几年努力,"莫内计划"确定的目标基本实现,之后,法国又开始实施"第二计划",使法国经济在20世纪50年代中期继续得到迅速发展。1955年年底,以法国靠地中海一带特有的冷风——"密斯脱拉风"命名的高速列车开始在巴黎—马赛的铁路线上运行。这种高速列车的平均时速是当时的世界之最。在我看来,"密斯脱拉风"高速列车的速度似乎也在一定程度上象征着此期法国经济的发展速度在世界上居于前列。

经济的迅速恢复和发展,必然给法国社会带来多方面的影响。例如,由于劳动力紧张和生活水平普遍提高,人们在生育观念上开始倾向多生孩子,法国的出生率大幅度提高。又如,同样是因为劳动力紧张,社会各方普遍鼓励外籍劳工移居法国,鼓励农村青壮劳力流入城市,而随着大量的外来人口涌入城市,法国的城市化进程大大加快。

不过,在此次经济迅速恢复和发展过程中,不同地区或社会群体的"获得感"是不一样的。就地区来说,北部的经济发达地区更为发达,而西部、中部、西南部仍为"经济荒漠"。就社会群体而言,行政管理部门人员、第三产业就业人员和大企业的工人是这次经济大发展的主要受惠者。他们在过上小康日子之后,开始关心起汽车流行式样、旅游度假、购置别墅。相形之下,广大农民、城市中的小手工业者和小企业主却几乎未能分享任何发展的成果。农民倒霉在农产品和工业品之间的价格剪刀差日益扩大,而小手工业者和小企业主,则是苦于垄断资本的挤压和当局征收的重税。

于是,这些人把自己视为在经济大发展中"被遗忘的人们",并怒气冲冲地展开了各种声势浩大的社会抗议运动。其中,一位叫布热德的小店主建立起了"保卫商人和手工业者同盟",发动了后来以他的名字命名的"布热德运动"。这一运动甚至一度在议会选举中取得较大成功,而这一现象充分说明,法国在经济大发展时的社会矛盾也还是尖锐的,社会对第四共和国政治体制的不满情绪不容低估。

当然,"辉煌的三十年"最辉煌的时刻还是在第五共和国早期,也就是戴高乐担任总统时期。而法国之所以能在这一时期实现新的经济起飞,很大程度上应归功于当权者们能及时抓住经济发展所面临的良好机遇,断然采取了一些行之有效的措施。那么,都有哪些重要措施呢?我觉得有这么几点尤其值得我们关注:

第一点就是加强国家对经济的强力干预与管理,促进经济的协调发展。戴高乐东山再起后,对发展经济格外重视,曾这样说道:"今天和任何时候一样,使国家强盛是政府的责任,而国家今天能否强盛取决于经济。因此,必须领导经济。"为了达到这一目的,戴高乐等人当时特别倚重的法宝有两个,一个是国有化,另一个是计划化。法国的经济计划和当年苏联、东欧国家的经济计划有着明显不同,它主要是引导性的。这一时期几个经济计划的贯彻实施,在推动此期法国经济发展方面所起的作用不容低估。

第二点就是大力发展民族经济,特别是力求摆脱美国经济的控制。因为二战结束之后,随着法国接受了"马歇尔计划",美国资本大规模进入法国,在法国的美资企业也明显增多。这一现象让戴高乐深感不安,因而他在重新上台后明确提出,要谨防"法

布热德偕夫人参与集会，报纸上刊有"受威胁的法兰西帝国"通栏标题

国经济的殖民化"，并在这一口号下展开以限制美国资本输入为目标的运动。在这一过程中，法国政府通过各种手段，甚至直接出面干涉，限制美资渗入和控制重要的法国公司。例如，在20世纪60年代前期，正是因为法国政府直接出面干涉，致使美国通用电气公司购买法国波尔机器公司股票的计划最终泡汤。当然，戴高乐政府的这些做法，也有着让自己在国际事务当中可以更加硬气地对美国说"不"的考虑。

此外，这一时期法国政府在大抓工业现代化的同时力促农业现代化，依靠欧共体市场这一由法国占据较大主导权的平台大力扩大对外贸易，以及高度重视科学技术的研发与引进等方面，也都有不少可圈可点的地方，从不同方面有效地促进了法国经济的

《法兰西晚报》以通栏标题报道"马歇尔计划"

迅速发展。

　　一般来说,经济迅速发展之后,社会阶级结构就会随之发生变化,"辉煌的三十年"的法国也不例外。那么,其中最引人瞩目的现象是什么呢?我想应该是中间阶层的明显扩大。在法国,严格说起来,这一时期的中间阶层可分为两类,即传统的中产阶级与新中产阶级。前者主要是指小工厂主、小商贩、手工业者和农民。他们拥有少许生产资料,大部分独立经营,一部分雇佣少量劳力。在"辉煌的三十年"前,他们是法国人数最多的社会群体。随着垄断和兼并速度的加快,这些传统中产阶级的人数锐减,而与此同时,由科技人员、高中级企业管理人员、公务员、教师和其他职员组成的新中产阶级开始激增。

需要指出的是，法国新中产阶级也和传统的中产阶级一样，是个复杂的、不稳定的社会群体或集团。他们中间也存在着较大的差别，不能一概而论。但不管怎么说，中间阶层的不断扩大，使得法国社会结构日益从以前那种"顶尖底宽"的金字塔结构变为"两头小，中间大"的橄榄形结构。由于当时自认为属于中产阶级的法国人逐渐增多，使得中间阶层成了这一时期法国政治生活中举足轻重的力量，进而更加引起人们的广泛注意，成为法国左右翼政党极力争取的社会力量。同时，这一特点也决定了当时的法国政坛占据主导地位的只能是"中右"或"中左"，也就是政治色彩中间偏右或中间偏左的政党。换句话讲，凡是"极"字号，也就是打着极左或极右旗号的党派，当时都不可能在法国成太大的气候。正如学术界所普遍认为的那样，以中产阶级为主体的社会类型是现代社会的理想结构类型，一个社会的中产阶级比例越高且自我感觉越好，就越有利于社会稳定。因此，一定不能让原先自我感觉还不错的中产阶级一个不当心成了"中惨阶级"，否则会有很大的麻烦。

以上，和各位聊了战后法国"辉煌的三十年"的一些情况。但常言道，此一时，彼一时。随着世界能源危机在20世纪70年代前期的爆发，"辉煌的三十年"戛然而止。而且，在此后的几十年里，法国几乎不时被发展速度减缓、失业率居高不下、社会动荡不安等现象困扰。也正因为如此，"危机"一词频频出现在法国媒体的评论乃至普通百姓的街谈巷议之中，更有法国史学家将这几十年称为"危机的年代"。不难想象,身处"危机的年代"的法国人,一定会对"辉煌的三十年"的好日子充满留恋之情。

　　说来也巧,战后法国的"辉煌的三十年",在时间上基本和法国左翼知识分子在战后风光无限的时期相重合,而后者在法国知识分子史当中又可用很多中国人都知道的萨特来命名为"萨特时代"。改革开放初期上大学的中国人都知道,萨特及其存在主义曾经在当时的中国大学校园流行过一阵。下一章主要聚焦于这方面的内容,顺便也带各位领略巴黎别具一格的"左岸风情"。

第二十五章
在中国风靡一时的萨特及其存在主义

回想起读大学时的情景,让我记忆犹新的是,有一次在上政治经济学大课时,我特意选坐在大大的阶梯教室的最后一排,迫不及待地看一本刊物。那是我上课前途经北大校园中心的"三角地"时,在书报亭买的最新一期《读书》杂志。这本新出的杂志为何会让我看得如此着迷?

原因很简单,在这一期《读书》杂志上正好刊登了中国社会科学院外国文学研究所柳鸣九老师撰写的文章《给萨特以历史地位》,而在 80 年代前期,在咱们中国的大学校园里,曾兴起过一阵"萨特及其存在主义热"。那时候,柳鸣九老师编选的《萨特研究》在学生中广为流行,看的人很多。我现在在浙江大学给学生上"20 世纪法国知识分子"通识课时,偶尔会半开玩笑地说,当年在北大,有些男生在找女生约会时会特意带上《萨特研究》之类的书,因为这样做在当时还是有可能给男生加点分的。随着时光的流逝,"萨特热"无论是在国外还是国内都早已成为过去,但让我有点吃惊的是,时隔多年之后,萨特及其作品也并没有完全被中国人所忽视。2014年10月,在我所生活与工作的城市——杭州迎来了国家话剧院的巡演,而演出的剧目就是查明哲导演执导的萨特的经典剧作《死无葬身之地》。

二战后,法国知识分子进入了一个可用萨特的名字来命名的时代。而从知识分子史的维度来看,"萨特时代"在很大程度上也可视为战后法国左派知识分子的"辉煌的三十年"。萨特作为新的"思想导师"脱颖而出,绝非偶然。众所周知,二战的破坏力远远大于一战。它给法国带来了物质和精神的双重危机。由于在二战期间,法国长期处于德国的直接占领或间接统治之下,法国人的尊严、人的价值和自由,统统被纳粹德国以及实际上是德国傀儡政权的贝当政府践踏在地。而二战结束后不久,东西方之间的"冷战",以及朝鲜战争、印度支那战争等也相继爆发。这一切难免会在法国人心中投下新的阴影。与此同时,现代资本主义生产的发展,在带来一些好处的同时,也引发了许多新的问题,特别是使工业化时代出现的异化(alienation)现象更趋严重。那么,这里的异化是什么意思呢?简单地讲,它是一个哲学和社会学的概念,所反映的是人们的生产活动及其产品反对人们自己的特殊性质和特殊关系。在异化活动中,人的能动性会丧失,会遭到异己的物质力量或精神力量的奴役,从而人的个性便无法全面发展,只能片面地甚至是畸形发展。

总之，由于多种复杂因素所致，不少法国人的精神世界一时间为消沉颓废、悲观失望等气氛所笼罩。其中不少知识分子由于苦闷、孤独以及感到被遗弃和找不到出路，甚至形成一种玩世不恭、放荡不羁的风尚，社会的传统道德标准与价值体系明显在趋于瓦解。正是在这种特定历史境遇中，萨特的存在主义哲学对他们产生了某种神奇的吸引力。

简单地讲，萨特存在主义思想首先提出了"存在先于本质"，认为人的"存在"在先，"本质"在后。而这里的"存在"，首先是"自我"存在，因此，所谓"存在先于本质"，讲白了就是"自我"先于本质，这也就意味着人的"自我"决定自己的本质。其次，它认为"世界是荒谬的，人生是痛苦的"。再次，也是它最重要的一点，就是提出了"自由选择"，即人在选择自己的行动时是绝对自由的。总之，在萨特看来，人在事物面前如果不能按照个人意志作出"自由选择"，这种人就等于丢掉了个性，失去"自我"，不能算是真正的存在。

萨特在哲学领域的扛鼎之作是他那本厚达700多页的《存在与虚无》。说来也很有意思，这本书实际上早在1943年就由法国著名的伽利玛出版社出版了，但在其问世之初，这部内容深奥、语言晦涩的哲学著作实际上并没有怎么引起人们的关注。谁也没有料到仅仅过了两年，存在主义哲学就会风靡法国知识界，这部原先乏人问津的著作一下子成了需要不断加印的畅销书，萨特的名望扶摇直上，迅速成为当时最负盛名的哲学大师。

这里需要强调的是，存在主义哲学实际上在萨特之前就已经存在。从丹麦的克尔凯郭尔等存在主义的先驱开始，这种危机时代出现的危机哲学就给世人描绘了一幅阴暗世界的画面：人生是荒诞的，现实是令人恶心的，人们在生活中充满恐惧感、迷惘感、陌生感和孤独感。作为存在主义的哲学家，萨特也同样如此。萨特当年在中国大学生中流传得最广的一句话，或许就是他那句"他人就是地狱"。然而，更值得注意的是，萨特的存在主义同时还具有一些全新的东西，即人道主义的责任意识和英雄主义。

简单地讲，萨特的哲学所关注的是人、人的存在、人的自由。正如他自己所说，存在主义是一种人道主义。1945年10月底，从美国访问回来后不久的萨特，就是在位于左岸圣日耳曼大街著名的"现在俱乐部"里，以《存在主义是一种人道主义》为题作了一次轰动一时的演讲。据记载，此次演讲的听众是如此之多，场面如此拥挤，竟然导致好几位听众因实在受不了拥挤而当场晕倒。

萨特的这一演讲被公认为最流行的存在主义宣言书。由于萨特的存在主义与当时法国社会气氛是如此的吻合，存在主义思潮的流行达到一种几乎是狂热的地步。于是，所谓存在主义装束、存在主义发型，乃至存在主义狂游纷纷冒了出来。位于左岸地区的一些咖啡馆、夜总会，当时经常定期举行存在主义者的聚会。在这类聚会中，男士的标准装束是黑色高领绒衣，女士则身着黑色紧身外套。人们一边听着来自美国的爵士音乐，一边大谈特谈存在主义。更有甚者，萨特等人当时喜欢光顾的一些咖啡馆，如弗洛尔咖啡馆也就是花神咖啡馆等，不仅吸引了大批法国的青年知识分子，就连来巴黎旅游的外国人，也会被其传奇色彩所吸引特意前来坐坐。

上述现象充分表明，此时的萨特已拥有非常高的地位。有感于此，诺贝尔文学奖得主马丁·杜加尔当时在日记中不免有点酸溜溜地写道："萨特将吸引整整一代正在寻求其领路人的年轻人。……我们其他人，除了消失，没有别的办法。"事实的确如

花神咖啡馆门前文字说明（其门前文字说明可见，它创办于第二帝国结束时，一直属于法国知识界名人常来之地，二战后一度成为"存在主义者的咖啡馆"）

此，可以毫不夸张地说，萨特此时在法国知识分子，尤其是青年知识分子心目中的地位之高，完全就像是一个"教主"，以至于曾有人将紧邻"花神""双偶（叟）"等令人向往的咖啡馆的地标性建筑——著名的圣日耳曼德普雷教堂称为"萨特大教堂"。

需要指出的是，萨特的声名鹊起固然首先得归因于他的存在主义思想正好契合时代的需要，但他本人在思想文化领域的"多面手"乃至"全才"的形象也起了很大作用。简单地讲，就"多才多艺"而言，无论是在两次世界大战之间，还是在战后初期，没有一位法国学者或文人堪与萨特平起平坐。例如，柏格森与阿兰虽然以其哲学著作享誉法国文坛，但他们却没有发表过小说或剧本之类的作品；而纪德、马尔罗、莫里亚克、加缪等文学大师，虽然各自拥有广大的读者群，但他们却不是哲学家，更没有大部头的哲学著作。换言之，在这一时期法国的文人学者中，只有萨特大为成功地填平了文学与哲学之间的鸿沟。

当然，就更大范围而言，由于战后法国仍然是一个实行政党政治的国度，因此在战后初期法国社会中影响最大的仍分别是共产党所代表的社会主义乃至共产主义思潮，以及人民共和党所代表的基督教民主思潮。也就是说，在这一大范围内，萨特的思想影响尚只能说是边缘性的。但我个人以为，仅就思想文化领域而言，萨特的存在主义在法国的思想影响无疑是首屈一指的。

唯其如此，法国声望极高的伽利马出版社当时不遗余力地支持萨特以及著名哲学家梅洛－庞蒂等知识精英创办了一份新的杂

圣日耳曼德普雷教堂（亦被称作"萨特大教堂"）

双偶咖啡馆外景

志《现代》。这是一份试图用存在主义观点研究社会、政治、哲学和文学的刊物。萨特作为主编,在创刊号上以舍我其谁的口吻宣称,这一新创办的杂志"旨在评论政治和社会事件,但不会效力于任何一个党派。……我们不愿意错过当代的任何事件,过去也许有过更好的时代,但是现在这个时代是属于我们的"。萨特本人还在这期创刊号中发表了《争取倾向性的文学》一文,明确指出:文学必须具有倾向性,必须介入生活。

在萨特的领导与梅洛-庞蒂等人的共同努力下,《现代》杂志很快就成为一份在法国社会尤其是法国知识界中极具影响力的刊物。需要注意的是,那时候电视机还是稀罕物,远未进入寻常人家,因此,对于文人学者而言,办好报刊仍旧是最便捷有效的扩大影响、提升名望的方式。萨特等人自然也不例外。于是，在当年的左岸，人们经常可以看到这样的场面，为了能与萨特这位新的大师以及梅洛-庞蒂等知识精英握一次手或聊上几句，一些仰慕者甚至自愿在《现代》编辑部排起了长队。随着刊物的影响增大，萨特的名字日益与"介入"紧紧联系在一起，并激励着法国左翼知识分子占据战后法国的知识界。而萨特本人在人们的集体记忆中，始终无愧为是这种"介入"的最理想的化身。

2005年秋天，本人应时任巴黎政治学院历史研究中心主任让-弗朗索瓦·西里奈利教授邀请前往巴黎政治学院担任访问教

萨特和波伏瓦在双偶咖啡馆前

授期间，经常会来花神咖啡馆、双偶咖啡馆一带转转。这一过程当中，每当我路过附近的萨特广场时往往会不由得去思索，萨特的存在主义何以在80年代的中国大学校园里受到追捧？篇幅有限，我想至少有一点是肯定的，那就是除了萨特的存在主义的主要关注点和许多提法不仅让刚从极端封闭的年代迈入改革开放时期的青年学子深感新奇、震撼，并正好契合他们的精神或心灵诉求，还与我们这一代大学生当年多有家国情怀，也想通过一定程度的"介入"为中国社会的良性发展略尽绵薄之力大有关系。

如果说萨特在第二次世界大战后期与战后初期的种种表现，就已经在介入社会政治生活方面为战后法国左翼知识分子作出了表率，那么其在阿尔及利亚战争期间与120名有影响的法国知识分子共同签署《121人宣言》，更是他在"介入"方面最突出的表现之一。不过，对于法国来说，阿尔及利亚战争不仅是一场旷日持久的战争，还给戴高乐提供了东山再起的机会，让他得以一手埋葬他从一开始就不满的第四共和国，创建了延续至今的第五共和国。由于当今法国的很多方面都得归根于第五共和国的建立与发展，因此，我们很有必要在下一章好好聊聊戴高乐如何创建第五共和国。

第二十六章
戴高乐让法国敢对美国说"不"

多年前,有部香港电影《无间道》可以说是叫好又叫座。大凡看过这部电影的人,估计都会对那句最经典的台词印象深刻,这就是"出来混,迟早是要还的"。事实上,个人如此,国家又何尝不是如此呢?就拿法国来说,作为世界第二大殖民帝国,它曾从其长期统治的殖民地捞取了不少好处,但在二战之后,却不得不两次经受在自己的殖民地发生的战争的严重困扰,一次是印度支那战争,另一次是阿尔及利亚战争。这两场发生在法国殖民地的战争对法国本土的影响都很大,其中阿尔及利亚战争甚至导致了戴高乐的东山再起。

印度支那战争是法国于二战结束后不久就发动的殖民战争。1945年9月2日,由胡志明领导的越南民主共和国宣布独立。为在战后恢复和维持在印度支那半岛的殖民统治,法国不惜采取玩弄手腕和军事镇压相结合的办法来对付,也即一方面施放和平烟幕意欲和胡志明谈判，另一方面则是派出远征军前往镇压。1946年3月，法越双方签订临时协定，法国政府宣布承认"越南共和国是一个自由国家"。同年9月，双方又在巴黎近郊枫丹白露签订临时协定，同意维持现状。但时隔不久，法国便撕毁协定向海防发起进攻，并于12月又发兵进犯河内。由此，越南人民开始抗法救国战争。战争初期，法方进展顺利，先是很快就控制了红河三角洲地区，继而又实现了对南、北方的分割。此后，法方奉行"以越制越，以战养战"方针，在西贡扶持建立了以前安南皇帝保大为首的傀儡政权，并令保大统治的"越南国"组建军队参战。由于这支傀儡军参战后屡战屡败，法军被迫加大在越南的军事行动。1953年11月，意欲尽快消灭越军主力的法军攻占奠边府重镇。1954年3月，震惊世界的奠边府战役打响，越南人民军着手包围了困守在此的法军，并在5月发起总攻，最终迫使包括守军司令在内的上万名法军官兵打出白旗宣告投降。奠边府惨败在法国国内引起的反响势必是爆炸性的。虽然当时电视还未普及，各家各户还无法收看这一令法兰西民族大感"屈辱"的场面，但法国所有报刊，不论是左翼还是右翼的报刊都对当局进行了猛烈抨击。在排山倒海般的愤怒声讨声中，时任内阁总理被迫下台。

阿尔及利亚战争是法国二战后发动的第二场，也是后果更为严重的殖民战争。这是由阿尔及利亚在法属殖民地中占有的特殊地位所决定的。作为法国在北非最早拥有的殖民地，阿尔及利亚自沦为法国殖民地以来一直被视为法国本土的延伸，与之有着密切的联系。在阿尔及利亚居住着大批法国移民,法国在此也有着巨大的殖民利益。1954 年,阿尔及利亚爆发了反对法国殖民统治、争取民族独立的武装起义。法国政府当即派兵前去镇压,从而酿成了一场举世瞩目的战争。而且,这场战争很快成为法兰西第四共和国后期的政治危机的根源:从 1954 年 11 月到 1958 年 4 月,短短几年时间里,有 6 届内阁先后因阿尔及利亚问题倒台。与此同时,围绕着这一举国上下共同关注的问题,各种罢工、示威、反战集会,甚至暗杀、行刺、绑架事件此起彼伏。各派政治势力采取了多种手段以表明自己的态度,并希望以此改变当局对这一

积极反对在殖民地进行战争的《世界报》报社

问题的最终解决方案。

1958年5月13日,由一些极端殖民主义者在阿尔及利亚首都阿尔及尔发动的针对第四共和国的武装叛乱,为戴高乐的东山再起提供了天赐良机。在叛乱分子策划向法国本土进军、法国国内面临内战威胁之际,时任法国总统勒内－儒勒－古斯塔夫·科蒂向议会两院发出呼吁,敦请戴高乐出山。科蒂总统在发出这一呼吁时,将戴高乐称为"法国最杰出的人士,在法国历史上的至暗时刻曾领导我们争取自由的人士",同时还声称,如果议会不同意的话,他将甩手辞职。科蒂的这番言行或许可以说是向来作为"虚位元首"的第四共和国总统对国家大事进行强力干预的唯一事例。

戴高乐在作为众望所归的人物复出之后,先是担任了第四共和国总理。但这位第四共和国的末任总理上台后做的首先是什么呢?竟然是要求议会授予他全权,修改宪法并交付全民表决。讲到底,就是让他有权着手埋葬他本人从一开始就不满的第四共和国。

1958年9月,法国就新宪法草案进行公民投票,结果以绝对多数的赞同票通过。而且,这次投票的弃权率非常低,说明了大多数选民对这次政治体制重大改革既关切又支持。讲白了,这次公民投票为第五共和国的诞生签发了"准生证"。那么,新的宪法究竟有哪些新的内容?简单地说,它除了扩大政府权力,限制议会的权力和地位之外,至关重要的一点就是总统不再像第三、第四共和国时期那样基本是个摆设,而是权力和地位大大增强和提高的实权总统。在不久后举行的总统选举中，戴高乐如同人们普遍预料的那样以绝对多数票赢得选举。随着戴高乐于1959年1月入主爱丽舍宫，第五共和国新体制在法国正式确立。

戴高乐此番之所以能够东山再起，很大程度上是因为深受阿尔及利亚问题困扰的法国人对由他来解决这一棘手问题寄予厚望。临危受命的戴高乐，面对错综复杂、微妙异常的局势，一直就像走钢丝一样采取了慎之又慎的做法，并花了整整4年时间才使得阿尔及利亚问题得以解决。而这一难题的化解消除了法国政局动荡不安和财政经济危机的根源，对于法国政局的稳定、社会经济的发展均具有重大意义。

长期以来，除了路易·波拿巴的第二共和国总统是直接选举产生的，法国的其他总统，包括作为第五共和国首任总统的戴高乐都是通过间接选举选出来的。为了使总统能名正言顺地拥有更大权力，戴高乐几年后又冒出了一个新的念头，这就是进行新的宪法改革，通过普选选出总统。在戴高乐派的不懈推动下，法国在1962年10月再次举行公民投票，并通过了宪法修正案，从此，法国总统也将由普选产生。1965年，戴高乐7年总统任期届满，第五共和国首次通过普选来选出新的总统。结果，戴高乐在第二轮投票中以多数票再次当选。

第五共和国在戴高乐担任总统的最初10年，可以说是法国战后经济高速发展的"黄金时期"，同时也是战后法国"辉煌的三十年"中最辉煌的时刻。因为在前文中已经介绍过相关情况，这里

巴黎共和国广场人们隆重庆祝通过第五共和国宪法

就不多说了,这里讲讲戴高乐东山再起后,以追求"法国的伟大"为口号的对外政策,因为这一对外政策对后来法国乃至欧洲和整个国际局势的发展都实在是太重要了。

在整个第四共和国时期,法国的对外政策基本上可说是在跟着美国走。在趾高气扬的山姆大叔面前,高卢雄鸡因有求于人,不得不忍气吞声，俯首帖耳。戴高乐东山再起后，自然就不愿意让法国继续处于这种屈辱的"小伙计"的地位。为此，戴高乐大权在握后，立马就推行了以全面抗美、维护民族独立、力争大国地位为核心的对外政策。

戴高乐这种以抗美独立为特色的外交政策首先表现在对北大西洋公约组织的态度上。1958年7月，他在同来法国访问的美国国务卿会谈时，就改组北约组织问题首次同美国交锋。不久，戴高乐又直接向美国总统艾森豪威尔要求改组北约的组织，提出组成美、英、法三国核心领导机构，共同领导新的西方联盟。戴高乐甚至还透露出这样的意思，一旦这一要求得不到满足，法国将不再与北约组织进行合作。面对戴高乐意欲和美方平起平坐，美国自然很不乐意，但又不愿因明确反对而惹恼戴高乐，使北约由于法国的作梗而实力受损。因此，美国就采取了尽量回避或拖延的对策。在摸清美国根本无意建立美、英、法"三头政治"而让法国分享北约的领导权力后，戴高乐开始把他自己的意图逐步付诸实施：先是宣布从北约撤出法国的舰队，拒绝美国在法国建立中程导弹基地，接着干脆就宣布法国退出北约组织，撤除美国在法国的驻军和基地。

坚持独立的国防观念，建立自己独立的核力量，堪称戴高乐争取大国地位政策的重要基础。戴高乐与身处核时代的许多政治家一样，清楚地认识到是否拥有核武器实际上已成为一个国家有没有资格跻身于大国行列的重要标志。因此，他在重新上台后加速了第四共和国后期的几届政府已经启动的制造核武器的步伐。1960年2月,法国第一个原子装置试爆成功。为了不使法国发展核武器的努力受到限制,法国还坚持抵制美苏两大超级大国炮制的《部分禁止核试验条约》。

作为中国人,我们还知道,为了更好地在全球范围内向美国说"不",戴高乐还不顾美国方面施加的巨大压力,在1964年1月正式承认中华人民共和国政府,使法国成为西方主要国家中第

1964年6月6日,中华人民共和国驻法兰西共和国首任特命全权大使黄镇(左)在爱丽舍宫向法兰西共和国总统戴高乐(中)递交了国书

一个同我国建立正式外交关系的国家。60年前发生的这一举世瞩目的中法建交之举,前所未有地打开了中西交往合作的大门,给彼时饱受冷战困扰的世界带来了不少新的希望。而戴高乐的这一举措使得法国成了唯一能同中、美、苏三家直接对话的西方大国,因而明显有利于提高法国的战略地位,扩展它在国际舞台上的活

1964年1月28日,中国《人民日报》和法国《世界报》同时在头版刊登中法两国建交消息

动空间。出于同样的考虑,戴高乐还力图改善同苏联以及其他东欧国家的关系,与此同时,对广大第三世界国家也采取了积极合作的态度。

　　在戴高乐抗美独立外交当中,西欧联合是至关重要的环节。戴高乐当时极力主张"欧洲人的欧洲",反对"大西洋的欧洲",并把实现法德和解作为西欧联合的核心。他复出后不久,在与西德领导人康拉德·阿登纳的共同努力下,法国和联邦德国取得了和解。1958年9月,戴高乐与来访的阿登纳在戴高乐的家乡举行了第一次会谈。更值得称道的是,1962年7月戴高乐和阿登纳共同来到被人称为"王者之城"的法国历史文化名城兰斯,出席了在兰斯大教堂举办的弥撒,并在大教堂前的广场上签署了法德和解协定。后来为了纪念这一具有历史意义的时刻,在兰斯大教堂正门的地面上还特意镌刻着相关文字。

　　另外要格外提醒的是,法德两国当时之所以选择兰斯也是大有讲究的,完全可以说是双方精心考虑的结果。为什么这么讲呢?因为创建法兰克王国的克洛维就是在这里受洗,即开始融入基督教文明的,而法兰克人则可以说是法国人和德国人的共同祖先。6个月后,也就是在1963年1月,法德双方签订了著名的《爱丽舍条约》,这一条约不仅重塑了法德两国的战后关系,而且为通过建立巴黎—波恩轴心来推进西欧联合奠定了基础。

　　不过,欧洲一体化在当时还是个争论颇多的问题。对此,戴高乐明确主张"各个国家的欧洲",极力反对建立超国家的欧洲。

1962年9月戴高乐在对阿登纳同年7月法国之行回访时发表演说,左一为阿登纳

这里要强调的是,戴高乐虽然不要欧洲一体化,但他要欧洲合作。说白了,戴高乐所希望的欧洲,就是一个由法国取代美国来发挥作用的欧洲。因而,他对与美国有着"特殊关系"的英国始终心存戒备,将英国视为美国在欧洲的"特洛伊木马"。戴高乐先后两次断然拒绝英国加入西欧共同市场,以防西欧共同市场消融在美国设计的"大西洋共同体"之中。

戴高乐不仅在政治上、军事上和美国分庭抗礼,而且还力图打破美国在经济上对西方世界的垄断。出于这一考虑,他首先十分注意法国的经济独立，对美国的经济渗透严加防范，尤其是严格限制美国在法国关键工业部门的投资。其次，他大胆地对美国的金融霸权提出挑战，多次要求改革以美元为中心的国际货币体系，主张恢复以黄金为中心的金本位制。在法方相关要求被美国明确拒绝后，戴高乐断然下令将法国的全部美元储备换成黄金，同时还鼓动其他西欧国家也跟着法国这样做。这一举动导致原来就遇到很大麻烦的美元地位进一步走低。

戴高乐竞选连任总统成功，昭示着他的个人威望达到了鼎盛。但正如常言所说的，盛极而衰，最高点往往也是开始走下坡路的起点，对于戴高乐来讲又何尝不是如此呢？由于种种复杂原因，在戴高乐连任总统之后，法国社会上的不满情绪却在逐渐增多，预示着一场强烈的社会政治风暴即将来临。这就是当时震惊世界的1968年"五月风暴"。这场风暴不仅是第五共和国潜在危机的总爆发，同时还在战后法国史中具有分水岭的意义，因而颇有必要在下一章好好聊聊。

面临危机与寻求出路时期

第二十七章
五月风暴：战后法国史的重要分水岭

在20世纪60年代中后期，我们国家发生了"文化大革命"，那时候的学校里，学生们，更确切地说红卫兵、红小兵们，一度根本顾不上在课堂里上课，一个劲儿地要走上街头游行闹革命。无独有偶，在当时的许多欧美国家也同样热闹非凡。例如，1964年，美国加州大学伯克利分校爆发了"自由言论运动"；1965年，由美国密歇根大学发起，哥伦比亚大学、哈佛大学、耶鲁大学等名牌大学纷纷响应，出现了遍及全美的反对越南战争的运动。在这之后，在欧洲的西德、英国、意大利等国家也都出现过声势不小的学生运动。

当时在西方国家中，学生运动甚至还引发了社会动荡和政治危机的国家还是得首推法国。具体说来，就是1968年法国爆发的"五月风暴"。2018年正好是在战后法国史中具有分水岭意义的"五月风暴"爆发50周年，因此，在巴黎等地不时可以看到相关纪念活动的踪影。我在这一年的5月路过西岱岛上的巴黎警察署附近时，就发现巴黎警察署竟然也在办一个题为"盾牌后面的68年5月"的展览，显然，展览的内容主要是从手持盾牌维持秩序的警察角度来审视这场波澜壮阔的运动。

令我更加意外甚至有点震惊的是，也是在2018年5月，我在法国、西班牙交界的一处海滩上发现有人在上面写了很多西班牙语的大字。我在这一大片字中发现有"1968"这4个阿拉伯数字，以及一个和法语的5月字形相近的单词，我立刻本能地意识到，这些字或许与1968年5月，也就是"五月风暴"有关。恰好

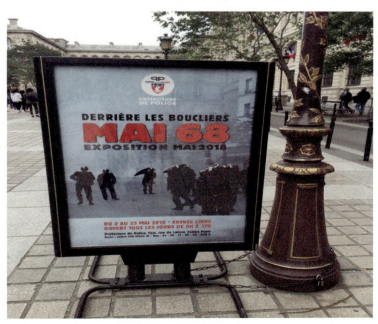

"盾牌后面的68年5月"展览海报

随行者中有稍懂西班牙语的人,他对我的猜测予以了肯定。应当说,这一小小的插曲也在一定程度上说明了"五月风暴"的影响并不局限于六边形土地。

顺便说一下,中国人在提起这场发生在法国的风波时往往将它称之为"五月风暴",而在法语的相关论著中却不太会看到类似提法,一般就叫"五月事件"。那么,为什么"五月风暴"的叫法会在中国广为流行呢?原因很简单,当这场风波在法国发生时,恰好咱们在大搞所谓"文化大革命",亦即"革命风暴"之类的字眼被人们用得最多、最为顺手的时候。于是,当时就在我国主流媒体报道这一国际大事的新闻中出现了"五月风暴"的叫法,此后就沿袭了下来。

2018年笔者所见留在沙滩上有关68年5月的文字

"五月风暴"可以说是战后法国历史上和 1789 年大革命的情况最为相似的事件。短短一个月之内,一场大学校园内学生针对校方的抗议活动,引发了多米诺骨牌式的连锁反应,蔓延到全社会。首先是法国高等教育系统完全瘫痪,紧接着社会各阶层都卷入罢工浪潮,正常社会生活几乎停止,最后,戴高乐的统治在各派反对力量围攻下陷入危机,戴高乐本人一度神秘失踪。而这一切又在一度神秘"失踪"的戴高乐重新出现并发表广播讲话后戛然而止,法国社会政治生活又恢复了正常运作。总之,整个过程真是有点诡异。

说到"五月风暴",自然就得先讲一下"三二二运动"。这一年的 3 月 22 日,警方在巴黎逮捕了 6 名学生,原因是怀疑他们因反对越南战争而向美国设在法国的机构投掷炸弹。农泰尔文学院也就是现在的巴黎十大的前身,该校的学生在事发后首先起来表示抗议。在人称"红色丹尼"的社会学系三年级德裔犹太学生丹尼尔·科恩-邦迪的鼓动下,142 名学生当天占领了学院的行政大楼,还发表了《142 人宣言》。这件事后来不仅被人称为"三二二运动",它还揭开了"五月风暴"的序幕。很有意思的是,这些学生还效仿二战时戴高乐发表的"六一八"号召的格式来发表相关声明,称"这场革命并非只限于我们国家,这场革命不会就在 5 月里结束,这场革命是一次世界性的革命",并在结尾处扬言:"无论发生什么事,人民革命的火焰不能熄灭,也绝不会熄灭。"

5月2日,由于以"红色丹尼"为首的几十个极左派大学生强行阻止政治观点右倾的法国著名史学家勒内·雷蒙教授上课,当局下令暂时关闭这所学院。事情发生后,巴黎大学学生在第二天集会抗议当局镇压学生运动。许多其他大学的学生也纷纷涌向索邦校园。这一场面让巴黎大学校长很是紧张,于是就去请来警察,让他们去驱散校园里的学生。双方在校园里展开激烈搏斗,许多学生被逮捕,巴黎大学宣布暂时关闭。但是,学生们非但没有屈服,更是走上街头进行抗议。平时总是让人感到平静祥和、自由欢快的索邦广场,一下子就成了参加抗议活动的学生聚集的场地。5月10日,学生们举行声势浩大的示威游行,要求释放被捕学生,警察撤出拉丁区。当天晚上,学生们筑起街垒和警察发生激烈冲

拉丁区著名的圣米歇尔广场和大道当时充满抗议学生或筑起街垒

学生运动领袖"红色丹尼"在发表演说

突,大批学生被捕入狱。在一些法国历史著作中,这一夜晚被称为第一个"街垒之夜"。

5月中旬,冲突在更大的范围内出现,斗争出现高潮。5月13日,法国工人举行全国总罢工,声援巴黎大学生。这一天,工人、学生、教师等共80万人在巴黎举行了法国二战结束以来规模最大的一次群众性游行。在短短的四五天中,全国总计有一千万人参加斗争,整个法国处于瘫痪。工厂停工,商店罢市,银行、邮局关门,通信中断,交通停顿,甚至连法新社、法国广播电视公司的职工也都加入了罢工的行列。戴高乐虽然按原定计划于5月14日对罗马尼亚进行国事访问,但被迫在5月18日提前回国,并连夜和内阁商量对策,鼓吹"改革可以,乱来不行"。5月24日,戴高乐发表广播讲话,承认法国社会必须进行改革,但认为出现危机是不正常的。向来自信的戴高乐原以为自己的声音通过电波传向全国之后,一切都会恢复正常。殊不知这次讲话的内容使人们大失所望,导致不少人又走上街头和防暴警察发生激烈冲突。就这样,第二个"街垒之夜"也随之出现。

很快地,社会危机公开发展成为政治危机。不少政治派别蠢蠢欲动,试图取戴高乐政权而代之。在一次有人气很旺的法国前总理孟戴斯-弗朗斯出席的大型群众集会上,"左翼联盟"通过密特朗之口宣称现在"政权空缺",建议成立以孟戴斯-弗朗斯为首的临时管理政府,密特朗为自己"安排"了总统职位。共产党和法国总工会则提出建立人民政府。与此同时,戴高乐派阵营内部乱成一团。5月29日上午9点1刻,在原定10时举行的内阁会议之前,蓬皮杜总理得到通知说戴高乐要到其科隆贝教堂村旧居去待24个小时,内阁会议推迟到明天下午3时举行。下午2时,部长们获悉戴高乐失踪,大为震惊。直到下午4时,才由武装部队来的电话中得知戴高乐已去西德。5月30日,在得到法国驻德部队总司令马絮将军的支持保证后,一度神秘"失踪"的戴高乐回到爱丽舍宫并发表极为强硬的广播讲话。在戴高乐发表这一讲话后,形势戏剧性地发生逆转,有50万人上街游行,表示对戴高乐的坚决支持。于是,"五月风暴"逐渐平息。

"五月风暴"可以说是战后法国史上和1789年法国大革命的情势最为相似的事件,然而,它同时也可以说是战后法国最令人迷惑不解的历史事件。关于"五月风暴"的性质和意义，国内外学者虽早就已经开始进行探讨，但至今尚无令人满意的解释。就法国史学界乃至更大的范围而言，有的人把它归结于一种"颠覆的企图"，暗示整个事件是由法共煽动青年学生试图夺权而引发的；也有人将它分别归因于"法国高等教育的危机""青年的反叛"或"文明的危机"；此外，既有人把它看成"一场传统类型的社会冲突"，也有人将它视为"一种新型的社会运动"。总之，众说纷纭，五花八门。也许，在这一问题上要得出能被普遍接受的定论，目前看来时机还不太成熟。这毕竟是一个无法完全回避的问题，所以还是稍微谈一些本人的粗浅看法。

在我看来，"五月风暴"是第五共和国潜在危机的总爆发，它的规模之大、来势之猛、发展之快、斗争之激烈、学生运动和工人运动结合之密切，是法国历史上所少有的。斗争中多种政治力量交织在了一起，使人很难判定这场运动的性质。但这场风暴毕竟是不满社会现实者的一次政治大发动，它从根本上动摇了戴高乐的政治统治。

"五月风暴"还大大促进了行政和教育制度的改革。在"五月风暴"之后，法国对高等教育进行改革，其中最令人印象深刻的一个大动作，就是将巴黎大学一分为十三。从1971年1月1日起，统一的"巴黎大学"称号停止使用，新的十三所巴黎大学，即巴黎一大到巴黎十三大同时宣告成立。不过，如同中国人常说的分久必合，合久必分一样，近年来，为了应对国际通行的大学排行榜评选标准的挑战，法国的高校也在搞几校合并或组建大学群。例如，2018年1月，人文学科很好的巴黎四大和理科很强的巴黎六大进行了合并，组成了新的索邦大学。

如果我们从更深层次来思考，不妨把五月风暴看作一场针对发达资本主义社会异化现象，如异化的官僚等级制度、工具化的教育制度和管理制度、异化的消费社会以及压抑人性的工业文明的文化抗议运动。这一运动虽然规模很大，却具有明显的自发性，同时还在一定程度上具有非经济、非物质的倾向。类似的运动在战后法国还从未出现过，因此，"五月风暴"在法国乃至整个西方的社会文化史上具有分水岭的意义。

这方面我可以稍微给各位举一两个例子。如果说巴黎大学一分为十三是高教领域的突出例子，那么，战后法国史学名气最大、长期担任著名的年鉴学派第二代掌门人的布罗代尔被迫交出《年鉴》杂志主编大权，则是发生在学术界的突出事例。布罗代尔当年在学界的地位非常高，他强调"总体历史"和"长时段"为主要特征的历史观，不仅在法国史学界风行一时，激励着不少法国史学家以这位大师的巨著《地中海与菲利普二世时代的地中海世界》为样板，雄心勃勃地展开"总体历史"和"系列历史"的研究，成果丰硕，而且还产生了不容低估的国际影响力。可是，在"五月风暴"过后，就连他这样的人，也不得不把主编大权交给几位新人。如同"文化大革命"前后中国人的心态发生了巨大变化，不少法国人的心态在"五月风暴"前后可谓是判若两人。富有象

年鉴学派第二代掌门人布罗代尔

征意义的是,在"五月风暴"期间出现的一句口号"改变生活"(Changer la Vie)在风波过后依旧广为流行。而且,因为这句话用法语念起来特别好听,故一直到现在依旧会被用在一些法国的广告语当中。为此,我们也可以说,"五月风暴"已经迎来了"变革时代"。

不少朋友看过一部描述清朝末代皇帝一生的电影,片名叫《末代皇帝》,导演是意大利名导贝托鲁奇。贝托鲁奇不仅拍过《巴黎最后的探戈》等名片,还在2003年拍过一部以"五月风暴"为背景的影片《戏梦巴黎》,它在增强人们对这场风波的感性认识方面,还是很有帮助的。而且,中国观众在电影里看到毛泽东的半身塑像时,一定会既亲切又好奇。殊不知,我们熟悉的毛泽东思想,法国人叫"毛主义",当年曾和古巴的卡斯特罗主义等一起,对激进的法国青年学生产生过蛮大的影响。早些年我认识的一些属于"68年一代",也即出生于二战结束后不久、年轻时参与过1968年"五月风暴"的法国同行,在来华访学时若送给他们一两件从北京潘家园市场淘来的"文革"时期的小物品,他们往往会相当感兴趣和喜欢。

尽管戴高乐政权并未因"五月风暴"的冲击而垮台,但政治统治根基已受到巨大震荡。为了平息人们的不满,戴高乐在"五月风暴"过后打算启动重大改革。向来自信而固执的他还决定再搞一次公民投票,想用它来验证自己是否还受到选民的信任。他甚至还宣称,如果反对者占多数,他就立即挂冠而去。结果,投票者中反对票占了多数。消息公布后不久,戴高乐果然说到做到,断然宣布再度引退。而他的隐退,也就意味着作为"戴高乐的共和国"的第五共和国早期史告一段落。在下一章,让我们把目光投向戴高乐引退之后的第五共和国。

第二十八章
小马拉大车：争当"仅次于超级大国的大国"

和许多国家的人一样，法国人也喜欢以自己敬重的伟人名字来命名街道、广场、机场。戴高乐就是如此。这位两度在关键时刻挺身而出，勇当法兰西领路人的杰出人物在再度引退之后，回到了科隆贝双教堂村自己的旧居，专心致志地写他的第二部回忆录《希望回忆录》。1970年11月9日，戴高乐由于心脏病发作撒手人寰。根据他生前立下的遗嘱，法国没有为他举行国葬。不过，为了纪念他作出的贡献，巴黎市议会决定，把凯旋门所在的星形广场改名为夏尔·戴高乐广场。几年后，当巴黎最大的国际机场落成启用时，法国人又把这一机场命名为戴高乐机场。大多数中国人到法国时，往往都会首先由这个机场踏上法兰西的国土；而且，即便去往巴黎之外的外省，也同样会不时看到这位法国伟人的形象。本人2018年12月赴法国滨海大学短期讲学期间顺访加来时，就在市区里看到生动而高大的戴高乐夫妇全身塑像，印象

加来的戴高乐夫妇塑像

极为深刻。根据英国著名法国史专家、伦敦大学玛丽女王学院朱利安·杰克逊教授权威的两卷本《戴高乐将军》的说法，在2010年一项由法国人列举本国历史上最重要人物的民意测验中，44%的人将戴高乐排在首位，这一数字远远超过了拿破仑。

众所周知，在法国政坛上长期存在着左派、右派的区分，而戴高乐派一般被归为右派。如果说法国在第四共和国时期起主导作用的是中间派政党，那么1962年围绕着公民投票和新议会选举展开的政治角逐，导致第五共和国政坛呈现出左右两极分化的趋势。具体来讲，右翼政党力量稳步上升，左翼政党的影响回升较快，而中间派政党的力量却明显下降。由此，第五共和国以"左右对立的共和国"的面貌呈现在世人的面前。

戴高乐隐退之后，至今已有7位继任者。这些人当中，有的属于右派，如蓬皮杜、吉斯卡尔·德斯坦、希拉克、萨科齐，有的属于左派，如密特朗、奥朗德。至于现任总统马克龙，则另当别论，为什么呢？我们在最后一章会好好聊聊。

如果说在戴高乐担任总统时期，法国敢于对美国说"不"令人印象深刻，那么，同样使人印象颇深的是，这一时期的法国还竭力以二流国家的实力在国际事务中扮演一流大国的角色。而且，让人印象更为深刻的是，在戴高乐再度退出政坛之后，他所确立的这种外交传统或角色定位，在相当长的时间里始终继续得到他来自各派的继任者的继承和认同。换句话讲，戴高乐再度甩手不干后，不管是谁担任法国总统，法兰西的"大国梦"都依然还在延续。

从1969年6月到20世纪80年代初，蓬皮杜、吉斯卡尔·德斯坦相继主政爱丽舍宫时，法国对美国的激烈对抗政策虽比戴高乐时期有所缓和，但还是在极力保持自己对美苏两大超级大国的独立性，并充分利用法国当时处于东西南北各种集团和国家交叉点上这一极为有利的地位，竭力让法国继续充当"仅次于超级大国的大国"。在此过程中,无论是蓬皮杜还是德斯坦在以总统身份访华时都给笔者留下过独特而深刻的印象。蓬皮杜曾在周恩来总理陪同下来杭州游览过西湖,而在2016年G20峰会在杭召开前,来过杭州的重要国家领导人实在是少得很。笔者一直对蓬皮杜另眼相看还有个特殊原因,我在首次赴法访学时,蓬皮杜中心的开架式图书馆一直被我当作看书学习的理想场所。究其原因,除了藏书丰富,至关重要的是它当年是完全可以自由出入。此后每当我赴法期间不得不在类似场合耐心排队接受安检时,难免会特别留恋那段时光。至于德斯坦,其随访人员中就包括了本书开头就提到的佩雷菲特,他出人意料地出现在北大的课堂上,则难免令

以蓬皮杜的名字命名的蓬皮杜中心

我特别怀念读大学时校园里特有的开放、宽松与包容。

20世纪80年代初以来,无论是密特朗还是希拉克执掌总统大权,法国对自己的国际角色定位依然如故。对此,法国强大的近邻德国免不了有人调侃道:法国人是"持二等车票,却想坐头等车厢"。

在这方面,密特朗似乎值得格外关注。此人因干满两届7年任期而在第五共和国乃至整个法国历史上创下担任总统时间最长的纪录,而且因为现在法国总统每届任期已从7年改为5年,估计这一纪录已不太可能再被人打破。密特朗还是第一位以左派总统身份入主爱丽舍宫的人。当他在80年代初首次登上总统宝座时,虽然他的社会经济政策一度与那些右翼前任大相径庭,但在对外政策方面却依旧与他们大致相同。尤其是在对美关系问题上,他一直注重彰显对美国的独立姿态。

1988年,密特朗竞选连任总统成功。在他开始第二届总统任期不久,国际形势发生翻天覆地的变化导致90年代的法国外交面临极为严峻的挑战。简单地讲,随着雅尔塔格局瓦解和苏联解体,欧洲的秩序发生了剧烈的变化。这固然给法国提供了进一步发挥大国作用的机会,但是,剧变后欧洲力量的严重失衡,也给法国的大国地位带来不小的负面影响。比如说,苏联的解体,不仅一下子使法国失去了借苏抗美,即借助苏联抗衡美国的资本,而且还使法国痛失了一张"联苏制德"的好牌。更让人想不到的是,在柏林墙倒塌,苏东发生剧变后,二战后形成的两个德国,即东德与西德竟然会如此迅速地得到统一。这更使得在二战后已习惯于在西欧充当盟主的法国，对自己的西欧盟主地位忧心忡忡。后来的事实充分表明，这种担忧绝非杞人忧天。

总之，后冷战时代的国际局势可谓让法国喜忧参半，甚至是忧大于喜。面对这一局势，该如何来应对呢？显然，那就得调整外交政策，推出新举措。为了让法国在实力与地位相对削弱的新形势下还能继续充分发挥大国作用，密特朗当时在对外领域推出了两大举措。

第一项重大举措是深化西欧联合。在密特朗大力推动下，欧共体于1992年正式签署了建立欧洲联盟的《马斯特里赫特条约》。应当说，密特朗当时在这件事上还是挺卖力的，他之所以如此，很大程度是为了借此来一箭双雕，既能"抗美"，又能"防德"。所谓的"抗美"，是指借助欧共体整体合力，同美国争夺欧洲事务主导权，最终实现由法国占主导地位的"欧洲人的欧洲"的夙愿；而所谓的"防德"，指的是借助欧盟的经济、政治一体化和共同防务的综合机制，掣肘在东西统一后国力大增的德国。

第二项重大举措，牵扯到我们中国的地方就多得多了。那就是在国际舞台上大肆充当"民主"卫士，竭力推行"人权外交"。这一点在这一时期法国的对华政策中表现得尤其突出。也正因为如此，该举措导致了中法两国之间的关系在一段时间里极不融洽。此外，密特朗为扩大法国的国际影响，还竭力让法国充当国际宪兵。于是，在他执政的一段时间里，法国竟然成了向联合国提供维和部队最多的国家。

尽管密特朗为贯彻上述外交举措使出了浑身解数，但却连遭挫折。例如，在法德制约与反制约的斗争中，德国明显占了上风；法国在同美国争夺欧洲安全局势主导权方面，也往往显得力不从心；充当"民主"卫士，大搞"人权"外交，则导致了法国与中国等国家的关系一度恶化。至于在法国经济持续不景气的情况下，仍耗费巨资向联合国提供大批维和部队，更是在法国国内引来一片嘘声。

1995年5月，希拉克接替密特朗担任法国总统。这位戴高乐主义的传人在入主爱丽舍宫后，将"遵循戴高乐将军的教导，寻求法国在世界事务中应有的突出地位"视为己任。不过，为应对冷战后新形势的挑战，他也不得不在戴高乐传统外交思想中糅进一些现实内容。因而，希拉克的外交，往往被人称为"新戴高乐主义"外交。

具体来讲，在对美政策方面，希拉克上台后也注重改善法美关系，借以加强自身的大国地位，应对欧洲地区的安全挑战，推动法美经贸关系的发展。但在这一过程中，他始终强调一点，这就是法国只乐于同美国建立"严格的平等伙伴关系"，绝不接受由美国统治的单极世界，不承认以美国为轴心的"世界新秩序"。他不仅这样讲，而且确实也这样做了。例如，在联合国秘书长人选问题上，法国坚决支持让不讨美国人喜欢的来自非洲的加利连任。在古巴问题上，法国带头谴责美国炮制的《赫尔姆斯－伯顿法》。

当时在不少其他国家的人看来,这项法案最恶劣的地方在于将美国的国内立法强加于国际社会。

  2003年,美国小布什总统伙同英国布莱尔首相悍然发动了伊拉克战争,对此,希拉克等人更是带头猛烈抨击,因为言辞过于激烈,甚至还导致了法美关系一度相当紧张。还值得一提的是,为保持法兰西文化传统,希拉克政府还采取措施,大力抵制美国文化的侵袭和渗透,其中包括严格限制美国电影和通俗音乐在法国媒体上播放。不过,也正因为法国高调反对发动伊拉克战争,不仅法美关系迅速陷入低谷,还在美国迅速冒出了"逢法必反"现象。其间,有的人把法国红酒打开后直接倒入下水槽,也有人把吃快餐时享用的炸薯条由原先的"法兰西炸薯条"(French fries)改名为"自由炸薯条"(Liberty fries)。凡此种种,势必也促使希拉克不得不重新反思和研判相关问题并得出这样的结论,即法国的勃勃雄心已超出能力所及,综合国力资源远远无法支撑其意欲扮演的超强国际角色。而且对法国来讲,因与"山姆大叔"交恶而长期自外于以美国为首的西方阵营,也是无法想象和难以承受的。于是,法国外交很快就出现了幅度超大的外交转向,开始主动向美方立场靠拢。而这一转向的出现,实际上也昭示着传统(或经典)戴高乐主义对外政策的某种终结。更有甚者,希拉克时代的这种明显外交转向,后被他在爱丽舍宫的继任者们所认同和沿袭。由此,希拉克强烈反对美国对伊拉克动武的举世瞩目的表现,其实也不妨视为戴高乐主义外交政策延续性的极致表现,同时也可当作他这位"戴高乐主义最后旗手"的"天鹅绝唱"。

在对德问题和欧洲建设方面，面对统一后德国国内"大德国主义"思潮的抬头，希拉克政府加强了对德国的防范。出于这一考虑，他在上台后不久就冒着极大风险宣布法国恢复核试验，借此向德国显示法国核打击的力量及决心（当然，此举的意义绝不仅于此）。不过在这同时，希拉克对维系法德合作也还是很重视的，仍然把法德轴心置于欧盟发展的中心位置。而这在很大程度上是由希拉克不愿放弃法国"世界使命"同时又清醒认识到本国综合实力不足所决定的。为此，他势必日益注重借助欧盟来发挥自身作用。尽管如此，在关乎欧洲未来的问题上，希拉克依然显得相当审慎，竭尽所能捍卫自己对欧盟的原有构想，即强大的欧盟不仅在成员国之间发展共同的政策，还要不断加以深化和扩大，以期欧盟既不局限于简单地实行自由贸易的地区，同时也不至于形成典型的联邦制结构。

此外，和密特朗一样，希拉克在担任总统时，法国在许多场合继续以"第三世界的保护神"自居，在不少问题上"仗义执言"。与此同时，他还一直对亚非拉地区的历史文化表现出极为浓厚兴趣，后来还热忱提议和成功推动了凯布朗利博物馆的创办。由此，塞纳河左岸在靠近埃菲尔铁塔处又增加了一个吸引人的著名文化地标。不过，由于法国本身实力毕竟有限，它在对第三世界的支持方面，往往是说得多，做得少。顺便提一下，希拉克对中国历史文化怀有浓厚的兴趣，特别是对中国青铜器情有独钟，很是痴迷。1997年,希拉克在访华期间参观上海博物馆之际时任馆长把《中国青铜器全集》赠给他,希拉克在翻看到书中的一张图片时竟然脱口问道:"这是不是二里头文化三期的青铜器?"如此专业的提问,令被誉为"中国青铜器鉴定第一人"的马承源馆长惊叹不已。

法国这一时期之所以在国际舞台上不时表现出"心有余而力不足",是由它虽然持二等票却想坐头等车厢,或者说这匹"小马"仍然还一心想拉大车所决定的。伴随着"辉煌的三十年"的结束,法国战后"大国梦"所依赖的社会经济支撑因经济衰退受到削弱。或者说法国的"硬国力"已经让它更难以在国际事务中以二流国家实力扮演一流大国角色,这迫使法国在继续做它的"大国梦"过程当中,不得不越来越倚重发挥自己在"软国力"或者说"软实力"方面的一些优势。

法国在"软国力"方面的优势有哪些呢?对此,以反美著称,尤其不愿接受全球化等于美国化观点的法国前外交部长魏德林在1998年5月于法国国际关系与战略研究所所作的报告中给出了大致的答案。魏德林的这一报告中不仅宣称法国依然是有世界影响力的强国,同时还特意强调:"我们不仅具有'硬国力',还有'软国力',如语言、文化、艺术、音乐、知识分子、非政府组织、烹调、优美景观等独特魅力。法国是人权的祖国,同世界其他国家相比,我们拥有特殊的使命。我们要避免野蛮的全球化,用另外的方式规划全球化。"

魏德林在上述报告中罗列能体现法国文化软实力的强项时还专门提到了法国知识分子。知识分子是传媒中出现频率甚高的术语。在法语语境中，这一术语出现于19世纪末爆发的德雷福斯事件，诚然，拥有文化知识同时又勇于介入社会的社会群体在此前法国早已有之。"卡拉事件"中挺身而出的伏尔泰，19世纪中后期在社会介入上表现卓越、去世时在法国获得"至高荣誉"的雨果，均属他们中的佼佼者。但知识分子作为一个特殊社会群体更好地发挥各种作用且更引人瞩目，是法国20世纪的现象之一。更

2008年法国为纪念左拉骨灰安放于先贤祠100周年举办活动

有意思的是，世界各国人们在谈及知识分子时，脑海中经常会首先浮现出一些法国著名知识分子的形象。如在德雷福斯事件中愤然宣布"我控诉"的左拉，被誉为20世纪后半叶"时代的良心"的萨特，在法国监狱改革运动等社会运动中充当先锋的福柯，以及不时以反"全球化"斗士或自由资本主义的"狙击手"面貌示人的布尔迪厄，等等。并非偶然的是，20世纪末21世纪初，法国史坛引人瞩目地出现了新的史学分支——法国知识分子史。这个研究领域彼时堪称"显学"，一度吸引不少史坛名家投身其间。而且，他们的不少著作甫一出版就在法国社会产生强烈反响，如米歇尔·维诺克的《知识分子的世纪》。

如前所述，法国之所以在这一时期国际舞台上显得"力不从心"是与"辉煌的三十年"结束后持续出现的危机现象与衰落趋势密切相关的，而在这一"危机时代"中，法国不时冒出各种新社会运动，并进而对法国国内政治格局产生不容低估的影响。在下一章，我们将把目光投向新社会运动如何在法国异军突起，它又对当今法国政治产生了哪些影响。

第二十九章
摆脱危机与衰落的出路何在

法国历史上雄心勃勃的君主,都会在身后给法国留下打上自己印记的宏伟建筑。例如,路易十四就有他的凡尔赛宫。早年的

玻璃金字塔已成卢浮宫的新标志

君王如此，当代的总统们如果条件允许又何尝不是这样呢？在这方面，密特朗总统绝对是个突出例子。虽然这位社会党领袖有时会给人留下生活较为简朴的印象，但他当总统后在兴建丰碑式公共建筑特别是大型文化工程方面却舍得大把花钱。例如，他一上台就大搞卢浮宫扩建，还力排众议对美籍华人贝聿铭委以设计重任。也正因为如此，那座举世瞩目的玻璃金字塔才得以问世，古老的卢浮宫也因此焕发了新的活力。此外，在他执政时期兴建的巴黎新区也就是拉德芳斯区的大拱门，还有作为国家图书馆主馆的密特朗图书馆，以及建于巴士底广场的新歌剧院，也都极为令

密特朗执政时期在拉德芳斯新区建造的大拱门

人赞叹。

他的继任者希拉克，也同样留下了一座凯布朗利博物馆。这座位于塞纳河畔、紧邻埃菲尔铁塔的博物馆，是在希拉克提议和推进下兴建的。从高高的铁塔望下去，它就像一艘停泊在塞纳河畔的巨大方舟。这家博物馆收藏陈展的主要是来自非洲、美洲、大洋洲和亚洲具有原始艺术风格的艺术品，当然也包括一些源自中国的稀世珍品。因此，绝对值得中国人一游。

这些建筑的建设和落成，无不让人觉得这些领导者似乎早就想好要借世界建筑史上的杰作来为自己树碑立传了。如同我们在讲路易十四时提过的其法兰西文化策略所反映那样，这些建筑还体现了法国一种悠久的文化和政治传统，即权力与建筑之间会存在相辅相成、唇齿相依的关系。不过，对密特朗等人来说，这样做也并非完全是出于对个人声誉的追求，实际上同时也还有着别的考量，其中就包括该如何让法国更好地应对日益明显的全球化挑战。这些举措就是想通过兴建这类建筑更好地体现法国文化独特性的价值，提升还在做着大国梦的法国的软实力，包括确保乃至提升巴黎世界文化之都的地位。

毋庸置疑，他们在这方面的努力还是成功的。卢浮宫等地方开馆时每天都会有众多来自世界各地的参观者，足以让人感受到这一点。不过，当来自其他国家的人看到这些或新建或改建后面貌焕然一新的建筑丰碑，更被法国特别是巴黎的独特魅力所倾倒，从而对法国赞不绝口时，大多数法国人自己似乎远没有这样的好心情。为什么呢？因为在他们看来，随着"辉煌的三十年"在20世纪70年代世界能源危机爆发时戛然而止，法国好像一直没有太多令人满意的好日子，此后的几十年，可以称之为"危机和衰落"的年代。

在这一背景下，20世纪快要结束之际，一些明确宣称法国正在衰落的所谓"衰落学家"纷纷登场。其中最值得注意的人物当为集史学家和经济学家于一身的尼古拉·巴维莱兹。1998年，巴维莱兹出版了《可怜的三十年》一书，用"可怜的三十年"这一提法来形容法国和"辉煌的三十年"相对的近30年的状况。这本光是标题就很吸引眼球的书一问世，立即就在法国学术界乃至更大范围引起很大反响，一版再版。进入21世纪后，一些法国人更是认为，自己的国家处于危机之中，再清楚不过地正在走向衰落。同样是那位巴维莱兹，还写了一本"感叹法国正在走向衰落"的新书，书名叫《法国在跌倒》。这本书在2004年出版后，不仅马上在读者中引起更大反响，还长期占据法国畅销书排行榜的"冠军"位置。在这之后，法国接二连三地冒出了一批持有相同悲观论调的新书，如《法国的不幸》《高卢的幻想》等等。而在2005年7月，巴黎申办2012年奥运会失败之后，《世界报》这一当今法国影响力最大的报刊之一为此发表的社论标题更是让不少法国人感到扎心，这一标题就是《确实在衰落》。

上述提到的这些法国衰落论的代表人物及其言论，之所以能在20世纪晚期，特别是世纪末以来的法国甚有市场，与当时法国社会长期被经济发展速度减缓、通货膨胀加剧、失业问题严重等现象困扰大有关系。在这一背景下，法国的社会矛盾越来越激化，整个社会呈现出动荡不安、危机四伏的局面。面对这一状况，著名社会学家皮埃尔·布尔迪厄在1993年出版了一本名叫《世界的苦难》的新书。《世界的苦难》借助布尔迪厄等人耗时3年访谈数以百计的法国人写就的鲜活文字，对当时笼罩整个法国的"社会崩溃"气氛进行细致描述和深刻分析。这本书出版后，在法国社会引起了极为强烈的反响。此书中文版在2017年已由中国人民大学出版社推出，若感兴趣不妨去找来看看。

在那些年头里，无论是左翼上台，还是右翼执政，甚至还包括左右共治，几乎都不能给法国人带来盼头。于是，不少法国人不仅对前途越来越悲观，还纷纷以罢工、示威作为重要的社会诉求方式。一时间，法国全国上下罢工频起，示威不断。其中，发生在1995年11月的大罢工可谓规模最大。这次罢工不仅时间长——持续几个星期之久，范围广——地点遍及巴黎等60多个城市，而且波及的行业多，以至于铁路、邮政、电信、航空、教育、卫生、电力和煤气部门等等，无一幸免。就这样，在此次大罢工期间，法国的铁轨上基本上看不到火车在行驶，往常人流如潮的巴黎各地铁站，这段时间里全都空空荡荡、冷冷清清。在地面上的公共交通均告停运的同时，天上也几乎看不到飞机的影子。可以毫不夸张地说，这次罢工使巴黎成了一座"死城"，全国的不少大城市情况也好不到哪里去。

如果说这次罢工虽然规模巨大,后果严重,但毕竟主要与法国人自己的生活有关,那么,1998年世界杯前夕法航员工的一场罢工可真是搅得全世界的足球迷心神不安。也正因为如此,世界各地的人们,特别是球迷们对法国是个典型的罢工国度算是有了更深刻的认识。

值得注意的是,在罢工这种传统的社会抗议方式此起彼伏之际,内容五花八门的"新社会运动"也在法国方兴未艾。在"新社会运动"的招牌下,这一时期较引人瞩目的有生态运动、女权运动、同性恋运动、反全球化运动、保护动物权利运动等等。篇幅所限,在此我只能给大家重点介绍两名"新社会运动"的代表人物,她们是战后法国在妇女解放运动方面起过至关重要作用的两位西蒙娜,她们的名字分别是西蒙娜·德·波伏瓦和西蒙娜·薇依。

第一个西蒙娜我们都知道,她是萨特的终身伴侣。这位同样毕业于巴黎高师的才女,不仅出版的小说得过法国最高文学奖项之一龚古尔奖,她的《第二性》还曾被不少女性(权)主义者誉为妇女解放运动的"圣经"。同样令人瞩目的是,20世纪70年代初期,西蒙娜·德·波伏瓦领导的"妇女解放运动"在巴黎凯旋门无名烈士墓前组织过一次示威活动,这些示威者宣称,还有人比那些躺在无名烈士墓里的无名战士还要寂寂无闻,她们就是无名战士的妻子。这一形象生动的提法当时一下子就在整个法国引起强烈的共鸣。在这之后不久,波伏瓦和写过《广岛之恋》等作品的玛格丽特·杜拉斯等343位法国女性名人，不仅在法国著名周刊《新观察家》上发表了赞同堕胎的宣言，同时还在宣言中公开承认，她们自己曾经也堕过胎。无疑，这些女性名人的上述举动为法国妇女争取堕胎的合法权利起了相当大的推进作用。

第二个西蒙娜又是何许人也呢？她是位集政治家和女性（权）主义斗士于一身，以非凡人格力量深受国人爱戴的杰出女性。出生于犹太人家庭的西蒙娜·薇依早年是奥斯维辛集中营的幸存者之一，第二次世界大战之后投身政坛，曾担任多种重要职务。在这一过程中，薇依始终致力于"为最弱势群体争取权益而进行正义而必要的斗争"，其中包括她在1974年顶住保守派巨大压力推动立法，促成女性堕胎在法国合法化。2018年7月1日，薇依在去世一年后正式入葬先贤祠。法国政府在先贤祠广场举行了仪式，马克龙总统亲自到场发表讲话，向这位杰出女性表示敬意。我因为那一阵子恰好在巴黎访学，而且就住在先贤祠附近，遂特意过去观看这一场景，印象至深。晚上收看法国电视新闻时，我又惊讶地发现，有不少如今已年纪一把，但当年年轻的女性在接受电视采访时显得非常动情，一再表示对薇依心存感激。说实话，我当时在电视上看到这些画面时受到的触动还是很大的，人们现在理所当然地享有的许多权利，实际上都是与先贤在过去的不懈努力分不开的。法国如此，我们中国又何尝不是如此？

在众多新社会运动中，还有一种反全球化运动在法国格外引人瞩目。我们都知道，20世纪80年代以来，以经济全球化为中心的全球化浪潮席卷全球。毋庸讳言,全球化在为各国民众带来福祉的同时也暴露出了种种弊端。于是,反全球化运动在20世纪90年代在一些西方发达国家兴起,继而逐渐蔓延到世界各地。其中,法国的反全球化运动更是以规模大、影响广而著称,甚至被其他国家的同道奉为榜样。而在法国反全球化运动中,最为重要、极具代表性的组织叫"征收金融交易税以援助公民协会"(ATTAC)。作为一个反全球化组织,"征收金融交易税以援助公民协会"在对以新自由主义为思想根基的全球化口诛笔伐的同时也组织了很多形式多样的活动,影响很大。

在我和大家简单地聊了法国"新社会运动"的情况之后,或

反全球化运动的著名组织 ATTAC 的抗议活动

许各位会很想知道法国在这一时期何以会冒出如此之多的运动。我个人觉得,在梳理导致"新社会运动"在法国此起彼伏的众多原因时,有一点绝对不能遗漏,那就是这一时期法国传统左翼运动尤其是向来较为强劲的社会主义工人运动的衰落。我们甚至可以说,正是这种衰落为"新社会运动"提供了很大的政治空间。

不过,衰落的厄运也并非仅仅落在传统左翼身上。事实上,法国传统右翼在"世纪末"也同样难逃此劫。如果说传统左翼的衰落为形形色色的"新社会运动"分别提供了大致相同的政治空间,那么,传统右翼的衰落的最大受益者却只有以让-玛丽·勒庞为首的极右组织——国民阵线。90年代以来,不少对戴高乐派为代表的传统右翼深感失望同时对左翼又心存余悸的选民,纷纷把票投给了勒庞之流。

1995年5月,密特朗告别已坐了14年之久的总统宝座,雅克·希拉克成了爱丽舍宫的新主人。由于新总统的任期要到2002年届满,所以希拉克还成了一位将领导法国人"跨世纪"的总统。虽然希拉克上台之际雄心勃勃,一心想重振"高卢雄鸡"雄风,但两届干下来,实际结果却并没有能够让国人感到满意。而在这一过程当中,至少有四件事让希拉克深感棘手和失望。

首先是在第一个任期中,希拉克在刚入主爱丽舍宫的1995年年底,就得面对法国自1968年"五月风暴"以来最大的罢工浪潮。这次罢工浪潮的发生,主要是因为希拉克所倚重的得力助手、时任总理阿兰·朱佩为让法国能尽快满足《马斯特里赫特条约》

的相关规定,急切地推出了一系列旨在降低赤字、减轻国家财政负担的改革方案,如提高个人所得税、削减医疗补贴、降低国有企业员工的退休金等。这一系列改革方案,说穿了就是效仿英美式的"自由市场"道路,试图以此来改变法国原有的以国家为主导的社会保障体系。因而,改革方案刚一公布就招致强烈反对,加之朱佩政府又意欲强行推进改革,终于引发了这场席卷整个法国的大罢工。

其次是在1997年新的议会选举中,上次选举中惨败的左翼成功翻盘,致使希拉克不得不授命社会党领袖若斯潘组阁。由此,第五共和国迎来第三次"左右共治",但这回"左右共治"和密特朗时代不同,已换成右翼总统和左翼总理"共治"。此外,右翼总统希拉克与左翼总理共治的时间将不止两三年,而是长达五年。这一切,同时也意味着希拉克这位"跨世纪"右翼总统须与左翼总理在"共治"中率领国人迈入21世纪。

再次,希拉克在2002年竞选连任成功后,在第二个任期中2005年竟然在《欧盟宪法条约》全民公决问题上意外翻船。由于希冀必要时能以欧盟名义采取行动,以及期望欧洲日后能作为一个整体在国际舞台上举足轻重,希拉克担任总统后一直都在推动欧洲一体化进程。同年5月,欧盟国家开始就《欧盟宪法条约》进行表决,法国作为欧盟领头羊,相关动向自然具有决定性导向意义。为了压倒议会中的反对声音,希拉克决定将法案付诸全民公决。他本人出于对此的高度重视,公决前夜还亲自发表电视讲话,呼吁法国民众承担起"历史的责任"。其间,希拉克还动情地说道:"你们的决定远远超出左翼和右翼的范畴,它关系到你们的未来、孩子们的未来、法兰西的未来,以及欧洲的未来。"然而,全民公决结果却让希拉克大失所望,由于反对者占上风,法国竟然成了25个欧盟成员国中率先否决《欧盟宪法条约》的国家!这一残酷的事实无情碾碎了希拉克就欧盟构想的"未来",同时也大大削弱了他本人的威望和影响力,甚至可以说已间接宣布了他政治生涯的结束。

最后,希拉克在2005年秋末不得不面对最初在巴黎郊区发生继而蔓延到全法的大规模骚乱。此次骚乱导火索是两名移民少年意外死亡的事件。是年10月27日,在巴黎东北郊克利希苏布瓦镇,两名北非裔移民少年因躲避警察盘查而意外触电身亡,由此引起当地移民强烈不满。当天晚上,数以百计的人走上街头,并试图冲击镇议会厅。当地警察前去干预后,移民的暴力行动依旧是有增无减。骚乱行为到处蔓延,持续升级,形势很快失控,迫使希拉克宣布法国进入"紧急状态",授权骚乱地区政府实行宵禁。11月14日,希拉克向全国发表电视讲话,承认骚乱源于法国社会内部存在严重的认同危机,政府将采取大规模的综合措施解决对少数族裔的歧视问题。经过多方共同努力,11月16日,法国全境的骚乱活动明显回落,11月17日,法国官方宣布骚乱平息。

此次骚乱的发生,再次暴露当今法国社会所存在的诸多严重矛盾和问题,对政府的治理能力提出了严峻挑战,更对已在总统宝座上坐了10年之久、年逾古稀的希拉克触动很大。随着新的总统选举年在2007年到来,希拉克于是年3月11日发表公开讲话,宣布不再参加下届总统选举。他此次讲话时间不长,10分钟左右,但是这次讲话却意味着希拉克已在预告自己40余年政治生涯的结束。对此,世界各大媒体纷纷第一时间予以报道,不少媒体还宣称:这意味着法国政坛一个时代的结束和欧洲政治历史性更替的开始。

尽管希拉克两届总统任期的政绩未能让国人普遍满意,但这位驰骋法国政坛近半个世纪的政治家在国人心目中享有的威望,却还是后来的总统无法相比的。当希拉克在2019年9月26日逝世时,不少法国人以各自的方式对他表示悼念之情。根据一项当时进行的民意调查,希拉克不仅支持率明显上升,甚至还与戴高乐将军并列成为第五共和国最好的总统。由于正值本人在巴黎访学,且住处又与法国官方为希拉克举行悼念仪式的场所——圣叙尔比斯教堂不远,而我也对这位风度翩翩、一直对中国相当友好的法国政治家素有好感,我特意于9月30日法国为希拉克设立的国家哀悼日那天,挤在该教堂周围警戒线外与很多法国人一起为他送行。就此不妨说几句题外话,2008年夏秋两季我在巴黎访学时的住处恰好也在这一带,我三天两头会于晚饭后到圣叙尔比斯教堂前的广场上散步,有时还会进入教堂看看。后来在看到那本畅销一时的《达·芬奇密码》中关于这座教堂的描述时,就会更多几分亲切感。

巴黎市政厅广场连续播放悼念"老市长"希拉克的视频

在希拉克之后先后入主爱丽舍宫的萨科齐和奥朗德,虽然在上台时个个踌躇满志,但最后不过也同样是落得个"心有余而力不足"。那么,在2017年出人意料地当选为总统,而且是法国历史上最年轻总统的马克龙,在上位后是否能改写这一历史呢?让我们在下一章,也就是最后一章略作探讨。

第三十章
史上最年轻的总统能给法国带来什么

诚然,在 20 世纪晚期,特别是 21 世纪以来,哀叹法国正在走向衰落的论调在法国国内颇有市场,《可怜的三十年》《法国在跌倒》之类的书名或社论标题往往很容易在六边形土地上不胫而走,但需要指出的是,人们同时还应当看到毕竟还是有不少法国人仍然对"法国衰落说"颇不以为然。与此同时,更多的法国人则是在思考和践行着究竟该如何来重振"高卢雄鸡"的雄风。这当中当然也包括这些年先后入主爱丽舍宫的几位法国总统。

上一章中已经提到了希拉克总统的一些相关情况,那么,在希拉克干满两届总统之后,又有哪些总统先后入主爱丽舍宫呢?他们分别是来自右翼的尼古拉·萨科齐和来自左翼的弗朗索瓦·奥朗德。

萨科齐,一看他的姓,就让人感到他十有八九来自移民家庭,没错,萨科齐确实是出生在巴黎的一个移民家庭里。在当选总统之前，萨科齐在法国政坛属于少壮派人物，以"戴高乐的继承人"自居的他，同时还是传统右翼的代表。而在入主爱丽舍宫之后，他更表现出是一位直言敢干、作风强悍的"另类"总统。像拿破仑那样个子不太高的萨科齐，也像拿破仑那样是个雄心勃勃的政治家。他在竞选总统时提出的竞选口号尤其给人留下了相当深刻的印象，这一口号就是："团结起来，一切皆有可能。"萨科齐还决心在成为总统后，通过大力推行改革，重新塑造一个充满生机和活力的法国，恢复法国昔日的伟大和光荣。当时，他说得颇多而且很能打动一些法国人的心的一句话就是："要使每一个法国人重新感觉到作为法国人的自豪。"他的竞选总统宣言很能给人留下深刻印象："我感到自己有一股力量和愿望，想要有不一样的法国。我希望使法国社会重现活力。"此外，他还在竞选时一再强调自己希望的是加强社会流动，帮助民众致富，建优质学校，提高工资……其最终目的则是将法国重塑为"世界典范"，与过去的法国"平静地决裂"。萨科齐还在向选民讲话时反复强调"与过去决裂"，尤其是需要与早已在大大阻碍法国发展的原有思维方式决裂。为此，他甚至不惜把矛头直指前任，口无遮拦地宣称："（希拉克）总统先生求无为，我希望求变。"

像萨科齐这样明显不同于原先的法国政治家，甚至相当"美国化"的政治家的当选，再次表明，21世纪的法国依然还是"人心思变"。法国虽属欧洲最发达国家之一，但"辉煌的三十年"终结以来，经济增长乏力，失业严重，民众生活水平下降，社会安全问题颇多。因而，历届政府殚精竭虑，出台许多政策。但是，这些政策举措由于受到各种制约却收效甚微，导致民众极度不满，更为强烈的变革愿望油然而生。虽然萨科齐无论是竞选时还是上台初期都表现出雄心勃勃，但他在任期中是否兑现了对选民的承诺，抑或说大多数法国选民对萨科齐作为总统的表现是否满意？答案显然该是否定的。事实上，在兑现竞选诺言方面，萨科齐和希拉克一样，也是心有余而力不足。2011年，法国迎来新的市议会选举。这次选举是在反对养老金改革的示威游行接连不断、大学生的校园抗议乃至骚乱时有发生的背景下举行的。结果，左翼赢得的选票远远要多于右翼。而同时出现的令人目瞪口呆的高弃票率，显示不少选民对这位"锦衣总统"已深感失望和不满。这一切，无不预示着在2012年将要举行的总统选举中，谋求连任的萨科齐前景不妙。

2012年，法国再度迎来新的总统选举。谋求连任的萨科齐在第二轮投票中功亏一篑，以微弱劣势败在社会党候选人奥朗德手中。就这样，以微弱优势获胜的奥朗德成了爱丽舍宫的新主人。像许多西方政治家都会做的那样，竞选连任失败的萨科齐在得知投票结果的当天晚上就打电话给奥朗德，向他表示祝贺。不过，他同时认为，奥朗德将面临严峻考验，所以他要祝新总统好运。毕业于法国国家行政学院、曾任社会党第一书记的奥朗德也有着自己的"法国梦"，而且还在担任总统前豪情万丈地出版过一本书名就叫《法国梦》的书。那么，他在总统任期内会有萨科齐所说的那种"好运"吗？这一问题的答案显然该是否定的。别的不多说，就在奥朗德担任总统的 2015 年，巴黎竟然发生了两起令人震惊的恶性恐怖事件。

第一起发生在 1 月 7 日，当天中午 11 时 30 分左右，两名恐怖分子手持武器突然闯入创刊于 1970 年的讽刺杂志《查理周刊》（Charlie Hebdo）编辑部，随即开枪射杀了正在举行编辑会议的在场人员，造成至少 12 人死亡，其中包括该刊主编和多位著名漫画家。事发后，举世震惊。在沉浸于震惊、恐惧、愤怒、伤痛等多种情绪数日后，1 月 11 日，法国全国数以百万计人参加集会大游行，哀悼在多起恐怖袭击中丧生的遇难者。是日，全法共有多达 370 万人走上街头纪念系列恐袭的死难者，创下法国史无前例的纪录，仅巴黎的游行人数就在 120 万至 160 万之间。更令人印象深刻的是，60 多名国家首脑和官员赴巴黎出席游行活动，身穿深色大衣的各国领导人在参加从协和广场到民族广场的游行时，还手挽手走在队伍前列。

第二起发生在 11 月 13 日。当晚，巴黎市区共发生 5 次爆炸、5 次枪击，其中曾作为 1998 年世界杯决赛赛场的法兰西体育场附近就发生了 3 次爆炸。而且在法兰西体育场发生爆炸时，恰逢奥朗德正在场内观看法国队与德国队的激烈比赛。当天的恐怖袭击中最令人发指的场景出现在巴塔克兰剧院。当晚，能容纳 1500 人的剧院座无虚席，听众们正在欣赏来自美国的摇滚乐队的演出，恐怖分子在进入剧院后，竟然朝在场听众肆意开枪扫射，造成至少 120 人死亡。事发当晚，奥朗德第一时间向全体国民发表讲话，宣布巴黎遭到史无前例的恐怖袭击，同时下令全国进入紧急状态。为应对本次恐怖袭击，全法实施最高级别反恐戒严，实行宵禁。同时，法国还暂时关闭了国境的进出，一度取消所有航班。

巴黎发生的上述史无前例、惨绝人寰的恐怖袭击事件搞得法国民众人心惶惶，难免会抱怨当局防恐反恐不力，而奥朗德等人在扭转法国社会经济发展颓势、重振"高卢雄鸡"雄风方面的表现，更是令民众大为失望。这一切导致了奥朗德在民意调查中的支持率一跌再跌，到最后竟然沦落为法国历史上最不受欢迎的总统。或许是晓得自己若是参选几乎等于自取其辱，奥朗德在 2016 年 12 月初提前在爱丽舍宫发表全国电视讲话，出人意料地宣布他将不在下一年寻求竞选连任下届法国总统。他的这番话意味着奥朗德成了第五共和国总统史上第一位放弃连任的总统。

2017 年，法国又迎来了新的总统选举。这次选举由于卸任总统奥朗德弃选连任，使得选情更加复杂多变，跌宕起伏。最终，埃马纽埃尔·马克龙在第二轮投票中大胜对手、极右翼政党国民阵线候选人玛丽娜·勒庞，成为爱丽舍宫的新主人。由于马克龙当选总统时只有 39 岁，他还成了法国总统史上最年轻的总统。

颇有意思的是，马克龙在中国第一次广为人知似乎应该归因于这么一则被不少人津津乐道的花边新闻，即那位年轻有为的经济部长如何娶了比他大 20 多岁的语文老师为妻子。让很多人没想到的是，这则新闻中的男主人公竟然这么快就成了法国的新总统。

此话怎讲？因为虽然马克龙在还是社会党成员时曾深得奥朗德的器重，但他从未当过议员，也没有参与过政治竞选。也正因为如此，当马克龙打算竞选总统时就连党内的这一关也没过，于是，他只能从社会党出来，以独立候选人身份参与竞选，为此还另立炉灶创建了新的政治派别——"前进运动"。按理说，在法国总统选举中最有希望获胜的一般是两大中左或中右政党推出的候选人，然而，这一次选举由于两大党的候选人接连遭遇滑铁卢，竟然让马克龙出人意料地进入第二轮投票，得以与法国极右翼政党候选人、国民阵线党主席玛丽娜·勒庞最后一决高低。

当时因英国脱欧公投的结果以及一些欧洲国家政坛出现的新动向，加之老勒庞的女儿玛丽娜·勒庞在总统选举中的支持率一直意外领跑，不少人在投票结果出来前特别紧张。因为这一选举结果将不仅关乎法国接下来由谁来当新总统，还在很大程度上决定着欧盟的发展前景是否能化险为夷。因为很多人心里都很清楚，一旦勒庞上台，欧盟可就真的是遇到大麻烦了。不过，令我记忆犹新的是，当时，我与法国人聊到这次选举时，他们都很肯定地告诉我说，勒庞上不了，因为她在竞选过程中传递出来的反移民、反欧盟、反体制的倾向与诉求，会让很多法国人觉得难以认同和接受。如果她上台，法国不仅会大变，而且还会进一步分裂动荡。这几位法国朋友还语气肯定地告诉我，在第二轮投票时，大多数选民应该都会把票投给勒庞的对手。事实果然如此。尽管勒庞此前一直人气很旺，支持率一直在领跑，但在第二轮投票时却只获得了 35% 选票。这意味着已和总统宝座近在咫尺的她，结果还是没有能够成为法国历史上的首位女总统。

勒庞在选举结果出来后，按照惯例立即向马克龙表示祝贺。她在坦言"法国选择了连续性"的同时，也预祝马克龙未来取得成功。值得一提的是，马克龙这位年轻的新主刚一上位，就有法国人把他和拿破仑联系起来，法国的网站上把两人合二为一的拼图更是不时可见。这一现象充分表明，有不少法国人寄希望于这位新总统能够重振"高卢雄鸡"的雄风。那么，这位被人认为具有一定波拿巴主义色彩的新总统是否能深孚选民的期望呢？我个人觉得，这即便不是一个"不可能完成的任务"，那也肯定是一个难度超高的任务。

法国若想要扭转发展颓势，重振"高卢雄鸡"的雄风，就非进行大刀阔斧的改革不可。然而，由于这种改革势必会触犯一些既得利益者的利益，包括使一些原来享受优厚福利待遇的人利益受损，必然会招来他们的强烈反对。要知道，在法国这样的国家里，对于政治家来说，在涉及社会福利之类问题时向来都只能是做加法，不能做减法，若是采用后者，则无异于政治上的自残甚至自杀。最突出的例子之一就是 2018 年上半年铁路员工的范围广、时间长的罢工。

在闻悉当局要对法国国营铁路公司（SNCF，简称法铁）动手改革，不少铁路员工相关福利待遇会因此受到影响时，法国铁路工人在工会组织呼吁下，从 4 月 3 日起以史无前例的方式举行罢工，即在接下来的3个月里将以每工作3天罢工2天的方式进行抗议，以此来对马克龙政府施压。法国铁路工人的这一举动无疑严重地影响到了法国的社会秩序，特别是很多人的正常出行。至于其他部门的人员，类似的罢工、示威现象也时不时会突然出现。马克龙政府的改革难度之大由此可见一斑。此外，法国多年来实行的"共和模式"移民政策日益面临种种困境，这也是马克龙政府必须要解决但又实在很难解决的难题。至于"修宪"，也就是对第五共和国宪法进行必要的修改，也是力图大展宏图的马克龙必须应对的一个难题和挑战。

总之，虽然马克龙上台后一直意气风发，并在处理相关问题上，例如面对铁路工人的罢工毫不退让，也显示出不同寻常的魄力，但一路走来，实在可谓步履艰难。2018年11月17日开始在首都巴黎爆发的"黄背心运动"就是如此。这是一个星期六，有逾28万法国民众参与了抗议示威。此后，身穿黄背心的抗议者每逢周末就涌向巴黎的各种公共场所，抗议政府加征燃油税的决定。2019年新年到来之际，"黄背心运动"依旧呈现出愈演愈烈的势头。1月5日，2019年的首轮示威出现，巴黎数以千计民众再次走上街头，在市中心游行抗议。此后几个月里，抗议活动仍在周末出现。同年3月9日在巴黎举行的第17轮示威中，示威者呼吁维护妇女权益，并将女性示威者的标志性服装从"黄马甲"换为"粉马甲"。更让人想不到的是，就在法国人依然每逢周末就得继续饱受"黄背心运动"困扰之际，当地时间2019年4月15日下午6点50分左右,成千上万的法国人或在现场或通过各种媒体看到了让他们难以置信的一幕:突然出现的大火迅速将圣母院塔楼的尖顶吞噬,尖顶如被拦腰折断一般倒下。我非常认同我的巴黎的友人的哀叹:"巴黎失去了其灵魂。"的确,如果说作为首都的巴黎对于法国人的重要性不言而喻,那么,位于塞纳河中的西岱岛这一巴黎的发源地的巴黎圣母院,不仅是西岱岛首屈一指的地标,还是巴黎乃至法国最有代表性的象征之一。同年秋天,我到巴黎参加学术会议时再次来到巴黎圣母院,看到它早已被挡板围作修复施工现场,曾经抬头就可见到巴黎圣母院的塔尖,此时此刻竟已看不到了,难免会多有感慨。不过,在巴黎圣母院因大火遭受严重毁害后,有不少参与"黄背心运动"的游行示威者对巴黎圣母院重建短短几天就能从路威酩轩集团(LVMH)之类世界最大的奢侈品公司那里获得巨额捐款极度反感,认为它反映了当今法国存在巨大的收入不平等现象,因而他们在理解巴黎圣母院大火引发的悲痛同时,更希望能回到现实当中,切实解决收入不

"黄背心运动"期间在法国国家图书馆前举行抗议活动者与不远处的警察

2019年秋天已成复建施工现场的巴黎圣母院

平等问题。也就是说,"黄背心运动"还在继续。事实上,一直要到进入2019年夏季之后,"黄背心运动"才在法国逐渐消停下来。抗议活动不仅在巴黎愈演愈烈,还迅速蔓延到其他城市,迫使马克龙及其政府最终不得不对其政策和举措作出明显调整。

从表面上看,"黄背心运动"直接起因是政府判断失误,误以为多数法国民众会支持出台减少化石燃料、增加可再生能源的举措,遂宣布要加征燃油税。孰料,由此引发广大消费者强烈不满并导致运动事发。但若从更深层次探究就可发现,个中原因异常错综复杂。它既可说是法国民众对上台时寄予厚望的马克龙及其政府各项政策不满的总爆发,也是对危机年代以来长期积累的怨气、愤懑的大宣泄。因而,其中不少账实际上还得算在马克龙前任身上。在此还需同时指出的是，类似此期法国出现的包括"黄背心运动"在内的社会抗议活动，并非法国独有的现象，其实也在多个欧美发达国家先后程度不等地出现。

2020年年初，让包括马克龙在内绝大多数法国人想不到的是，令人心烦的"黄背心运动"好不容易才消停下来，新冠疫情却又突然暴发并迅速蔓延全球。同样未能幸免的法国，经济的恢复和发展、社会秩序的稳定无不再次蒙受巨大打击和严重影响。这一切，非但令马克龙在剩下的任期当中依旧步履维艰，也给他争取连任带来更多不确定因素。好在2022年春季举行的新总统选举中，法国总统选举决胜轮即第二轮再次上演了一场"马克龙—勒庞"对决。而法国人和5年前一样，最后关头再次放弃了来自法国极右翼政党国民阵线、代表民粹主义的玛丽娜·勒庞，选择了马克龙。由此，时年44岁的马克龙成为继前总统希拉克之后，又一位连任成功的法国总统。不过，虽然他的竞选连任成功意味着"马克龙时代"将得以延续，但这次总统选举中出现的高弃票率和民粹主义抬头等现象，加之俄乌冲突的爆发、因退休制度改革引发的巨大罢工浪潮等等，无不反映和预示着第二届任期中的马克龙，其执政之路依然会举步维艰，充满挑战。当今之世，高卢雄鸡若要重振雄风，就必须得进行变革。那么，这位被认为带有波拿巴主义色彩的年轻总统，在第二个任期中究竟会如何放开手脚进行变革？我们还是先静观其变。

2024年，法国成为第33届夏季奥运会的主办国。曾在1924

巴黎市政厅大楼及楼前广场为迎接 2024 年夏季奥运会精心做了布置

年举办过夏季奥运会的巴黎，在时隔整整 100 年后再次成为夏季奥运会主办城市。巴黎还因此得以和伦敦一样成为至少三次举办夏季奥林匹克运动会的城市。为此，巴黎早已在为迎接这一国际体育盛事的到来做准备。其中，在法国近现代史上一再充当历史舞台中心的巴黎市政厅大楼及其广场更是令人印象深刻。对于时下正由法国历史上最年轻的总统马克龙，以及比他还要更年轻的时任总理阿塔尔领导下的法国而言，似乎不乏象征意义的是，在巴黎圣母院发生火灾受毁 5 周年到来之际，相关修复工程已进入收尾阶段，尤其是新的塔尖亦已安装完毕，而在新的塔尖上，不出所料引人瞩目地竖立着公鸡形状的物件。凡此种种，自然会让人们对仍怀有"大国梦"的法国的发展及其走向充满想象。

2024 年，既是中法正式建立外交关系 60 周年，同时也是中法文化旅游年。恰逢这样一个特殊时间节点，来一番法国历史文化之旅，显然有着更多的理由。由此，衷心地希望这本小书能对有兴趣就此一游的读者朋友有所助益。当本人要为这本简单勾勒法国历史的小书结尾时，势必会因这届巴黎奥运会和残奥会的口号"奥运更开放"中的"开放"两字生发出很多感慨。

各位读者朋友，不知是否还记得我们在开篇时就提到的那位在武大校园里有塑像的法国人阿兰·佩雷菲特。这位集政治家与学者于一身的法国人，论当官，曾 8 次出任部长；论著书立说，不仅书写得多，而且大多广受关注。不过，如果说他在法国最畅销的书是那句提到"世界的肚脐眼"的《法兰西病》，那么他在中国读者中最受关注的书，无疑是另一本亦有中译本的《停滞的帝国：两个世界的撞击》。

《停滞的帝国》主要关乎在讲到近代中西方交流史时都会提及的事件——英国马戛尔尼勋爵使团出使中国。不少中国人在讲到这件事时，都会津津乐道作为英国使节的马戛尔尼在觐见乾隆皇帝时遇到的难题，即该不该也像中国人那样向乾隆皇帝磕头。对于一般人来说,在听完此事后或许只是一笑了之,但佩雷菲特却不然,他从世界史的角度出发,将此次出访看作"东方与西方"这两个不同的世界的首次碰撞。从《停滞的帝国:两个世界的撞击》的字里行间,我们既可看到天朝统治者的无知和傲慢,又可感觉到英国使节的自负与想当然。这一切的发生固然原因很多,但我想有一点是肯定的,那就是双方对彼此的了解都实在是太少了。也正由于双方之间互不了解,于是难免就会造成"鸡同鸭讲"之类的场景接连出现。那么上述现象说明了什么?说明了"睁眼看世界",多关注和了解其他国家和地区的情况,包括它们的历史与现实至关重要。也正是出于这一考虑,为使更多的中国人了解、关注有"欧洲的中国"之称、对咱们中国来说"虽远犹近"的法国的历史文化,当北京大学出版社约我撰写《法国小史》时,尽管手头的事情已经很多,本人仍欣然答应。

法国历史源远流长,内容丰富,以区区 30 章,每一章仅仅几千来字篇幅,要纵观古今、较为系统地对它加以梳理和介绍实非易事。至少对我来说,这即便不是一个不可能完成的任务,那也是难度极大的任务。但可以告诉各位读者朋友的是,本人自接受任务以来,不仅一直把它放在重要位置,还始终如履薄冰、如临深渊似的在精心准备文稿,希望自己应约撰写的《法国小史》能对得住相关读者朋友的期待,力求不让读者看完后觉得纯粹耽误工夫。至于最后实际效果究竟如何,本人自己说了不算,最终判断还得由您来作出。

法国大事年表

公元前 600 年	希腊人建马赛利亚城
公元前 390 年	高卢人占领罗马
公元前 300 年	凯尔特人抵达高卢南部
公元前 58 年	恺撒远征高卢
公元前 56 年	高卢沦为罗马行省
481 年	克洛维成为法兰克人首领,墨洛温王朝开始
496 年	克洛维皈依基督教
6 世纪初	《萨利克法典》初步形成
751 年	"矮子丕平"即位成为国王,加洛林王朝开始
768 年	查理(查理曼)登基,与其兄共治
800 年	查理曼在罗马加冕称帝
842 年	《斯特拉斯堡誓言》发表
843 年	《凡尔登条约》签订
987 年	于格·卡佩被"推举"为国王,卡佩王朝开始
1066 年	诺曼底公爵征服英国
1163 年	巴黎圣母院破土动工
1214 年	布汶大捷
1226 年	圣路易登基
1302 年	法王首次召开三级会议
1309—1378 年	教廷沦为"阿维尼翁之囚"
1328 年	菲利普六世即位,瓦洛亚王朝开始
1337—1453 年	英法百年战争
1360 年	《布雷蒂尼和约》签订
1347—1351 年	黑死病大流行

1429 年	贞德解救奥尔良之围
1431 年	贞德在鲁昂被处以火刑
1453 年	卡斯蒂荣战役
1494—1559 年	意大利战争
1562—1598 年	胡格诺战争
1572 年	圣巴托罗缪节屠杀
1589 年	亨利四世即位,波旁王朝开始
1598 年	亨利四世颁布《南特敕令》
1610 年	亨利四世遇刺身亡,其子路易十三继位
1624 年	黎塞留进入王政会议
1629 年	《阿莱斯恩典敕令》颁布
1643 年	路易十三去世,其子路易十四继位,马扎然辅政
1648—1653 年	"投石党运动"
1661 年	马扎然去世,路易十四亲政
1672 年	路易十四定居凡尔赛宫
1685 年	路易十四废除《南特敕令》,新教徒大逃亡
1715 年	路易十四去世,其曾孙路易十五继位
1756—1763 年	"七年战争"
1768 年	法国从热那亚购入科西嘉岛
1774 年	路易十五去世,其孙路易十六继位
1789 年 5 月 5 日	三级会议开幕
6 月 20 日	网球场宣誓
7 月 14 日	巴黎民众攻占巴士底狱
8 月 4 日	废除封建特权
8 月 26 日	制宪议会通过《人权与公民权宣言》
1790 年 7 月 14 日	举办"全国联盟节"
1791 年 6 月 20 日	路易十六试图出逃,两天后在瓦伦被拦截
7 月 17 日	马尔斯广场上的枪杀
1792 年 4 月 20 日	法国对外宣战

7月11日	立法议会宣布祖国在危急中
8月10日	国王被"停职",吉伦特派掌权
9月20日	瓦尔密战役
9月22日	法兰西第一共和国宣告成立
1793年1月21日	路易十六以"叛国罪"被推上断头台
6月2日	吉伦特派垮台,雅各宾派专政开始
6月24日	通过第一部共和制宪法(《1793年宪法》)
1794年7月27日	罗伯斯庇尔等人被处死
1795年8月22日	通过《共和三年宪法》
10月26日	成立督政府
1799年11月9日	雾月十八日政变发生,执政府成立
1800年2月13日	开办法兰西银行
2月18日	公民投票表决通过《共和八年宪法》(《1799年宪法》)
6月14日	马伦哥战役
1804年3月21日	颁布《民法典》
5月18日	法兰西第一帝国成立,拿破仑为皇帝
1805年10月21日	特拉法加战役
12月2日	奥斯特里茨战役
1806年5月10日	通过"成立帝国教育团"法案
10月14日	耶拿战役与奥尔斯塔特战役
11月21日	柏林敕令,开始实行大陆封锁政策
1812年2月23日	拿破仑宣布废除《教务专约》
1814年4月11日	拿破仑签署退位诏书(《枫丹白露条约》),波旁王朝复辟
6月4日	路易十八颁布《1814年宪章》
1815年3月1日	拿破仑从厄尔巴岛回到法国
3月20日	拿破仑抵达巴黎,开始"百日王朝"
6月18日	滑铁卢战役
6月22日	拿破仑第二次退位

7月8日	路易十八重返巴黎
7—9月	保王党制造"白色恐怖"
1821年5月5日	拿破仑去世
1824年9月16日	路易十八去世,查理十世继位
1830年7月27—29日	"七月革命"爆发,波旁复辟王朝在"光荣的三日"被推翻
8月9日	路易·菲利普即位,七月王朝建立
1831年11月21日	里昂丝织工人起义
1834年4月9日	里昂工人再次发动起义
1848年2月下旬	"二月革命"爆发,七月王朝被推翻,第二共和国成立
6月22日	"六月起义"爆发
12月10日	路易·波拿巴当选为第二共和国总统
1851年12月2日	路易·波拿巴发动政变
1852年12月2日	法兰西第二帝国建立
1859年4月25日	苏伊士运河重建工程开工
1860年1月23日	《法英商约》签订
1870年7月13日	爱姆斯急电
7月19日	法国对普鲁士正式宣战
9月2日	拿破仑三世在色当之役被俘
9月4日	巴黎爆发民众革命,第三共和国成立
1871年2月12日	国民议会在波尔多召开
2月17日	梯也尔出任法兰西共和国行政首脑
3月18日	巴黎人民起义,数日后宣布成立巴黎公社委员会
4月5日	"人质法令"
5月21—28日	"五月流血周",凡尔赛军队屠杀人质
8月31日	梯也尔成为法兰西共和国总统
1873年5月24日	梯也尔辞职,麦克马洪继任总统
9月16日	德军撤离法国领土

1875年1月30日	瓦隆的宪法修正案投票通过
2月24日	《参议院组织法》
2月25日	《国家权力组织法》
7月16日	《国家权力关系法》
1879年1月30日	麦克马洪辞职，共和派掌控政局
1882年	儒勒·费里通过《初等教育法》推行教育世俗化改革
1892—1893年	巴拿马运河丑闻
1894—1906年	德雷福斯事件
1914年8月3日	法国对德宣战，正式卷入第一次世界大战
1918年11月11日	德国接受协约国拟订的停战条款
1919年1月18日	巴黎和会开幕
6月28日	《凡尔赛和约》签订
1923年1月11日	法国伙同比利时出兵占领鲁尔区
1924年10月28日	法国与苏联建交
1925年10月16日	《洛迦诺公约》签订
1930—1935年	法国卷入世界性经济危机
1935年7月14日	左翼"人民阵线"正式成立
1936年1月10日	人民阵线纲领公布
5月10日	工人开始占厂罢工，此后类似运动持续扩大
6月4日	勃鲁姆组建第一届人民阵线政府，要求工人复工
6月7日	《马提尼翁协议》签订
6月11—12日	众参两院通过带薪休假、"40小时工作周"法令
8月1日	勃鲁姆提出"不干涉"西班牙内战
1937年2月13日	勃鲁姆宣布暂停"勃鲁姆试验"
1938年9月30日	《慕尼黑协定》签订
1939年9月3日	法国对德宣战，卷入第二次世界大战
1940年5月10日	德军在西线发动总进攻，"奇怪的战争"结束
5月26日	敦刻尔克大撤退开始
6月14日	德军占领巴黎，政府逃往波尔多

6月16日	贝当取代雷诺出任总理
6月17日	贝当请求德国停战
6月18日	戴高乐在伦敦发出抗战号召
7月1日	贝当政府迁到维希
7月10日	议会授予贝当全权,第三共和国灭亡
1941年9月24日	戴高乐成立法兰西民族委员会
1942年7月14日	"自由法国"更名为"战斗法国"
1943年5月15日	全国抵抗运动委员会成立
1944年6月3日	戴高乐为首的法兰西共和国临时政府成立
6月6日	盟军在诺曼底登陆
8月19日	巴黎起义开始
8月25日	巴黎迎来解放,戴高乐于次日来到巴黎
1945年5月8日	德国投降
1946年1月20日	戴高乐辞职
10月13日	公民投票通过新宪法,第四共和国成立
1947年1月	法国开始实施"莫内计划"
4月14日	戴高乐创建法兰西人民联盟(R.P.F.)
1949年4月4日	法国加入北大西洋公约组织
1951年4月18日	欧洲煤钢共同体成立
1954年5月7日	奠边府战役以法军投降结束
7月20—21日	《日内瓦协议》签署,法国从印度支那战争中脱身
11月1日	法国因阿尔及利亚起义再次深陷殖民战争旋涡
1958年1月1日	欧洲经济共同体正式成立
1958年5月13日	阿尔及尔成立救国委员会
5月15日	戴高乐发表其"准备担负起共和国的权力"的声明
6月1日	戴高乐内阁获得议会授权
9月28日	公民投票通过新宪法,随后第五共和国成立
12月21日	戴高乐当选第五共和国首任总统
1960年8月	萨特等人在《现代》杂志8月号发表《121人宣言》

1962 年 2 月 13 日	法国第一枚原子弹试爆成功
3 月 18 日	《埃维昂协议》签署,阿尔及利亚问题得以解决
1964 年 1 月 27 日	法国与中华人民共和国建立大使级外交关系
1965 年 12 月 19 日	戴高乐在第二轮投票中再次当选第五共和国总统
1966 年 3 月	法国宣布退出北大西洋公约组织
1968 年 3 月 22 日	农泰尔文学院学生以占领学院行政大楼揭开"五月风暴"序幕
5 月 3 日	警察封锁巴黎大学
5 月 10—11 日	第一个"街垒之夜"
5 月 13 日	法国工人举行全国罢工,声援巴黎大学生
5 月 19 日	占领工厂的大罢工开始
5 月 24 日	戴高乐发表讲话,第二个"街垒之夜"随之出现
5 月 30 日	议会解散,戴高乐再次发表讲话,戴高乐的支持者在星形广场示威游行
1969 年 4 月 27 日	就改革参议院和区域划分问题举行公民投票
4 月 28 日	戴高乐因这次公民投票结果宣布停止行使总统职权
6 月 15 日	蓬皮杜当选总统
1970 年 11 月 9 日	戴高乐逝世
1974 年 4 月 2 日	蓬皮杜因病在任上去世
5 月 19 日	吉斯卡尔·德斯坦当选总统
1980 年 4 月 15 日	让－保罗·萨特逝世
1981 年 5 月 10 日	密特朗当选总统
1983 年 10 月 17 日	雷蒙·阿隆逝世
1984 年 6 月 25 日	米歇尔·福柯逝世
1988 年 5 月 8 日	密特朗竞选连任成功
1989 年 7 月 14 日	法国隆重纪念法国大革命 200 周年
1992 年 2 月 7 日	正式签署确定欧洲联盟建立的《马斯特里赫特条约》
1993 年 11 月 1 日	《马斯特里赫特条约》生效,欧洲共同体被欧洲联盟取代

1994 年 1 月 1 日	欧洲经济区正式成立
1995 年 5 月 7 日	希拉克当选总统
6 月 13 日	希拉克宣布法国将在南太平洋恢复核试验
7 月 16 日	希拉克公开承认法国当局在法国犹太人被放逐的过程中负有责任
11 月 15 日	朱佩总理提出改革社会保障制度的计划,很快引发大罢工浪潮
1998 年 6 月 13 日	关于"35 小时工作周"的法案在议会投票通过
7 月 12 日	法国队首次赢得世界杯足球赛冠军
2000 年 7 月 2 日	法国队第二次赢得欧洲杯足球赛冠军
9 月 24 日	公民投票通过总统任期由 7 年改为 5 年
2002 年 1 月 1 日	欧元在包括法国在内的 12 个欧洲国家流通
1 月 23 日	皮埃尔·布尔迪厄逝世
5 月 5 日	希拉克在第二轮投票中获胜,竞选连任成功
2005 年 10 月底	在巴黎郊区开始发生严重骚乱并逐渐蔓延到全法不少地区
2007 年 5 月 6 日	萨科齐当选总统
2008 年	全球金融危机爆发并对法国产生严重影响
2012 年 5 月 6 日	奥朗德当选总统
2015 年 1 月 7 日	《查理周刊》编辑部遭受恐怖袭击,造成至少 12 人死亡
1 月 11 日	法国数以百万计的人参加集会大游行,哀悼恐怖袭击中丧生的遇难者
11 月 13 日	巴黎市区巴塔克兰剧院等处发生恶性恐袭事件,遇难人数多达 132 人
2017 年 5 月 7 日	马克龙当选总统
2018 年 11 月 17 日	"黄背心运动"在首都巴黎爆发
2022 年 4 月 24 日	马克龙在第二轮投票中获胜,竞选连任成功

后　记

年届花甲后,本人每次到巴黎访学时总会腾出时间到夏约宫转转。这除了因为夏约宫中间的平台正对着埃菲尔铁塔的广场,是公认的最佳观塔点,还因与我早年读研经历多有牵绊。上世纪 80 年代前期,本人硕士论文写的是 20 世纪 30 年代中期上台的法国人民阵线政府的内外政策,此期法国为迎接 1937 年巴黎世博会而着力兴建,同时在与纳粹德国一比高低的背景下富有象征意义的夏约宫遂成了我写论文需要涉及的内容。不过,夏约宫之吸引我,不仅在于其西侧著名的人类博物馆,更在于进入该馆后很快就可看到白墙上赫然写有三行黑体大字:

我们是谁?

我们从何处来?

我们往何处去?

实已准备退休的本人驻足于此并面对少年时就梦想一见的铁塔,每每心旌荡漾。像我这样来自浙中小城与法国几乎没有任何瓜葛的普通人家孩子,为何会早早就在梦想着能前来巴黎?"文革"后便不奢望去上大学的我,何以后来能有机会先后在北京大学和浙江大学求学,并在研究生毕业留校任教后,一直从事着颇感兴趣的法国近现代史研究,从而还一再有机会来到巴黎?

每当我有缘面对埃菲尔铁塔抚今追昔感叹"梦想成真"之际,免不了就会顺着那三行字激发思绪遐想,究竟是哪些因素导致我走上研习法国史的道路,而且还做到从一而终。类似问题在他人看来,的确根本不足挂齿,但之于本人却绝非如此。我想上述选择主要是由我等"五零后"有过的特殊经历及其涵育的情怀决定的。

一如绝大多数同龄人,本人也较早步入社会并对世事纷繁有所体察。不过,在那可称为"书荒年代"的特殊时期,本人远比大多数同龄人要幸运的是,机缘巧合,我竟然还能有较丰富的时间、更多的机会去找来五花八门的"杂书"或"闲书"翻看。也正是在这种几乎无书不读的奇特经历中,日后一直存留在自己身上的某种思想底色不知不觉间已然形成。当年我在有机会看到一本苏联小说《你到底要什么》时难免会被此书名所触动,其实我在有机会上大学前也思考过这方面问题,甚至想得相当明白。我当时就已清楚:此生最想要的到底是什么,最想过的是哪种日子。毫不夸张地说,彼时自己希冀乃至梦想的,实际上就是本人在改革开放后如愿过上的此种有书相伴,相对自由放松,同时还多有机会常来巴黎之类地方走走看看的日子。鉴此,本人还想借此机会充分表达对经历改革开放的庆幸之情,以及对引导我走上研习法国史之路的前辈学者的崇敬和感恩。

深感幸运的是,当年拜燕园的宽松氛围所赐,我在大学期间在有幸领受名师点拨同时,还可将大把时间用在北大图书馆。如同我给杜比主编、商务印书馆出版的3卷本《法国史》写的《译后琐记》

所言，自己与这套堪称经典的法国史的最初相遇，就发生在读本科时期的北大图书馆。而本人后来一直会对另两位法国史学名家布洛赫和基佐青睐有加，又何尝不与当年就在北大图书馆借阅过布洛赫《奇怪的战败》的英文版、基佐多卷本回忆录的法文版有关呢。

至于现在一想起来就弥足珍贵的当年北大校园氛围之宽松，也不妨在此随手举出三例：其一是当年的大学生虽然个个都极为用功，却根本不用过于在意考试成绩，更谈不上会被所谓"绩点"搞得在学习时畏首畏尾，个人学业基本上都可在自身兴趣引导下进行。在学校一时还无法开设作为第二外语的法语课程时，本人就因对法国历史文化的兴趣，迫不及待跟着北大西语系老师在北京人民广播电台开设的法语学习节目学习法语。其二是在上课时，老师对学生的课堂表现往往相当宽容。本人当年在上大课时捧读《读书》最新刊载的柳鸣九老师写萨特的那篇文章就是如此。其三是张芝联教授在上法国史课时，竟然把集学者和政治家于一身、正随总统访华的时任法国司法部部长佩雷菲特请来，在教室里为我们讲上一段法国史。

1982年，本人本科毕业时顺利来到杭州，投在我国法国史研究的开拓者之一沈炼之先生门下研习法国史。1985年本人研究生毕业时，由沈老亲自拍板留校任教至今。光阴似箭，转眼间自己与法国史结缘已达四十来年。回顾这段不算短的学术道路，本人常自我定位为近似本雅明笔下的"闲逛者"或"漫游者"（flâneur）的身份，并在应邀和年轻学子漫谈学术经历时，喜欢在"闲逛者"或"漫游者"前刻意加上"乐做"两字。一方面是想借"闲逛者"或"漫游者"来体现自己曾在兴趣驱动下涉猎过多个法国史研究领域,另一方面则是希冀用"乐做"两字充分表明,一直在研究法国史纯属我自己主动而欣然的选择。凡此种种,绝非意味着本人这四十来年研习法国史的经历是闲散或优哉游哉地过来的。事实正好相反,本人看似松散的相关研究,不仅一直有某种主旨在统领,还由于研究旨趣使然,本人先后展开过的研究皆属严肃认真,而且在探讨过程中时时心如铅重。对此,读者朋友如果读过我曾译过的《公民的加冕礼:法国普选史》《自由的声音:大革命后的法国知识分子》《知识分子的鸦片》等书就可知晓一二。

由于各种原因,特别是因为自己愚钝和疏懒,尽管从事法国史研究的时间不短,本人至今还没有真正让自己满意的像样成果。虽然如此,毕竟结缘法国史这么多年,作为法国历史文化长廊的"闲逛者"或"漫游者",难免会有独自看到的景象并有所感悟,也不妨拿出来和同好分享。更何况,我向来认为,史学工作者不该只满足于仅在专业人员范围之内"孤芳自赏",而是应当尽可能面向更广大的读者群体,借助恰当的方式及时与之分享个人研究心得。应当说,这本小书的写作初衷和出发点就在于此。

小书即将付印,首先要感谢喜马拉雅"世界历史大师课"制作团队的盛情邀请和出色制作,使本人有机会将相关努力的成果率先以音频形式和广大公众分享。其次要感谢北京大学出版社李学宜编辑的约稿和责任编辑徐迈博士的精心编辑加工,使本人有机会在母校的出版社出书,而且小书呈现的样貌也得以明显改观。为使读者对书中内容有更直观认识，书中编排了不少插图。其中不少照片系本人早几年在法国"行万里路"，包括在巴黎参与"丈量巴黎"活动和在外省实地考察时拍摄。其间，承蒙法国文华旅行社李晓彤董事长提供很多便利和帮助。此外，因新冠疫情暴发后本人尚未再去法国，故近年来和法国相关的照片，分别由在索邦大学毕业后于去年下半年前来浙大做博士后的时晓萱博士，以及本人早年的学生、现在法国社会科学高等研究院读博的刘叶华帮忙拍摄。对于上述为本书的顺利编辑出版贡献良多的编辑和学友，在此一并表示衷心感谢。

最后强调一点，当今世界正在发生的一切，难免让世人在为个人命运深感不安同时，也不由得会去更多思考人类或曰"我们"该向何处去。时值百年未有之大变局到来，面临种种不确定因素和挑战的国人势必也同样如此。因而，为有助于国人更清醒、准确地认识和理解当今世界的现状和演进，以及希冀中国能以开放、包容和理性精神更好体现大国担当，卓有成效地完善自身、造福世界，在中国知识界着力推进法国史研究大有必要。而在这一过程中，既要着眼于范式革新和领域延伸，力求让相关研究多一些反思性、包容性、创新性和现实性，同时还得及时强化极为重要的一个方面，这就是公共性。就此而言，推出"大国小史"之类集学术性与通俗性、知识性与趣味性于一身的世界史普及读物可谓恰逢其时。

吕一民

2024年初夏于浙江大学公众史学研究中心